Klaus Wolfsperger
Annette Miehle-Wolfsperger

Wanderungen auf

Teneriffa

70 ausgewählte Wanderungen an den Küsten
und in den Bergen der »Insel der Glückseligen«

Mit 192 Farbfotos, 73 Höhenprofilen,
70 Wanderkärtchen im Maßstab 1:50.000 / 1:75.000
und vier Übersichtskarten im Maßstab 1:400.000

BERGVERLAG ROTHER GMBH · MÜNCHEN

ROTHER WANDERFÜHRER

Abruzzen
Achensee
Algarve
Allgäu 1, 2, 3, 4
Allgäuer Alpen -
  Höhenwege und
  Klettersteige
Altmühltal
Andalusien Süd
Annapurna Treks

Antholz Gsies
Aostatal
Appenzeller Land
Ardennen
Arlberg - Paznaun
Arnoweg
Außerfern
Australien
Auvergne
Azoren
Bayerischer Wald
Berchtesgaden
Bergisches Land
Berlin
Bern
Berner Oberland Ost
Berner Oberland West
Bodensee Nord, Süd
Bodensee-Rätikon
Böhmerwald
Bolivien
Bozen
Brandnertal
Bregenzerwald
Bremen - Oldenburg
Brenta
Bretagne
Bulgarien
Burgund
Cevennen
Chiemgau
Chiemsee
Chur
Cilento
Cinque Terre
Comer See
Cornwall-Devon

Costa Blanca
Costa Brava
Costa Daurada
Costa del Azahar
Côte d'Azur
Dachstein-Tauern
Dachstein-Tauern West
Dänemark-Jütland
Dauphiné Ost, West
Davos
Dolomiten 1, 2, 3,
  4, 5, 6
Dolomiten-Höhenwege
  1-3
Dolomiten-Höhenwege
  4-7
Dolomiten-Höhenwege
  8-10
Donausteig
E5 Konstanz - Verona
Ecuador
Eifel
Eifelsteig
Eisenwurzen
Elba
Elbsandstein
Elsass
Ober-, Unterengadin
Erzgebirge
Fichtelgebirge
Fränkische Schweiz
Friaul-Julisch Venetien
Fuerteventura
Gardaseeberge
Garhwal-Zanskar-
  Ladakh
Gasteinertal

Genfer See
Gesäuse
Glarnerland
Glockner-Region
Goldsteig
La Gomera
Gran Canaria
Grazer Hausberge
Gruyère-Diablerets
GTA

Hamburg
Harz
Hawaii
El Hierro
Hochkönig
Hochschwab
Hohenlohe
Hunsrück
Ibiza
Innsbruck
Irland
Isarwinkel
Island
Istrien
Italienische Riviera
Jakobsweg - Camino
  del Norte

Französischer
  Jakobsweg Le
  Puy-Pyrenäen,
  Straßburg-Le Puy
Jakobswege Schweiz
Spanischer Jakobsweg
Südwestdeutsche
  Jakobswege
Jugendherbergen
  Rheinland-Pfalz
  und Saarland
Julische Alpen
Jura, Französischer
Jura, Schweizer
Kalabrien
Kaiser
Kapverden
Karnischer Höhenweg
Kärnten
Karwendel
Kaunertal
Kitzbüheler Alpen
Klettersteige Bayern -
  Vorarlberg- Tirol -
  Salzburg
Klettersteige
  Dolomiten -
  Brenta - Gardasee
Klettersteige
  Julische Alpen

Klettersteige Schweiz
Klettersteige
  Westalpen
Korfu
Korsika
Korsika - GR 20
Kraichgau
Kreta Ost, West
Kurhessen
Lago Maggiore
Languedoc-Roussillon
Lanzarote
Lappland
Lesbos-Chios
Lungau
Luxemburg-Saarland
Madeira
Mallorca
Marken-Adriaküste
Mecklenburgische
  Seenplatte
Meran
Montafon
Mont Blanc
Montenegro
Mühlviertel
München
München - Venedig
Münsterland
Golf von Neapel
Neuseeland
Neusiedler See
Niederlande
Niederrhein
Nockberge
Norische Region
Normandie
Norwegen Süd
Oberlausitz
Oberpfälzer Wald
Odenwald
Ossola-Täler
Ostfriesland

Ost-Steiermark
Osttirol Nord, Süd
Ötscher
Ötztal

La Palma
Patagonien
Pfälzer Weitwander-
  wege
Pfälzerwald
Picos de Europa

Piemont Nord, Süd
Pinzgau
Pitztal
Provence
Pyrenäen 1, 2, 3, 4
La Réunion
Rheinhessen
Rheinsteig
Rhodos
Rhön
Riesengebirge
Rom-Latium
Rügen
Ruhrgebiet
Salzburg
Salzkammergut Ost
Salzkammergut West
Samos
Sardinien
Sauerland
Savoyen
Schottland
Schwabenkinder-Wege
  Oberschwaben
Schwäbische Alb Ost
Schwäbische Alb West
Schwarzwald Fernwan-
  derwege
Schwarzwald Nord
Schwarzwald Süd
Schweden Süd und
  Mitte
Seealpen
Seefeld
Sierra de Gredos
Sierra de Guadarrama
Sizilien
Spessart
Steigerwald
Steirisches Weinland
Sterzing

Stubai
Stuttgart
Südafrika West
Surselva
Tannheimer Tal
Tasmanien
Hohe Tatra
Niedere Tatra
Tauern-Höhenweg
Hohe Tauern Nord
Tauferer Ahrntal
Taunus
Tegernsee
Teneriffa
Tessin
Teutoburger Wald
Thüringer Wald
Toskana Nord
Toskana Süd
Türkische Riviera
Überetsch
Umbrien
Ungarn West
Vanoise
Veltlin
Via de la Plata
Vierwaldstätter See

Vinschgau
Vogesen
Vogesen-Durchquerung
Wachau
Waldviertel
Oberwallis
Unterwallis
Weinviertel
Welterbesteig Wachau
Weserbergland
Westerwald
Westerwald-Steig
Wien
Wiener Hausberge
Zillertal
Zirbitzkogel-
  Grebenzen
Zugspitze
Zürichsee
Zypern

Vorwort

Teneriffa ist das vielseitigste Wanderparadies der Kanaren – nicht nur wegen des Teide, dem mit 3718 m höchsten Gipfel des Kanarischen Archipels und ganz Spaniens, sondern auch wegen der zahlreichen Landschaftsformen, die die Insel auf sich vereint: Der äußerst karge, fast schon wüstenartige Süden besitzt einige wunderschöne Wanderziele an der Küste sowie im Gebiet rund um Adeje, Arona und das Tal von San Lorenzo. Im fruchtbaren Norden dominieren bäuerliche Kulturen das Landschaftsbild: Üppige Gärten, Bananenplantagen, großartige Steilküsten sowie freundliche Dörfer und Städte prägen diese Bilderbuchlandschaft. Auf der Nordseite des Anaga- und des Teno-Gebirges finden wir noch manche Lorbeerwälder, die Hänge an der Cumbre Dorsal und rund um die Caldera sind von weiten Kiefernwäldern überzogen. Landschaftlicher Höhepunkt aber ist zweifellos die Mondlandschaft des Nationalparks Cañadas del Teide.

Wir präsentieren dem Wanderer eine breite Palette unterhaltsamer Tourenvorschläge. Immer im Blickkontakt mit dem weiten, tiefblauen Ozean, spannt sich der Bogen von gemütlichen Pfaden zu schroffen Steilküsten über beschauliche Höhenbummeleien bis zu aussichtsreichen Gipfelanstiegen – Wanderwege durch märchenhafte Nebelurwälder wurden ebenso berücksichtigt wie die teils gepflasterten Caminos, die in früheren Jahren die Hauptverbindungswege zwischen den Dörfern darstellten. Viele Tourenvorschläge eignen sich also hervorragend für weniger geübte Wanderer. Erfahrene Bergwanderer, die keine »Gewalttouren« scheuen und einen Schuss Abenteuer und Nervenkitzel vertragen, finden ebenfalls ein reiches Tourenangebot vor: waghalsige Klippenwanderungen, spektakuläre Schluchten und ausgedehnte Bergwanderungen, deren Highlights zweifellos die Paradegipfel des Nationalparks sind. Trotz der Vielfalt an Tourenvorschlägen lässt dieser Führer dem Bergfreund noch genügend Raum für eigene Entdeckungen. Die vorliegende Auflage wurde gründlich aktualisiert, nicht zuletzt auch dank der vielen freundlichen Zuschriften. Durch den Straßenbau, die Markierungs- und Renovierungsarbeiten am Wegenetz und nicht zuletzt das stete Werk der Natur treten jedoch ständig Veränderungen ein. Aus diesem Grund bitten wir Sie, dem Verlag alle Korrektur- und Ergänzungshinweise zukommen zu lassen.

Wir wünschen Ihnen schöne und erlebnisreiche Urlaubstage auf der »Insel der Glückseligen«.

Deisenhofen bei München, Frühjahr 2012   Klaus und Annette Wolfsperger

Inhaltsverzeichnis

Vorwort 3
Touristische Hinweise 6
Wandern auf Teneriffa 9
Informationen und Adressen 12
    Fahrpläne der wichtigsten Buslinien 14

Der Norden 16
1 Von Puerto de la Cruz zum Café Vista Paraíso 18
2 Von Puerto de la Cruz zum Mirador de San Pedro 21
3 Von Aguamansa nach La Orotava 24
4 Von Aguamansa über Pino Alto nach La Orotava 26
5 Von La Caldera nach Aguamansa 28
6 Barranco Madre del Agua 30
7 Órganos-Höhenweg 32
8 Choza Chimoche, 1425 m 36
9 Montaña del Limón, 2101 m 38
10 Candelaria-Weg I: Aguamansa – Montaña de la Crucita, 2061 m . 41
11 Candelaria-Weg II: Arafo – Montaña de la Crucita, 2061 m 44
12 Malpaís de Güímar 48
13 Von Realejo Alto nach Chanajiga 50
14 Vom Mirador La Corona nach El Portillo 53
15 Vom Mirador La Corona nach La Guancha 56
16 Vom Barranco de Ruíz nach San Juan de La Rambla 59
17 Von Garachico nach San Juan del Reparo 62
18 Rund um den Volcán Garachico (Montaña Negra), 1402 m 64
19 Montaña de la Botija, 2122 m, und Montaña Samara, 1936 m . . . 66

Das Teno-Gebirge und der Südwesten 68
20 Von Los Silos nach Erjos 70
21 Cruz de Gala, 1347 m 74
22 Von Buenavista über El Palmar nach Masca 76
23 Von El Palmar nach Teno Alto 80
24 Risco-Steig – Von Buenavista nach Teno Alto 82
25 Von Teno Alto zur Punta de Teno 84
26 Guergues-Steig 86
27 Masca-Schlucht 89
28 Von Santiago del Teide nach Masca 92
29 Von Tamaimo nach Santiago del Teide 95
30 Von Tamaimo auf den Guama 98
31 Barranco Seco – Von El Molledo zur Playa de Barranco Seco . . 100

6+7 ✓

32 ✓   ISBN

47 ✓   978-3-7633-

63 ✓   4016-3

40 ✓   Lennigga

41 ✓ 23 42 /43

55 ✓   www.rother.de

Rother Wanderführer

Siddharth

Rues 075 (42)

57 ✓
64 ✓

32	Von Tamaimo nach Los Gigantes	104
33	Barranco del Infierno	108
34	Von Arona über Ifonche nach Adeje	110
35	Roque de los Brezos, 1108 m	114
36	Conde, 1001 m	116
37	Von Los Cristianos nach Las Galletas	118
38	Von Costa del Silencio nach Los Abrigos	121
39	Von El Médano auf die Montaña Roja	124

Das Anaga-Gebirge ... 126

40	Von Bajamar nach Tegueste	128
41	Von Punta del Hidalgo nach Batán de Abajo	132
42	Von Punta del Hidalgo über Chinamada nach Las Carboneras	136
43	Von Cruz del Carmen nach Chinamada	139
44	Vom Pico del Inglés nach Santa Cruz	142
45	Von Valleseco über den Pico del Inglés nach Taborno	145
46	Roque de Taborno	148
47	Von Taborno zur Playa de Tamadite	150
48	Von Afur nach Taganana	153
49	Vueltas de Taganana – Von der Casa Forestal nach Taganana	156
50	Von der Casa Forestal de Anaga nach Valle Brosque	158
51	Von der Casa Forestal de Anaga zur Playa de San Roque	160
52	Von Benijo nach El Draguillo	164
53	Chinobre-Runde	166
54	Montaña Tafada, 606 m	168
55	Große Faro-de-Anaga-Runde	170
56	Von Lomo de Las Bodegas zur Playa de Anosma	174
57	Von Igueste nach Las Casillas	176
58	Von Igueste zur Playa de Antequera	179

Die Cañadas del Teide ... 182

59	Fortaleza, 2159 m	184
60	Cañadas-Höhenweg – Von El Portillo zum Parador Nacional	186
61	Siete Cañadas – Vom Parador Nacional nach El Portillo	188
62	Roques de García	190
63	Vom Parador Nacional auf den Guajara, 2718 m	192
64	Paisaje Lunar	195
65	Von Vilaflor auf den Guajara, 2718 m	198
66	Sombrero de Chasna, 2405 m	201
67	Huevos del Teide und Montaña Blanca, 2748 m	204
68	Pico del Teide, 3718 m	207
69	Von der Teide-Seilbahn über den Pico Viejo, 3135 m, zum Parador	212
70	Vom Mirador de Chío auf den Pico Viejo, 3135 m	215

Stichwortverzeichnis ... 220

Touristische Hinweise

Anforderungen

Die meisten Touren verlaufen auf deutlichen Pfaden und Wegen. Dies sollte jedoch nicht darüber hinwegtäuschen, dass einige Touren eine gute Kondition, Trittsicherheit, Schwindelfreiheit und Orientierungssinn erfordern. Man sollte beachten, dass sich die Schwierigkeiten bei ungünstiger Witterung erheblich erhöhen können. – Um die jeweiligen Anforderungen besser einschätzen zu können, wurden die Tourennummern mit verschiedenen Farben markiert:

■ **Leicht** Diese Wege sind überwiegend ausreichend breit und nur mäßig steil, daher auch bei Schlechtwetter relativ gefahrlos zu begehen. Sie können auch von Kindern und älteren Leuten ohne große Gefahr begangen werden.

■ **Mittel** Diese Pfade und Steige sind meist schmal und können über kurze Abschnitte bereits etwas ausgesetzt sein. Deshalb sollten sie nur von trittsicheren Bergwanderern begangen werden. Kürzere Passagen können bereits erhöhte Anforderungen an das Orientierungsvermögen stellen.

■ **Schwierig** Diese Steige sind häufig schmal und steil angelegt. Stellenweise können sie sehr ausgesetzt bzw. abrutschgefährdet sein, mitunter kann die Zuhilfenahme der Hände notwendig sein. Dies bedeutet, dass diese Wege nur von trittsicheren, schwindelfreien, konditionsstarken und alpin erfahrenen Bergwanderern angegangen werden sollten, die ein gutes Orientierungsvermögen mitbringen.

Gefahren

Die meisten Touren folgen guten, deutlichen Wegen. Bei besonderer Ausgesetztheit oder anspruchsvoller Wegführung wird im Text darauf hingewiesen. An den Berghängen und auf den Kammhöhen muss wegen der Passatwolken mit dichtem Nebel gerechnet werden, insbesondere ab der Mittagszeit. Die Wolken lösen sich häufig erst wieder abends auf und können den Bergwanderer vor erhebliche Orientierungsprobleme stellen. Auf den Kammhöhen entwickelt sich außerdem des Öfteren ein

Symbole

🚌	mit Bahn/Bus erreichbar
✗	Einkehrmöglichkeit unterwegs
👫	für Kinder geeignet
⛪	Ort mit Einkehrmöglichkeit
♠	Einkehrmöglichkeit
⌂	Schutzhaus, Unterstand
🚌	Bushaltestellen
† †	Gipfel / Oratorium, Wegkreuz
)(∩	Pass, Sattel / Tunnel
‡ ∩	Kirche, Kapelle, Kloster / Höhle
⌒ ❀	Picknickplatz / Aussichtsplatz
)(π	Brücke / Gatter
⌐ ◘	Abzweig / Felstor
∩ ⫞	Wasserstollen / Wasserfall
◉ ○	Quelle
🏊	Bademöglichkeit

Die Top-Touren Teneriffas

Pico del Teide
In jeder Hinsicht der Höhepunkt Teneriffas (Tour 68, evtl. in Kombination mit Pico Viejo, Tour 69; 7 bzw. 8 Std.).

Guajara
Der schönste Aussichtsgipfel am Calderarand (Tour 63; 4.20 Std.).

Masca-Schlucht
Ein absolutes Muss: die berühmteste Schlucht der Kanaren (Tour 27; 5¾ Std.).

Große Faro-de-Anaga-Runde
Großartige Rundtour an der Nordostspitze (Tour 55; 5.20 Std.).

Von Las Carboneras nach Taganana
Eindrucksvolle Tour über die Playa de Tamadite (Touren 46, 47 und 48; 5 Std.).

Candelaria-Weg
Überschreitung der Cumbre Dorsal (Touren 10 und 11; 5¼ Std.).

Chinobre-Runde
Stimmungsvolle Kammwanderung durch den Nebelurwald (Tour 53; 2¼ Std.).

Von Punta del Hidalgo nach Batán
Abenteuerliche Kanal-Rundtour für nervenstarke Wanderer (Tour 41; 5 Std.).

Von Buenavista nach Masca
Über den grandiosen Risco-Steig nach Teno Alto, über den Tabaiba-Pass weiter nach Masca (Touren 24, 23, 22; 5 Std.).

Von Arona nach Adeje
Abwechslungsreicher Höhenweg über der Südwestküste (Tour 34; 5¾ Std.).

Órganos-Höhenweg
Spektakuläre Rundtour im oberen Orotava-Tal (Tour 7; 4 Std.).

Paisaje Lunar
Die Mondlandschaft – ein faszinierendes Naturwunder (Tour 64; 4.20 Std.).

---

extrem starker und böiger Wind. Nach starken Regenfällen sollten Barrancos und abrutschgefährdete Hänge gemieden werden.

Beste Jahreszeit
Teneriffa ist ein Ganzjahres-Wanderziel – in den Wintermonaten (November bis April) ist das Wetter jedoch nicht ganz so stabil wie im Sommer. Schneefall bis auf 1500 m Höhe und starke Regengüsse sind dann keine Seltenheit.

Ausrüstung
Festes Schuhwerk mit griffiger Sohle, strapazierfähige Hose, Sonnencreme, evtl. Sonnenhut, Regen-, Wind- und Kälteschutz sowie ein Tourenproviant (ausreichend Flüssigkeit!) werden bei den meisten Touren vorausgesetzt.

Gehzeiten
Die Zeitangaben enthalten nur die reine Gehzeit – ohne Rast- oder Fotopausen!

Einkehr und Unterkunft
Außer dem Refugio de Altavista, dem Albergue de Bolico (Las Portelas) und dem Albergue Montes de Anaga (El Bailadero) gibt es keine Hütten. Eine Besonderheit sind die Chozas – Unterstandshäuschen mit Tisch und Bank.

Anfahrt

Die meisten Wanderungen sind mit öffentlichen Verkehrsmitteln erreichbar, manchmal jedoch ist die Anfahrt mit dem Pkw unerlässlich. Den Busfahrplan für die Hauptverkehrsstrecken finden Sie auf Seite 14, am besten besorgen Sie sich den aktuellen Busfahrplan (an Busbahnhöfen, Tourist-Infos, Internet).

Notruf

Allgemeiner Notrettungsruf für Feuerwehr, Polizei und Notarzt ✆ 112.

Karten

Wir empfehlen die Karte 1:50.000 von Freytag & Berndt. Detaillierter ist das 20-teilige Kartenblatt 1:25.000 des Instituto Geográfico Nacional, allerdings sind darin nur wenige Wanderwege verzeichnet; erhältlich beim Centro Geofísico, Calle La Marina 20 II, Santa Cruz de Tenerife (Mo–Fr 8–14 Uhr).

Markierungen und Wegenetz (Red de Senderos de Tenerife):

Im Sommer 2006 wurde mit der systematischen Markierung der Wanderwege Teneriffas nach den Normen der Europäischen Wandervereinigung (ERA) begonnen. Es wird unterschieden zwischen großen (GR), kleinen (PR) und lokalen Wanderwegen (SL):

	Weg-fortsetzung	falscher Weg	Richtungs-wechsel
GR			
PR			
SL			

GR (*Sendero de Gran Recorrido*): Diese Weitwanderwege sind weiß-rot markiert. Vorerst geplant sind der GR 131 (»Camino de Anaga – Chasna«, 126 km, Santa Cruz – Los Cristianos) und der GR 133 (»Camino de los Altos y Medianías«, 188 km, Runde von Candelaria).
PR (*Sendero de Pequeño Recorrido*): Diese in der Regel ganztägigen Wanderwege sind weiß-gelb markiert.
SL (*Senderos Locales*): Die lokalen, maximal 10 km langen Wanderwege sind weiß-grün markiert.

Natur- und Umweltschutz

Respektieren Sie bitte alle Pflanzen und Tiere, lassen Sie keine Abfälle zurück, werfen Sie nicht unachtsam Zigarettenkippen weg und machen Sie kein offenes Feuer – Waldbrände sind auf Teneriffa keine Seltenheit.

GPS-Tracks

Zu diesem Wanderführer stehen unter www.rother.de GPS-Daten zum kostenlosen Download bereit. Für den Download benötigen Sie das folgende Passwort: wfTener11s75wp; Benutzername: gast.

Wandern auf Teneriffa

Die vielseitigste der Kanarischen Inseln

Wie alle anderen Inseln des Kanarischen Archipels ist auch Teneriffa vulkanischen Ursprungs. Sowohl von der Fläche (2057 km^2) als auch von der Höhe (3718 m) übertrifft Teneriffa alle anderen Inseln bei Weitem – entsprechend vielseitig präsentiert sich hier auch das Landschaftsbild, das vom wüstenhaft-trockenen Süden über den feuchten, in mittleren Höhenlagen üppig bewaldeten Norden bis hin zur subalpinen Hochgebirgsregion um den Pico del Teide reicht.
Herzstück der Insel ist der Pico del Teide mit seiner gewaltigen, etwa 16 km durchmessenden Caldera. Sie stellt gleichermaßen den jüngsten Teil der Insel dar, die vor Millionen von Jahren zunächst aus drei Inseln bestand – Anaga, Teno und Adeje –, die später durch die Aufwölbung der Cumbre Dorsal und der Caldera zu einer Insel verbunden wurden.

Vegetation und Tierwelt

Teneriffa besitzt mehrere völlig unterschiedliche Vegetationszonen, die von der Höhenlage wie von den klimatischen Bedingungen abhängen. Entsprechend vielseitig ist die Flora, die zahlreiche Endemiten (ausschließlich auf der Insel vorkommende Pflanzen) hervorgebracht hat. In den Küstenregionen gedeihen genügsame Trockenpflanzen: Drachenbäume und Palmen

Der Stolz der Tinerfeños: der rote und der blaue Teide-Natternkopf (Taginaste).

Unterstandshäuschen (Choza) im Orotava-Tal.

sind hier keine Seltenheit – landschaftsprägend aber sind die Sukkulenten (Wolfsmilchgewächse und Kakteen) und natürlich die Bananen, eines der bedeutendsten Wirtschaftsgüter der Insel. Die wasserintensiven und vom Staat wie von der EU subventionierten Kulturpflanzen gedeihen in den Küstenregionen bis in eine Höhe von etwa 300 m. Etwa 20% der Insel sind von Wäldern bedeckt: Der dichte, urwaldartige Lorbeerwald (Nebelwald) ist bis auf einige Restbestände im Anaga- und im Teno-Gebirge nahezu vernichtet
– er wächst vorwiegend an den feuchten, nord- und ostseitigen Hängen und Schluchten. Oberhalb des Lorbeerwaldes schließen sich die Fayal-Brezal-Zone (Baumheide und Gagelbäume) und der lichte Kiefernwald (auch an den West- und Südhängen) an. Die Kanarenkiefer (Pinus canariensis) ist sehr feuerresistent und übersteht selbst schwerste Waldbrände. In den Höhenlagen über 2000 m bestimmen die ginsterähnlichen, im Frühsommer gelb blühenden Codeso-Büsche und der weiß blühende Teide-Ginster das Landschaftsbild. Eine Besonderheit in den Cañadas sind außerdem der blütenprächtige, bis zu 2 m hohe Teide-Natternkopf (auch Taginaste genannt, bis in 2800 m Höhe) und das Teide-Veilchen, das bis in Höhen von 3000 m zu finden ist.
Die einzigen Säugetiere, die uns in den Bergen des Öfteren begegnen, sind Kaninchen und Ratten. Recht stattlich ist auch der Bestand an Mufflons im Teide-Nationalpark – die Mähnenschafe bekommt man aber kaum zu Gesicht.

Nationalpark (Parque Nacional de las Cañadas del Teide)

Der Parque Nacional de las Cañadas del Teide wurde 1954 ins Leben gerufen und 2007 zum Weltnaturerbe erklärt. Er umfasst im Wesentlichen den gesamten Kraterbereich und zählt mit 18 990 ha zu den größten Nationalparks Spaniens – sein Umfang beträgt etwa 75 km. Er ist in mehrere Schutzzonen unterteilt, generell sind alle Pflanzen und Tiere, aber auch die bizarren Gesteinsformationen geschützt. Verboten ist außerdem das Verlassen der Wanderwege sowie das Campieren. Ein Faltblatt der staatlichen Nationalpark-Behörde informiert über die näheren Schutzbestimmungen. In den Besucherzentren El Portillo und Parador (Cañada Blanca) sind kleine Ausstellungen zur Entstehungsgeschichte und Geologie der Caldera und des Teide untergebracht, auf Wunsch kann man sich geführten Wanderungen anschließen.

Freizeit auf Teneriffa

Botanische Gärten
Jardín Botánico, Puerto de la Cruz (üppige tropische und subtropische Flora). Bananera El Guanche, Puerto de la Cruz (Bananenanbau). Jardines del Atlántico bei Buzanada, Valle de San Lorenzo (Querschnitt aus der Pflanzenwelt der Kanaren). Cactus Park bei Los Cristianos (große Kakteen-Sammlung).

Canyoning
Die tief eingeschnittenen, meist trockenen Barrancos laden zu abenteuerlichen Schluchttouren ein, u.a. Barranco del Infierno, del Río, die Schluchten an der Gigantes-Steilküste (Barranco de Masca, del Carrizal, u.a.) und im Anaga-Gebirge.

Esel- und Dromedar-Safaris
Beliebt sind die Esel- (Arafo, Buzanada, Santiago del Teide) und Dromedar-Safaris (El Tanque, Las Galletas).

Golf
Es gibt mehrere Golfplätze, u.a. bei Las Galletas, Tacoronte und Buenavista.

Jeep-Safaris
Die Jeep-Safaris steuern mit Vorliebe die Pisten im Nordwesten des Teide an.

Höhlen
Es gibt zahlreiche Höhlen – die berühmteste, die Cueva del Viento bei Icod, wurde 2008 für Besucher geöffnet (www.cuevadelviento.net).

Klettern
Auf der Insel gibt es mehrere lohnende Kletterziele: Catedral und Cañada del Capricho in den Cañadas, Arico (3 km Richtung Contador-Tal), Las Vegas (nahe Granadilla), Guía de Isora (2,5 km Richtung Adeje, dann links nach Acojeja), Tabares (nahe Santa Cruz), Mesa de Tejina, Playa de San Marcos.

Mountain-Biking
Diese Sportart erfreut sich immer größerer Beliebtheit. Die Insel bietet ideale Voraussetzungen für gemütliche wie für sportliche Unternehmungen, besonders rund um den Teide-Nationalpark.

Museen
Markthallen in Santa Cruz und Los Llanos (Mo–Sa 6–14 Uhr). Bauernmarkt in Mazo (Sa 15–19, So 9–13 Uhr) und in Puntagorda (Sa 15–19, So 11–15 Uhr), Flohmarkt in Los Llanos/Argual (So 9–15 Uhr).

Teide-Seilbahn
Die Seilbahn (2356–3555 m) ist eine der Attraktionen der Cañadas, bei Sturm/Schnee/Eis wird der Betrieb eingestellt.

Tiergärten

Der Loro Parque in Puerto de la Cruz besitzt die größte Papageienkollektion der Welt – dazu Orkas, Delphine, Seelöwen, Krokodile, Pinguine, Affen, Haifischtunnel ... Außerdem u.a. Parque Las Aguilas bei Las Américas.

Wasserparks
Der Lago Martiánez in Puerto de la Cruz ist der größte Wasserpark der Insel. Er wurde von César Manrique gestaltet und besitzt mehrere Meerwasser-Schwimmbecken. In Las Américas Siam Park und Aguapark Octopus.

Whale-watching
Im Süden (Los Cristianos, Playa de San Juán, Los Gigantes) starten zahlreiche Ausflugsboote, vor allem zum Beobachten von Walen und Delphinen.

Informationen und Adressen

Anreise
Teneriffa wird von allen wichtigen Flughäfen Deutschlands, Österreichs und der Schweiz aus angeflogen. Es bestehen Fähr- und Flugverbindungen zum spanischen Festland und zu allen Kanarischen Inseln.

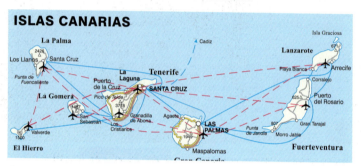

Auskunft
Touristeninformation: Oficina de Turismo de Tenerife, Plaza de España, E-38003 Santa Cruz de Tenerife, ✆ 922 281 287, www.webtenerife.com.

Camping
Campingplätze u.a. bei Adeje, Las Galletas, El Médano, Garachico, Puertito de Güímar und Punta del Hidalgo. Wild Campen ist nicht erlaubt.

Diebstahl
Die Kriminalitätsrate ist verhältnismäßig hoch. Man sollte deshalb niemals Wertgegenstände im Auto oder anderswo unbeaufsichtigt zurücklassen.

Klimatabelle Puerto de la Cruz														
	Monat	1	2	3	4	5	6	7	8	9	10	11	12	Jahr
Tag	°C	19	19	20	21	22	23	24	26	26	24	22	20	22
Nacht	°C	13	13	14	14	16	18	19	20	20	18	17	14	16
Wasser	°C	19	19	19	19	20	20	22	23	22	22	21	20	20
Sonnenstunden		5	6	7	8	9	10	11	10	8	6	6	5	7
Regentage		10	7	8	4	3	2	1	1	3	5	7	9	5

Die Zeit der Mandelblüte (Januar/Februar) ist für viele die schönste Jahreszeit.

Internet
Auf der Homepage www.rother.de des Bergverlag Rother finden Sie viele nützliche WebLinks zu den Kanarischen Inseln und zu Teneriffa.

Klima
Teneriffa ist geprägt von einem subtropischen Klima mit geringen Temperaturschwankungen. Wetterbestimmend ist der Passat, der von Nordosten feuchtwarme Luftmassen heranbringt, die an den Bergen aufsteigen und häufig weite Teile der Insel, besonders den Norden, in eine dicke Wolkendecke einhüllen.

Taxi
In fast allen größeren Orten ist ein Taxistand – ansonsten lässt man sich in einer Bar ein Taxi bestellen.

Telefon
Vorwahl nach Spanien / Teneriffa 0034 / 922. Vorwahl von den Kanaren nach Deutschland 0049, nach Österreich 0043, in die Schweiz 0041.

Wanderveranstalter und -führer
Es gibt zahlreiche Wanderveranstalter (in den Hotels nachfragen).

Fahrpläne der wichtigsten Buslinien

102   PUERTO DE LA CRUZ   – SANTA CRUZ   (EXPRESS-Bus)
täglich   5.45, 6.15, 7.15–21.15 alle 30 Min., 22.00   6.00, 6.40–21.40 alle 30 Min., 22.15, 23.30

101   PUERTO DE LA CRUZ   – SANTA CRUZ
(Bummelbus über La Orotava–Santa Ursula–La Victoria–La Matanza–Tacoronte–La Laguna)
Mo–Fr   5.30–21.00 alle 30 Min.   6.00–21.30 alle 30 Min.
Sa   5.30–13.30 alle 30 Min., 14.30–20.30 jede Std.   6.00–13.30 alle 30 Min., 14.30–21.30 jede Std.
So   5.30–13.30 jede Std., 14.00–21.00 alle 30 Min.   6.30–13.30 jede Std., 14.00–21.30 alle 30 Min.

343   PUERTO DE LA CRUZ   – LAS AMERICAS   (EXPRESS-Bus)
täglich   6.20, 9.00, 11.30, 15.20, 18.00   9.00, 11.30, 15.30, 18.00

354   PUERTO DE LA CRUZ   – ICOD DE LOS VINOS
(über Las Dehasas–Los Realejos–Icod Alto–La Guancha)
täglich   6.20, 7.30–20.30 jede Std., 21.45   5.15, 6.00–19.00 jede Std., 20.10

325   PUERTO DE LA CRUZ   – LOS GIGANTES (über Icod de los Vinos)
täglich   6.20, 8.40 (Mo–Fr), 10.45, 15.00, 19.15   8.30, 12.45, 17.05, 21.15r

363   PUERTO DE LA CRUZ   – BUENAVISTA
(über Las Arenas–Realejo Bajo–San Juan de la Rambla–Icod–Garachico–Los Silos)
täglich   6.00–21.00 jede Std.   5.20, 6.20, 7.30–20.30 jede Std.

345   PUERTO DE LA CRUZ   – LA CALDERA
(über El Botánico–La Orotava–Aguamansa, ■ nur bis/ab La Orotava, ● nur bis/ab Aguamansa)
täglich   ●7.00, ●8.00, 8.45, 9.35, 10.20, 11.05, 11.45,   ●6.00, ●7.00, ●7.30, ●8.15, ●9.00, 9.45,
12.30, 13.15, 14.00, 15.00, 15.45, 16.30, 17.15,   10.45, 11.30, 12.15, 12.50, 13.45, 14.20, 15.10,
●18.00, ●18.45, ●19.35, ●20.15, ■21.00,   16.10, 16.50, 17.40, 18.15 ●19.15, ●20.00,
■20.45, ●21.15, ●22.15

348   PUERTO DE LA CRUZ   – LAS CAÑADAS (Parador Nacional)
(über El Botánico–La Orotava–Aguamansa–El Portillo–Teleférico)
täglich   9.15   16.00

360   ICOD DE LOS VINOS   – PUERTO DE ERJOS
(über El Amparo–La Vega–La Montañeta–San José de Los Llanos)
täglich   7.15, 9.25, 11.30, 15.00, 18.30   7.50, 10.10, 12.15, 15.45, 19.10

460   ICOD DE LOS VINOS   – LAS AMERICAS
(über El Tanque–Erjos–Santiago del Teide–Tamaimo–Chío–Guía de Isora)
täglich   5.45, 7.30, 10.00, 12.00, 14.05,   5.25, 7.35, 9.35, 12.00, 13.55,
16.00, 18.10, 20.10   15.55, 18.00, 20.00

355   BUENAVISTA   – SANTIAGO DEL TEIDE
(über El Palmar–Las Portelas–Masca; ● nur bis/ab Masca)
täglich   ●6.15, 9.30, 11.45, ●14.20, 15.45, 17.45   ●6.45, 10.35, 12.55, ●14.50, 16.55, 19.15

366   BUENAVISTA   – LAS PORTELAS   (über El Palmar)
Mo–Fr   5.30, 7.20, 9.30, 13.15, 17.30, 19.30   6.00, 8.30, 10.00, 14.00, 18.00, 20.00

Tipp: Bei häufigeren Bus-/Tramfahrten lohnt sich evtl. das TITSA-Bono-Bus-Ticket!

473	LOS CRISTIANOS	– LOS GIGANTES
	(über Las Américas–Adeje–Armeñime–San Juan–Alcalá–Puerto Santiago)	
täglich	5.15–20.15 alle 30 Min., 21.15, 22.15	6.15, 6.45, 7.30–21.00 alle 30 Min.

482	LOS CRISTIANOS	– VILAFLOR (über Arona, La Escalona)
täglich	5.50, 11.00, 17.00	6.35, 12.00, 18.15

342	LAS AMERICAS	– LAS CAÑADAS (El Portillo)
	(über Los Cristianos–Arona–La Escalona–Vilaflor–Parador Nacional–Teleférico)	
täglich	9.15 (9.00 Torviscas, 9.30 Los Cristianos)	15.15 (15.40 Teleférico, 16.00 Parador)

111	LAS AMERICAS	– SANTA CRUZ
	(Schnellbus über Los Cristianos–Autopista Sur)	
täglich	6.00–22.30 alle 30 Min., 23.30, 00.30, 04.30	5.30–21.30 alle 30 Min., 22.30, 23.30, 02.30

121	SANTA CRUZ	– GÜÍMAR (über Autopista Sur–Arafo)
Mo–Fr	6.20–20.20 jede Std.	5.35–20.35 jede Std.
Sa, So	7.45–19.45 alle 2 Std.	5.50, 7.45, 10.05–18.05 alle 2 Std., 19.55

105	SANTA CRUZ	– PUNTA DEL HIDALGO
	(über Autopista Norte–La Laguna–Las Canteras–Tegueste–Tejina–Bajamar)	
täglich	5.25, 5.50, 6.15, 7.05–20.05 alle 30 Min.,	6.15, 6.45, 7.10, 7.40, 7.55–19.55 alle 30 Min.,
	20.40 (La Laguna ca. 10 Min. später)	20.45, 21.05, 21.45

246	SANTA CRUZ	– TAGANANA (– Almáciga)
	(über San Andrés–Kreuzung El Bailadero)	(10 Min. früher Abfahrt in Almáciga)
Mo–Fr	5.10, 6.55, 10.30, 13.10, 14.15, 17.05, 19.25	6.00, 8.05, 11.50, 14.30, 15.40, 18.20, 20.35
Sa, So	7.05, 9.10, 11.40, 14.15, 17.05, 19.55	8.15, 10.25, 12.55, 15.40, 18.20, 21.10

247	SANTA CRUZ	– CHAMORGA (über El Bailadero)
Mo–Fr	5.10, 15.00, 18.00 (Sa 7.30, 15.00, 18.00)	6.20, 16.30, 19.30 (Sa 8.50, 16.30, 19.30)

245	SANTA CRUZ	– IGUESTE (über San Andrés–Teresitas)
Mo–Fr	5.20, 7.25, 9.15, 11.40, 14.10, 16.10, 18.15, 20.30	6.45, 8.05, 10.10, 12.20, 15.10–21.10 alle 2 Std.
Sa, So	6.40, 8.40, 10.40, 12.30–20.30 alle 2 Std.	7.30–21.30 alle 2 Std.

073	LA LAGUNA	– PICO DEL INGLES (über Cruz del Carmen)
Mo–Fr	10.45 (Sa, So 9.15, 11.00)	11.15 (Sa, So 9.45, 11.30)

074	LA LAGUNA	– EL BATAN (über Cruce El Moquinal)
Mo–Fr	7.00, 9.05 (Sa, So), 14.15 (Sa, So), 15.00, 19.00	7.45, 9.50 (Sa, So), 15.00 (Sa, So), 15.45, 19.45

075	LA LAGUNA	– TABORNO (Las Carboneras 15 Min. früher)
Mo–Fr	5.15, 6.50, 9.15, 13.05, 15.15, 18.45	5.50, 7.50, 10.00, 14.00, 16.15, 19.45
Sa, So	7.30, 12.00, 16.05	8.10, 13.00, 17.00

076	LA LAGUNA	– AFUR (über Las Canteras–C.d. Carmen)
täglich	7.00, 13.15, 16.05, 19.00 (Mo–Fr)	6.05 (Mo–Fr), 8.00, 14.40, 17.30, 20.00 (Mo–Fr)

077	LA LAGUNA	– EL BAILADERO (über Cruz del Carmen)
täglich	10.15, 17.00 (Mo–Fr), 18.00 (Sa, So)	11.30, 18.00 (Mo–Fr), 19.15 (Sa, So)

Der TITSA-Fahrplan ist in Busbahnhöfen, Tourist-Infos etc. erhältlich, Internet: www.titsa.com
Fahrplan der Tranvía (Straßenbahn) Santa Cruz – La Laguna unter www.tranviatenerife.com

Der Norden

Gartenlandschaft am Fuß der Cumbres

Der Norden ist der Garten Teneriffas: Bananenplantagen an den Küsten und hübsche Ortschaften prägen diese traditionell landwirtschaftlich ausgerichtete Region beiderseits der Cumbre Dorsal und am Nordfuß des Teide.
Wer auf der Autobahn von La Laguna auf die Nordseite der Cumbre und weiter in das fast 10 km breite Orotava-Tal hinabfährt, wird sofort begeistert sein von der weiten, sanft zum Meer hin abfallenden Landschaft, die vom majestätischen, im Winter manchmal schneebedeckten Teide überragt wird. Puerto de la Cruz ist das touristische Zentrum dieser Region. Der mondäne, wohl schönstgelegene Badeort der Insel bietet dem Urlauber alle Voraussetzungen für einen abwechslungsreichen Aufenthalt: ein vielseitiges touristisches Angebot, herrliche Gärten, grandiose Steilküsten mit malerischen Stränden und hervorragende Verkehrsverbindungen. Wanderer schätzen Puerto vor allem wegen seiner Nähe zu den Wäldern des oberen Orotava-Tales – wer abwechslungsreichere Wanderwege bevorzugt, wird in die Höhenregionen an der Cumbre Dorsal und am Fuß des Teide ausweichen, zu denen schöne Wanderwege aus dem Orotava-Tal hinaufführen. Auch die Südseite der Cumbre Dorsal, insbesondere das ebenfalls von zwei mächtigen Steilwänden eingefasste Güímar-Tal, ist durch einige lohnende Wanderwege er-

Der Drago Milenario in Icod de los Vinos – der älteste Drachenbaum der Insel.

schlossen. Westlich des Orotava-Tales schließen sich in den Höhenlagen weite Kiefernforste an, die am Fuß des Teide und des Pico Viejo fast übergangslos von schwarzen Sand- und Lavalandschaften abgelöst werden – ein beinahe grenzenloses, noch kaum entdecktes Tourenrevier!

Auch die Strände lassen keine Wünsche offen – besonders hervorzuheben sind der Camello-Strand bei Mesa del Mar, der Jardín-Strand und die Bollullo-Bucht bei Puerto de la Cruz, der Socorro-Strand bei La Rambla und der San Marcos-Strand bei Icod de los Vinos. Allen Stränden ist gemeinsam, dass sie – besonders im Winter – eine gefährliche Brandung aufweisen.

Ausgangspunkte für Wanderungen

Straße La Orotava–El Portillo

Die Straße, die von La Orotava zunächst durch das ländliche Orotava-Tal, ab Aguamansa dann durch den Kiefernwaldgürtel nach El Portillo – dem nordöstlichen Eingang des Parque Nacional de las Cañadas del Teide – hinaufführt, ist ein idealer Ausgangspunkt für Wanderungen im oberen Orotava-Tal. An der Straße liegen folgende Wanderparkplätze: Aguamansa (Forellenzucht und Forsthaus, Km 15), Abzweig zum Rastplatz La Caldera (Grill- und Picknickplätze, Km 16), Choza Bermeja (Km 21), Choza Wildpret (Km 23,5), Choza Bethencourt (Km 25,9), Choza Sventenius (Km 29,2).

Cumbre-Dorsal-Kammhöhenstraße

Die Höhenstraße, die La Laguna mit La Esperanza, Izaña und El Portillo verbindet, ist nicht nur reich an Miradores, die die Nord- und die Ostküste zu Füßen legen – sie ermöglicht auch schöne Wanderausflüge in den Esperanza-Wald (z.B. vom Rastplatz Las Lagunetas zum Gaitero, 1¾ Std.) sowie in das obere Orotava- und in das Güímar-Tal.

Weitere ideale Ausgangspunkte sind u.a. die Picknickplätze Chanajiga (bei Las Llanadas), La Corona (bei Icod el Alto), El Lagar (bei La Guancha) und Las Arenas Negras (bei La Montañeta).

Von Puerto de la Cruz zum Café Vista Paraíso

4.00 Std.

Spaziergang auf dem Camino de la Costa entlang der Steilküste

Der gepflegte, meist gepflasterte Camino de la Costa gehört zu den beliebtesten Spazierwegen Puertos – er führt vom Mirador de la Paz in einer herrlichen Aussichtspromenade zum Hotel Semiramis und von dort weiter durch Bananenplantagen zum wohl schönsten Strand des Nordens, dem Bollullo-Strand. Wegen der gefährlichen Strömungen und der kräftigen Brandung ist der feinsandige Strand nur bei ruhiger See zum Baden geeignet. Von dort empfiehlt sich ein Aufstieg zu einem der berühmtesten Panoramaplätze Teneriffas, dem Café Vista Paraíso – allerdings erfordert der Aufstieg Trittsicherheit und gutes Schuhwerk, da er auf einem teilweise etwas steilen, rutschigen Pfad erfolgt.

Ausgangspunkt: Puerto de la Cruz, 15 m, Playa de Martiánez am Ostende der Uferpromenade.
Höhenunterschied: 400 m.
Anforderungen: Leichte Wanderung auf breiten Wegen und Straßen – nur der Aufstieg zum Café Vista Paraíso erfolgt auf einem steilen, schmalen Pfad.
Einkehr: Bar-Restaurant Bollullo, Café-Restaurant San Diego (Mo. Ruhetag), Café Vista Paraíso (Mo. Ruhetag), Bars und Restaurants in Cuesta de la Villa.

Der Bollullo-Strand gehört zu den schönsten Sandbuchten der Insel. Im Winterhalbjahr muss man jedoch mit starker Brandung rechnen.

Vom **Martiánez-Strand** gehen wir zwischen den Hotels San Felipe und Atlantis die Palmenallee *Avenida Aguilar y Quesada* hinauf und biegen nach dem Martiánez-Einkaufszentrum (zur Linken, 5 Min.) an der palmenbestandenen *Plaza Viera y Clavijo* links auf den Treppenweg *Camino las Cabras* ab – er verbindet die Stadtviertel La Paz und El Botánico mit der Altstadt. Nach einigen Minuten mündet er in eine breitere Promenade (*Camino San Amaro*), auf der wir links weiter ansteigen. Immer wieder laden Bänke an dem hübsch gestalteten Treppenweg zur Rast ein. Nach 5 Minuten stoßen wir auf eine Straße und wenden uns links zum **Mirador de la Paz** zu.

Mit grandiosem Tiefblick auf Puerto de la Cruz und zum Martiánez-Strand spazieren wir nun auf dem balkonartigen Camino de la Costa, vorbei an mehreren Cafés und Apartment-Anlagen, oberhalb der Steilküste entlang. Beim Hotel Semiramis (insgesamt ½ Std.) mündet der Camino in die *Calle Leopoldo Cólogan Zulueta*, auf der wir links weitergehen. Geradeaus setzt sich der *Camino de La Costa* fort. Schon bald lassen wir die letzten Villen und Ferienanlagen hinter uns (an Gabelung links). Der breite Fußgän-

gerweg verläuft zunächst noch oberhalb der östlichen Ausfallstraße, unterquert diese jedoch schon bald links durch einen Tunnel. Nun begleiten uns Bananenplantagen. Etwa 10 Minuten nach dem Tunnel durchqueren wir den Barranco de la Arena und stoßen auf der anderen Barrancoseite auf ein Sträßchen, auf dem wir geradeaus weitergehen (rechts am Barrancorand entlang der Weiterweg zum Café Vista Paraíso). Schon nach wenigen Minuten, beim Restaurant Bollullo, biegt links ein Weg ab, der hoch über der **Playa del Bollullo** entlang der Steilküste weiterführt – am Ostende der schönen Sandbucht führt eine breite Treppe hinab zum Strand, an dem auch eine Snackbar steht. Oberhalb der Steilküste setzt sich übrigens ein mitunter verwachsener, kurz auch etwas abgerutschter Weg fort, der sich nach gut 5 Minuten rechts einem kleinen Barranco zuwendet und durch diesen zur Straße in El Rincón hinaufführt (Abkürzungsmöglichkeit zum Café Vista Paraíso).

Wieder zurück am Rand des Barrancos de la Arena, wandern wir auf dem Sträßchen links haltend bergan. Nach knapp 15 Minuten passieren wir das Café-Restaurant San Diego im Weiler **El Rincón**. Rechts auf der breiten Asphaltstraße geht es hinauf nach La Orotava, wir gehen aber geradeaus weiter zwischen den Bananen- und Avocadofeldern. Nach 15 Minuten endet die Straße vor einem Tor (links leitet ein Camino hinab zur schönen, aber schmalen Playa del Ancón, ¼ Std.). Direkt vor dem Tor führt rechts zwischen Mauern ein Weg zum Café Vista Paraíso hinauf. Er steigt für ein paar Minuten steil und geröllig an und wendet sich dann (bei erster Gelegenheit) kurz nach rechts, um sich mit dem ehemaligen Hauptweg zu vereinen. Dieser führt links weiter steil, nun teilweise steingepflastert, in Serpentinen bergan. Nach

einigen Treppenstufen mündet der Weg schließlich in einer Villenansiedlung in eine Straße, die uns links zum traditionsreichen, deutsch-österreichischen **Café Vista Paraíso** bringt (150 m). Leckere Kuchen und Torten sowie der grandiose Ausblick von der Terrasse auf Puerto de la Cruz und das Orotava-Tal entschädigen für den anstrengenden Aufstieg.

Wer nicht mehr auf demselben Weg nach Puerto zurückwandern will, kann schräg gegenüber auf dem breiten Weg weiter ansteigen. Er mündet sogleich in eine Straße, die an der Nordautobahn entlangführt. Auf der Straße nach links, dann rechts über die Brücke (Autobahnausfahrt La Orotava) nach Cuesta de la Villa. An der Hauptstraße befindet sich gleich rechts eine Bushaltestelle (Buslinien 062 nach La Orotava und 101 nach Puerto de la Cruz; 10 Min. ab Café Vista Paraíso).

1.40 Std.

Von Puerto de la Cruz zum Mirador de San Pedro — 2

Beliebte Küstenpromenade – mit Verlängerungsmöglichkeit

Die beiden Küstenwanderwege, die in Puerto de la Cruz ihren Ausgang nehmen, zählen zu den beliebtesten Wanderwegen Teneriffas. Beiden ist gemein, dass sie aufgrund ihrer begrenzten Länge nur bessere Spaziergänge sind. Beim westlichen Abschnitt besteht immerhin die Aussicht, dass der Wanderweg in absehbarer Zeit bis nach San Juan de La Rambla verlängert wird.

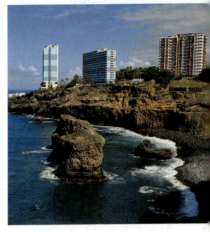

Ausgangspunkt: Loro Parque in Punta Brava, am westlichen Stadtrand von Puerto de la Cruz, 15 m. Haltestelle der Buslinie 381 und der Loro-Parque-Bimmelbahn. Oder Hotel Maritim.
Endpunkt: Mirador de San Pedro, 130 m, Haltestelle der Buslinien 107, 108, 325, 363.
Höhenunterschied: Gut 200 m im Aufstieg und 100 m im Abstieg.
Anforderungen: Leichte Wanderung auf bequemen Caminos und Straßen.
Einkehr: Bar-Restaurants in Punta Brava, La Romántica II und am Mirador de San Pedro.
Variante: Vom Mirador de San Pedro zur Playa del Socorro und nach San Juan de La Rambla: 30 m vor dem Bar-Restaurant setzt sich rechts, vorbei an der Kapelle, der Küstenweg fort. Er mündet nach einigen Minuten in eine Straße, die links und dann nach 25 m rechts durch Bananenplantagen zur Playa del Socorro hinabführt (»Hilfe-Strand«, Bar; 20 Min.) – ein Paradies für Wellenreiter, für Normalbadende dagegen ist der Strand mit Vorsicht zu genießen. Der Weitersweg nach San Juan kann nur hartgesottenen Wanderern empfohlen werden: Man folgt praktisch pfadlos dem steinigen Strand, kommt nach 25 Min. unterhalb von ein paar verfallenen Häusern vorbei (El Terrero). Gut 10 Min. später erreicht man einen riesigen, etwa 10 m hohen Felsblock (El Roquillo) – hier links steil hinauf zu einer Steinmauer, bei der man auf einen intakten Weg stößt, der zu einem Haus ansteigt. Er senkt sich nach den Häusern hinab in den Barranco de Ruíz und steigt auf der anderen Seite steil an zu einem Haus. Nun auf herrlicher Küstenpromenade weiter durch La Rambla (gut 1 Std. ab Playa del Socorro; nach wenigen Minuten kann man links zur TF-5 beim Picknickplatz Barranco de Ruíz hinaufgehen, Bushaltestelle). 20 Min. später erreicht man auf dem Küstenweg den Ort Las Aguas (Bar-Restaurants, Schwimmbad). Von hier auf der Zufahrtsstraße hinauf zur Hauptstraße TF-5 in San Juan de La Rambla (¼ Std.; Bushäuschen, rechts an der Dorfstraße die Plaza).

Vom Haupteingang des **Loro Parque** folgen wir der Hauptstraße in westlicher Richtung und biegen nach knapp 10 Minuten, nach dem ersten Hochhaus zur Rechten (Hotel Maritim), rechts ab auf eine Straße. An ihrem Ende beginnt der Küstenweg, der oberhalb der steinigen Playa de Los Roques durch den Hang verläuft. An der Gabelung nach 5 Minuten lohnt sich rechts eine kleine Runde um die felsige Landspitze (Mirador mit Blick nach Punta Brava). Anschließend steigen wir links den breiten Camino hinauf zur Villensiedlung **La Romántica II**, die wir rechts auf der Straße durchqueren (immer geradeaus). Nach einigen Minuten knickt die Straße nach links, 100 m danach zweigt rechts der ausgeschilderte Küstenweg ab (nach 50 m Camino). Er führt in der Folge unterhalb der Villensiedlung **La Romántica I** vorbei und überquert anschließend den Barranco El Patronato über eine Brücke. Gleich danach ignorieren wir die rechts zur verfallenen Casa Hamilton (ehemalige Wasserpumpanlage) und zur Playa de La Fajana abzweigenden Wege und gehen links die breite Betonpiste hinauf. Nach 5 Minuten halten wir uns an der Schranke rechts, kurz darauf verschmälert sich der Weg wieder und senkt sich steil hinab in den Barranco del Agua, den wir ebenfalls auf einer Brücke überqueren. Gleich danach bleiben wir an der Gabelung auf dem geraden Hauptweg (rechts zweigt ein Weg zur steinigen Playa de La Fajana, an der sich ein Wasserwerk befindet, 10 Min.). 100 m danach gabelt sich der Weg abermals: Wer auf direktem Weg zum Mirador de San Pedro will, geht geradeaus weiter. Wir aber biegen rechts ab, kommen bald darauf

oberhalb des Forts San Fernando vorbei (rechts zweigen Abstecher zum Fort sowie zu einem Stollen ab) und wandern etwa höhehaltend hinüber zu einem schönen alten Herrenhaus (**La Casona**). Von hier könnte man geradeaus, vorbei an der Siedlung Rambla del Castro, noch einen Abstecher zur

Casa Hamilton (links oben), La Casona (links unten) und Rambla del Castro (oben).

Punta del Guindaste unternehmen (gut 5 Min.). Dann steigen wir von La Casona auf dem breiten Pflasterweg zur Hauptstraße TF-5 Puerto de la Cruz – Icod de los Vinos hinauf (gut 10 Min.). 200 m links befindet sich die Bushaltestelle und ein Kiosk, rechts erwartet uns der **Mirador de San Pedro** mit Kapelle und derzeit geschlossenem Bar-Restaurant.
Wer die Wanderung ausbauen will, der kann auf dem Küstenweg weiter zur Playa del Socorro und nach San Juan de La Rambla wandern (→Variante).

3 Von Aguamansa nach La Orotava

2.00 Std.

Abstieg durch das bäuerliche Orotava-Tal nach Las Cuevas

Diese meist gemütliche Wanderung führt uns auf manchmal etwas steilen Sträßchen, vorbei an Kartoffel- und Weinfeldern, hinab nach La Orotava.

Talort: Aguamansa, 1000 m.
Ausgangspunkt: Casa Forestal/Forellenzucht an der Haarnadelkurve oberhalb von Aguamansa, 1070 m (Wanderparkplatz, Haltestelle der Buslinie 345).
Endpunkt: Las Cuevas, 300 m, bei La Orotava (Haltestelle der Buslinie 101).
Höhenunterschied: 800 m im Abstieg.
Anforderungen: Leichte, teils steile Bergabwanderung, meist auf Asphaltstraßen.
Einkehr: Bar-Restaurants in Pinoleris, La Florida und Las Cuevas.
Variante: Von Las Cuevas nach Puerto de la Cruz: Links neben dem ehemaligen Café Humboldtblick (Haus Nr. 25) auf steiler Straße in gut 5 Min. hinab zur unteren Hauptstraße La Orotava – Santa Ursula. Auf dieser links weiter hinab, 5 Min. später rechts mit Tunnel unter der Autobahn hindurch und rechts auf breiter Straße (Fußgängerweg) hinab nach El Rincón. An der Einmündung in eine Querstraße (Café-Restaurant San Diego; gut ½ Std. ab Las Cuevas) links weiter nach Puerto de la Cruz, wie bei Tour 1 (gut 1¼ Std. bis zum Martiánez-Strand).
Kombinationsmöglichkeit: Tour 5.

Wir gehen von der **Casa forestal** 50 m auf der Hauptstraße zurück und biegen mit *PR TF 35* rechts hinab in Richtung *»Casa del Agua«* (Tafel, *weißgelb*). Über Treppen geht es hinab in den Barranco de la Arena, in dem der

Bauern bei der Rast.

Wanderweg weiter abwärts führt und in eine Straße einmündet. Wir folgen der Straße nach rechts, kreuzen bald darauf einen weiteren Barranco, und erreichen nach einigen Minuten eine Kreuzung. Hier links weiter hinab. Wenige Minuten später zweigt an einem Heiligenschrein rechts ein Sträßchen zur Choza Pérez Ventoso ab (Tafel, →Tour 4), wir gehen aber geradeaus weiter. Gut 100 m danach halten wir uns an der Straßengabelung links. Nach knapp 5 Minuten biegen wir rechts auf das erste Sträßchen (*Los Cominos*) ab, das ein paar Minuten nahezu eben dahinführt und sich dann links hinabwendet. In Kurven geht es nun steil hinab auf eine breitere Straße (rechts Bar), der wir links, vorbei an einem Picknickplatz, zur Kirche von **Pinoleris** folgen.

Nach der Kirche zweigt rechts eine steile Straße ab (Tafel »La Florida«), die nach gut 5 Minuten nach rechts schwenkt und bald darauf an der ehemaligen Bar Florida Alta vorbeiführt. Auf der steilen Dorfstraße geht es weiter hinab – sie mündet nach 10 Minuten an einer Kapelle in eine Straße, auf der wir links weiter nach **La Florida** hinabwandern.

Vorbei an der Kirche und dem Schulhaus mit dem Sportplatz, treffen wir auf eine quer führende Straße (Bar; links Bushaltestelle nach La Orotava), auf die wir rechts in Richtung Pino Alto abbiegen. Sie quert einen Barranco und passiert nach knapp 10 Minuten linker Hand ein großes rundes Wasserreservoir. Gleich danach, am tiefsten Punkt der Straße, biegen wir links auf das bergab führende Sträßchen *La Resbala* ab. An der Verzweigung nach gut 5 Minuten halten wir uns rechts, vorbei an einem viereckigen Wasserreservoir. Gleich darauf an der Gabelung links weiter, unter einem Wasserkanal hindurch. Nun immer geradeaus hinab (die links abzweigende Villenstraße bleibt unberücksichtigt), bis der Weg nach einem Hochspannungsmast in eine quer führende Straße mündet, der wir links zur Hauptstraße La Orotava – Santa Ursula mit dem ehemaligen Café Humboldtblick (Haus Nr. 25 auf der gegenüberliegenden Straßenseite) in **Las Cuevas** folgen.

25

Von Aguamansa über Pino Alto nach La Orotava

5.00 Std.

Anstrengende Tagestour über die östliche Steilwand des Orotava-Tales

Diese Forststraßen-Wanderung über die östliche, häufig wolkenverhangene Steilwand des Orotava-Tales ist etwas langatmig und recht anstrengend. Nur hin und wieder ergeben sich großartige Ausblicke auf das Orotava-Tal, ansonsten begleiten uns stattliche, von Bartflechten behangene Kiefern.

Ausgangspunkt: Casa Forestal/Forellenzucht an der Haarnadelkurve oberhalb von Aguamansa, 1070 m (Wanderparkplatz, Haltestelle der Buslinie 345).
Endpunkt: Las Cuevas, 300 m, bei La Orotava (Haltestelle der Buslinie 101).
Höhenunterschied: 500 m im Aufstieg und 1270 m im Abstieg.
Anforderungen: Anstrengende Tageswanderung auf Wegen und Forststraßen, ab Choza Almadi teilweise steil und bei Nässe unangenehm rutschig. Die Ladera ist häufig von Passatwolken eingehüllt.
Einkehr: Bar-Restaurants in Pino Alto und in Las Cuevas.
Variante: Beginn der Wanderung am Rastplatz La Caldera: Wie bei →Tour 5 zur Choza El Topo (1 Std.) und auf der Forststraße geradeaus weiter zur Steinsäule Llano de los Corrales (gut 10 Min.).

Der Wanderweg ist zunächst identisch mit →Tour 3 (siehe dort). Nach einer guten halben Stunde, beim Heiligenschrein, biegen wir rechts ab auf das Sträßchen (Tafel »Choza Pérez Ventoso«), das nach 5 Minuten an der Steinsäule *Choza Pérez Ventoso* endet. Wir gehen hier links den steilen Forstweg hinauf und verbleiben an der Wegekreuzung unterhalb der verfallenen **Choza Inge Jua** (5 Min.) auf dem geraden Forstweg, der fast eben in den Barranco del Infierno hineinführt. Nach 5 Minuten geht der Forstweg in einen Pfad über, der bald darauf das Bachbett quert und auf der anderen Talseite steil in Serpentinen ansteigt. Nach gut 10 Minuten geht der Camino in einen breiten Forstweg über, einige Minuten später treffen wir an der Steinsäule *Llano de los Corrales* auf eine breite Forststraße (hier kreuzt PR TF 35.1).

Wir folgen der Forststraße nach links. Sie führt in acht weiten Kehren am Rand des Barranco del Infierno bergan (nach der 1. Kehre Abkürzungsmöglichkeit auf deutlichem Pfad) und verläuft nach einer Stunde in leichtem Auf und Ab durch die Steilwand der Ladera. Am besten legt man dort irgendwo eine Rast ein und genießt den schönen Ausblick auf die Cumbre Dorsal, den Teide und auf das Orotava-Tal – später, an der **Choza Almadi**, 1470 m

26

(Unterstand), versperren Kiefern die Sicht.

An der Kreuzung oberhalb des Unterstands biegen wir links auf eine Forststraße ab. Sie führt entlang der Ladera steil hinab und erreicht nach 20 Minuten den schönsten Aussichtsplatz der Wanderung, das **Cruz de las Lajitas** (Kreuz, Heiligenschrein, Unterstand) – von hier bietet sich ein fast uneingeschränkter Tiefblick auf das Orotava-Tal. Am anderen Ende des Aussichtsplatzes setzt sich der steile Abstieg auf der Forststraße fort. In der Folge halten wir uns an Gabelungen stets geradeaus bzw. links, immer entlang der Ladera-Abbruchkante ⌐ so auch an der Gabelung nach einer Viertelstunde (links eben weiter) und in der darauffolgenden Rechtskurve (links auf den Forstweg abzweigen). 5 Minuten später halten wir uns abermals links. In der nachfolgenden Rechtskurve zweigen wir links auf einen Pfad ab. Er führt in Serpentinen bergab (mitunter etwas verwachsen und rutschig) und mündet nach gut 10 Minuten vor einem Autowrack in einen Fahrweg, der rechts (immer geradeaus, teilweise betoniert) gemütlich durch Terrassenfelder mit Kastanienbäumen hinabführt. Er mündet nach 25 Minuten an einer Schranke und einem Heiligenschrein in eine Straße, die uns links, mit herrlichem Blick auf das Orotava-Tal und Puerto de la Cruz, in 20 Minuten zur Dorfstraße von **Pino Alto**, 580 m, hinabbringt. Wir wandern nun auf der steilen Dorfstraße links hinab und lassen bald darauf den schmucken Ort hinter uns. Nach gut 10 Minuten, am tiefsten Punkt der Straße, zweigen wir rechts auf das von Mauern eingefasste Sträßchen *La Resbala* ab (geradeaus, nach gut 5 Min. rechts über die Brücke, La Florida; Bus). An der Verzweigung nach gut 5 Minuten halten wir uns rechts, gleich darauf links, unter einem Wasserkanal hindurch. Nun immer geradeaus hinab (die links abzweigende Villenstraße bleibt unberücksichtigt), bis der Fahrweg in eine Straße mündet, der wir links zur Hauptstraße La Orotava – Santa Ursula mit dem ehemaligen Café Humboldtblick (Haus Nr. 25 auf der gegenüberliegenden Straßenseite) in **Las Cuevas** folgen.

5 Von La Caldera nach Aguamansa

2.00 Std.

Beliebte Rundtour in den Kiefernwäldern des oberen Orotava-Tales

Diese kleine Runde durch die prächtigen Kiefernwälder des oberen Orotava-Tales gehört zum Pflichtprogramm eines jeden Teneriffa-Urlaubers. Der Wanderweg führt vom Picknickplatz La Caldera, der in einem natürlichen Krater angelegt wurde, vorbei an den Órganos-Felsen nach Aguamansa hinab. Dort lohnt sich ein Besuch der Forellenzucht.

Talort: Aguamansa, 1000 m.
Ausgangspunkt: Zona recreativa La Caldera, 1200 m (Picknickplatz, Endhaltestelle der Buslinie 345).
Endpunkt: Aguamansa, 1040 m (Haltestelle der Buslinie 345).
Höhenunterschied: 100 m im Aufstieg und 250 m im Abstieg.
Anforderungen: Meist gemütliche Wanderung auf Forstwegen und Straßen.
Einkehr: Bar-Restaurant am Rastplatz La Caldera, Bar-Restaurants in Aguamansa.
Variante: Von der Bushaltestelle in Aguamansa zurück zum Picknickplatz La Caldera (etwa 25 Min.): Man geht 50 m an der Hauptstraße hinauf und dann mit SL TF 81 (weiß-grün) rechts auf dem ansteigenden Sträßchen weiter, das am Zaun der Forellenzucht entlangführt.

Es endet vor einem Tor, zuvor biegt links ein Camino ab, der sich nach 5 Minuten mit dem GR 131 (weiß-rot) vereinigt. Bald darauf mündet der Weg in eine Piste – hier mit dem GR 131 links unter der Hauptstraße hindurch und in 10 Minuten hinauf zum Picknickplatz La Caldera.
Kombinationsmöglichkeit: Touren 3 und 6.

Von der Bus-Endstation am Picknickplatz **La Caldera** folgen wir der linken Straße, vorbei am Restaurant, und biegen nach 2 Minuten links auf eine breite Forststraße ab (Tafel »*Los Órganos*«). Nach 10 Minuten erreichen wir eine große Wegverzweigung neben der Choza Pedro Gil (Unterstand, Wasserstelle, rechts zweigt der *Camino de Candelaria* ab). Wir verbleiben auf der Forststraße und kommen 5 Minuten später unterhalb der Órganos-Felsen vorbei – die Erosion hat in dieser gewaltigen Felswand regelrechte Orgel-

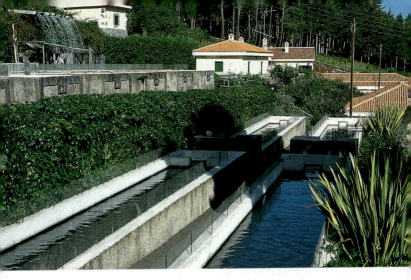

Nach der Wanderung bietet sich eine Besichtigung der Forellenzucht an.

pfeifen herausgesägt. Stets im Halbschatten mächtiger Kiefern, führt die breite Pistenstraße nun durch den Barranco Madre del Agua, in dem wir nach einer guten halben Stunde ein großes Wasserhaus passieren. 5 Minuten später ignorieren wir einen links abzweigenden Forstweg. Hin und wieder erhaschen wir Ausblicke auf den Teide und das Orotava-Tal – an der Küste können wir Puerto de la Cruz ausmachen, in der Ferne bei guter Sicht La Palma. Nach insgesamt einer Stunde ist die (dachlose) **Choza El Topo** erreicht. Unmittelbar danach zweigt links ein Forstweg ab, der in Serpentinen durch den Kiefern- und Buschwald hinabführt. Nach gut 5 Minuten teilt sich der Weg – hier geradeaus (rechts) weiter bergab. Knapp 10 Minuten später erreichen wir neben der verfallenen **Choza Inge Jua** eine Wegkreuzung, hier links die steile Forststraße hinab. Wenige Minuten danach mündet die Forststraße an der Steinsäule *Choza Pérez Ventoso* in ein Sträßchen, das hier endet. Wir wandern nun auf dem Sträßchen weiter hinab, zwischen Feldern hindurch. An der Straßenverzweigung (Heiligenschrein) nach 5 Minuten halten wir uns links bergauf (rechts nach La Florida, →Tour 3), wenige Minuten später an der nächsten Straßenkreuzung recht Das Sträßchen quert in der Folge zwei Barrancos (im zweiten kann man links mit dem weiß-gelb markierten Wanderweg PR TF 35 zur Casa Forestal/Forellenzucht aufsteigen) und mündet schließlich in die steile Dorfstraße von **Aguamansa**, auf der wir links hinauf zur Bushaltestelle an der Hauptstraße gelangen (200 m oberhalb die Casa Forestal/Forellenzucht, geöffnet 8–15 Uhr).

6 Barranco Madre del Agua

2.10 Std.

Rundwanderung auf alten Wasserwegen

Im Jahr 2009 wurde dieser Wanderweg durch den eindrucksvollen Barranco Madre del Agua restauriert – er war fast in Vergessenheit geraten und erinnert an die Geschichte der Wassergewinnung im oberen Orotava-Tal.

Talort: Aguamansa, 1000 m.
Ausgangspunkt: Zona recreativa La Caldera, 1200 m (Picknickplatz, Endhaltestelle der Buslinie 345).
Höhenunterschied: 300 m.
Anforderungen: Zu Beginn gemütliche Wanderung auf Forstweg, dann häufig steile Waldwege.
Einkehr: Bar-Restaurant am Picknickplatz La Caldera.
Kombinationsmöglichkeit: Touren 4, 5 und 7.

Vom Parkplatz mit der Bus-Endstation am Picknickplatz **La Caldera** gehen wir auf der linken Straße am Restaurant vorbei und zweigen nach 2 Minuten links auf die breite Forststraße ab (u.a. Tafel »*Los Órganos*«). Dieser folgen wir immer geradeaus, vorbei an der Choza Pedro Gil (knapp 10 Min.) und den Órganos-Felsen. Nach einer guten halben Stunde ignorieren wir den rechts abzweigenden Wanderweg PR TF 35.2 (unser späterer Rückweg), 2 Minuten später passiert die Forststraße ein großes **Wasserhaus** (Casa del Agua) im Barranco Madre del Agua.

Rechts neben dem Wasserhaus zweigt ein Camino ab (*PR TF 35.2, weißgelb, Ruta del Agua*), der schon nach wenigen Minuten steil, teils über Stufen, am Rand des eindrucksvollen, tief eingeschnittenen **Barranco Madre del Agua** ansteigt. Er verläuft entlang einem ehemaligen Wasserkanal und trifft nach einer Viertelstunde auf einen breiten, von einer Forststraße heraufziehenden Camino, dem wir weiter nach oben folgen. Nach 5 Minuten gabelt sich der Weg – links durch den Barrancogrund gelangt man zu einem Taleinschnitt mit einem verfallenen Steinhaus. Nach dem kurzen Abstecher gehen wir rechts weiter und halten uns an der nächsten Gabelung nach 10 m geradeaus (links zweigt ein sehr steiler Serpentinenpfad zum Órganos-Hö-

Wasserkanalbrücke (oben) und Wasserverteiler (unten) am Wegrand.

henweg ab; 20 Min.).
Der Weg verläuft nun in leichtem Auf und Ab durch den Hang und passiert nach 10 Minuten eine Galería (Stichweg links in einer Barrancorinne). Anschließend gesellt sich ein ehemaliger Wasserkanal an den Wegrand. Der Camino führt nun abwärts und passiert einen Wasserverteiler. Gut 5 Minuten danach kommen wir an einem weiteren Wasserverteiler vorbei, wenige Minuten später ignorieren wir einen links abzweigenden Pfad. Nach weiteren 5 Minuten gabelt sich der Weg (rechts barrancoeinwärts gelangt man zu einer kleinen Wasserkanalbrücke).
Wenige Minuten später trifft der Camino auf die Forststraße vom Hinweg (2 Min. rechts das **Wasserhaus**) – auf dieser links in einer halben Stunde zurück zum Picknickplatz **La Caldera**.

7 Órganos-Höhenweg

4.00 Std.

Spektakuläre Runde um die »Orgelpfeifen«

Diese wildromantische Höhenwanderung bietet ein abwechslungsreiches, hin und wieder gar spektakuläres Bergvergnügen: Sie führt mitten hinein in die Schluchten- und Felsenwelt oberhalb der berühmten Orgelpfeifen und beschert uns prachtvolle Ausblicke auf das Orotava-Tal und den Teide.

Talort: Aguamansa, 1000 m.
Ausgangspunkt: Zona recreativa La Caldera, 1200 m (Picknickplatz, Endhaltestelle der Buslinie 345).
Höhenunterschied: Gut 600 m.
Anforderungen: Zu Beginn gemütliche Wanderung auf Forstweg, dann häufig steiler, schlüpfriger Weg, stellenweise auch etwas schmal und luftig (aber bestens u.a. mit Geländern gesichert).
Einkehr: Bar-Restaurant La Caldera.
Kombinationsmöglichkeit: Tour 6.

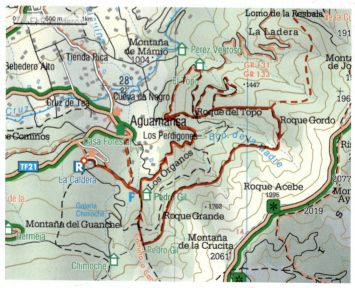

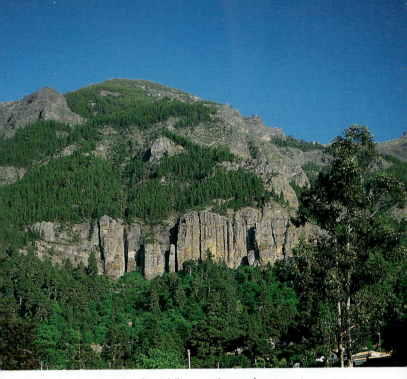

Die Cumbre Dorsal mit den »Orgelpfeifen«, gesehen von Aguamansa.

Vom Parkplatz mit der Bus-Endstation am Picknickplatz **La Caldera** gehen wir mit *PR TF 35/GR 131* auf der linken Straße am Restaurant vorbei und zweigen nach 2 Minuten links auf die breite Forststraße ab (u.a. Tafel »*Los Órganos*«). Dieser folgen wir immer geradeaus, vorbei an der Choza Pedro Gil (knapp 10 Min., nicht rechts; Wasserstelle) und den Órganos-Felsen. Nach einer guten halben Stunde passieren wir ein großes Wasserhaus im Barranco Madre del Agua. 5 Minuten später, 10 m nach dem Linksabzweig eines Forstweges nach Aguamansa, zweigen wir scharf rechts auf den *weiß-rot-gelb* markierten Camino del Topo ab (*PR TF 35*; man kann auch auf der

33

Forststraße weitergehen: nach 15 Min. neben der Choza El Topo rechts abbiegen auf die ansteigende Forststraße, einige Minuten später nicht links, 5 Min. danach in der ersten Linkskehre nicht rechts auf den Forstweg abzweigen). Der Wanderweg führt in Serpentinen über einen Rücken am Rand des Barranco Madre del Agua bergan und trifft nach einer knappen Viertelstunde auf die von der Choza El Topo kommende Forststraße. In der Linkskehre nach 10 m (rechts zweigt ein Forstweg ab) setzt sich rechts der Weg fort. Eine gute Viertelstunde danach berührt der Weg an einer Linkskehre wieder die Forststraße, knapp 10 Minuten später verläuft er über einen flachen Rücken neben der Forststraße. Nach wenigen Minuten steigt der Weg wieder spürbar an – er führt nun teils steil über den Bergrücken hinauf und erreicht nach gut 15 Minuten einen **Aussichtsplatz** auf einem Felsvorsprung mit Blick auf den Teide und das Orotava-Tal (Portillo del Topo, 1600 m).

Unser Weg trifft nach 10 m auf den quer führenden Órganos-Höhenweg, dem wir mit *PR TF 35* (Camino Forestal) nach rechts folgen (links schöner Abstecher mit dem weiß-rot markierten GR 131 möglich zum Lomo de la Resbala, gut 1½ Std. hin und zurück). Der wunderschöne, auf samtweichen Nadelfilz gebettete Wanderweg ist weiterhin *weiß-gelb* markiert und führt nahezu eben auf den Teide zu. Kurzzeitig geht es in Serpentinen hinab in den Barranco Madre del Agua (20 Min.), dann folgt wieder ein gemütlicher Abschnitt, auf dem von rechts ein Wanderweg einmündet (15 Min.; →Tour 6). 10 Minuten später sehen wir vor uns den markanten Roque Guanchijo. Wie-

Typisch: Durch flechtenbehangene Kiefern fällt der Blick auf das Wolkenmeer.

Der schönste Aussichtsplatz der Rundtour – ein schmaler Felsrücken mit Teide-Blick.

der geht es in Serpentinen bergab, vorbei an einer felsigen Aussichtskanzel (5 Min.). Wir durchqueren nun den Barranco Las Aguas (gut 5 Min.) – der Weg ist hier etwas luftig, besonders an einer Passage, an der der Pfad auf einem Felsband um einen steil abfallenden Felsen herumführt (Geländer). Gleich darauf erreichen wir einen felsigen Rücken (Aussichtsplatz, 10 Min.). Gut 10 Minuten danach passieren wir den wohl schönsten Aussichtsplatz der Runde, einen schmalen, vorgelagerten Felsrücken. Eine halbe Stunde später, nach einem letzten steilen Ab- und Aufstieg aus einem Barranco, erreichen wir den *Camino de Candelaria*, dem wir rechts hinab folgen (PR TF 35 führt geradeaus weiter durch den Hang). Schon nach wenigen Minuten zweigt links ein Wanderweg ab, hier rechts weiter hinab. 10 Minuten später kreuzen wir einen Forstweg (Steinsäule *Lomo de los Brezos*) und steigen weiter auf dem Wanderweg ab, der nach weiteren 10 Minuten neben der Choza Pedro Gil in die Forststraße vom Hinweg mündet. Auf dieser links in 10 Minuten zurück zum Picknickplatz **La Caldera**.

8 Choza Chimoche, 1425 m

2.00 Std.

Spaziergang im oberen Orotava-Tal

Das waldreiche obere Orotava-Tal ist eine der wasserreichsten Gegenden der gesamten Insel. Auf Streifzügen durch die dicht bewaldete Region trifft man immer wieder auf tief in den Berg getriebene Stollen (Galerías), Abraumhalden und Rohrleitungen.

Ausgangspunkt: Casa Forestal/Forellenzucht, 1070 m (an der Haarnadelkurve oberhalb von Aguamansa, Haltestelle der Buslinie 345).
Endpunkt: Zona recreativa La Caldera, 1200 m (Endhaltestelle der Buslinie 345).
Höhenunterschied: Etwa 400 m im Aufstieg und 250 m im Abstieg.
Anforderungen: Meist gemütliche Wanderung auf Forst- und Wanderwegen.
Einkehr: Bar-Restaurant am Rastplatz La Caldera, in Aguamansa mehrere Bar-Restaurants.
Kombinationsmöglichkeit: Touren 3–10.

Hinter dem Bushäuschen, schräg gegenüber vom Tor der **Casa Forestal/Forellenzucht**, beginnt der Wanderweg *PR TF 35* (*weiß-gelb*, Tafel). Er verläuft gemütlich durch den Hang oberhalb der Hauptstraße, wendet sich nach 3 Minuten rechts einem kleineren Camino zu und kreuzt nach einer Viertelstunde die Zufahrtsstraße zum Picknickplatz La Caldera. Der Wanderweg steigt nun etwas beherzter an und erreicht nach 10 Minuten den Picknickplatz **La Caldera** (Grillplätze und Kinderspielplatz im Kraterkessel).

Wir gehen auf der Straße rechts um den Picknickplatz herum, bis nach wenigen Minuten am höchsten Punkt der Straße rechts eine leicht ansteigende Forststraße abzweigt (Tafel »*Zona de acampada*«). Sie passiert nach 200 m den Zeltplatz und führt fast eben dahin. Nach 5 Minuten geht es sachte bergauf – schon bald sehen wir linker Hand die Órganos-Felsen. Etwa 25 Minuten nach dem Rastplatz erreichen wir an der Steinsäule *Pasada de las Bestias* eine Kreuzung; hier rechts weiter auf der Forststraße. Gut 5 Minuten später kommen wir an der **Galería Chimoche** vorbei – der vergitterte

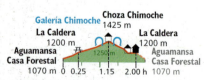

Stolleneingang befindet sich im Talkessel rechts hinter den Gebäuden. Die Piste führt nun etwas steiler bergauf und erreicht nach 15 Minuten das Unterstandshäuschen der **Choza Chimoche**, 1425 m – hier treffen wir auf eine quer führende Piste, die rechts zur Choza Bermeja (½ Std.) und links zum *Camino de Candelaria* führt, nach oben setzt sich ein Weg zur Montaña del Limón fort (→Tour 9).

Bar-Restaurant La Caldera.

Wir gehen nun wieder zurück bis zur Kreuzung an der Steinsäule *Pasada de las Bestias* (20 Min.). Hier wandern wir rechts mit der Forstpiste sachte hinab. Nach 5 Minuten erreichen wir die Steinsäule *Lomo de los Brezos* (Pedro Gil, 100 m weiter ein Aussichtsplatz), an der wir links auf dem *Camino de Candelaria* in Serpentinen weiter absteigen. 10 Minuten später, vorbei an den Tres Cruzes (Drei Kreuze), mündet er neben der **Choza Pedro Gil** in eine Piste, die uns links in 10 Minuten zum Rastplatz **La Caldera** zurückbringt. Wer zurück nach Aguamansa will, folgt der Piste nur 5 Minuten bis zu einer Brücke. 50 m nach der Brücke zweigt rechts ein breiter Weg ab, der immer geradeaus in Schleifen zur Forellenzucht hinabführt (15 Min.).

Der Picknickplatz La Caldera wurde in einem natürlichen Krater angelegt.

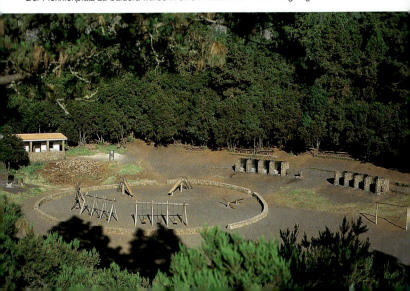

9 Montaña del Limón, 2101 m

4.50 Std.

Lange, aber abwechslungsreiche Waldwanderung mit »Gipfelglück«

Die Vulkankuppen der Montaña del Limón erheben sich am Fuß der Cumbre Dorsal aus dem häufig in Passatwolken gehüllten Waldgürtel des oberen Orotava-Tales und zählen zu den schönsten Aussichtspunkten von Teneriffas Norden.

Talort: Aguamansa, 1000 m.
Ausgangspunkt: Zona recreativa La Caldera, 1200 m (Picknickplatz, Endhaltestelle der Buslinie 345).
Höhenunterschied: 1000 m.
Anforderungen: Teilweise steile Wanderung auf Forst- und Wanderwegen, das letzte Stück des Aufstiegsweges ist weglos (bei schlechter Sicht evtl. Orientierungsprobleme).
Einkehr: Bar-Restaurant am Rastplatz La Caldera.

Von der Bushaltestelle am Picknickplatz **La Caldera** folgen wir der Straße nach rechts und biegen nach 150 m mit *PR TF 35* auf den ersten rechts abzweigenden Forstweg ab (*weiß-gelb*, Tafel »*Camino de los Guanches*«). Nach 200 m schwenkt der Forstweg links ab – an dieser Stelle setzt sich geradeaus der alte Camino fort. Er führt zunächst gemütlich, dann steiler durch den dicht bewaldeten Hang bergan. Nach 10 Minuten halten wir uns an der Gabelung halb links, wenige Minuten später überquert der Camino eine dicke Rohrleitung nach links. Knapp 20 Minuten danach gabelt sich der Weg – hier wenden wir uns mit dem Hauptweg links dem Hang zu (nicht rechts bergauf) und stoßen nach 5 Minuten auf eine Forststraße. Wir folgen dieser 10 m nach rechts und gehen scharf links auf dem deutlichen, von Steinreihen eingefassten Weg weiter (Tafel »*Montaña Limon*«). Er verläuft in leichtem Auf und Ab oberhalb der

Oberhalb der Montaña del Limón befinden sich die Observatorien von Izaña.

Forststraße durch Kiefernwald und gabelt sich nach gut 5 Minuten (35 m nach einem mannshohen Steinhaufen rechts oberhalb des Weges). PR TF 35 führt geradeaus hinab zur nahen **Choza Chimoche** (unser späterer Rückweg) – wir biegen scharf rechts ab auf den ebenfalls *weiß-gelb* markierten Weg, der sogleich in einen breiten, steilen Forstweg übergeht. Nach gut 10 Minuten zweigt vom linken Ast des Forstweges links ein mit Steinmännchen markierter Camino ab, der weiter am Rand des tief eingeschnittenen Barranco de Pedro Gil ansteigt und nach 5 Minuten wieder in den Forstweg einmündet. Gut 5 Minuten später kreuzen wir an der Steinsäule *Pasada del Fraile* (Wegsperre) eine Forststraße. Eine Viertelstunde danach verlassen wir den Forstweg in einer Rechtskurve auf einem geradeaus (links) abzweigenden Wanderweg. [Wer den unübersichtlichen Pfad meiden will, kann auch auf dem Forstweg weiter geradeaus über *Cuevitas de Limón* (5 Min., links bergan) bis zur Steinsäule *Cumbrita Fría* (35 Min.) ansteigen, hier links auf breitem, grobsandigem Weg hinauf zur Montaña del Limón (½ Std.); vgl. Rückweg.]

Der teilweise etwas undeutliche, nur sporadisch mit Steinmännchen markierte Pfad kreuzt nach 5 Minuten einen Querweg. Achten Sie in der Folge immer gut auf den Weg (bzw. auf die Steinmännchen) – er verläuft 10 Minuten später für 5 Minuten am Rand des farbenprächtigen Barranco de Pedro Gil, an den er 5 Minuten danach wieder zurückkehrt (der Barranco bricht hier steil ab, nicht zu nahe an die Abbruchkante herantreten!). Ein großartiges

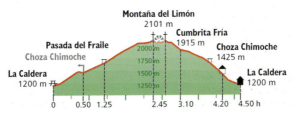

Nach Neuschneefällen am Gipfel der Montaña del Limón.

Wegstück! Bald darauf tauchen vor uns die Observatorien von Izaña auf. Der Kiefernwald tritt nun zurück und wir gelangen auf eine ginsterbewachsene Hochfläche. Über diese führt der undeutliche Pfad links haltend in 10 Minuten hinüber zu einem im Hochtal endenden Fahrweg. Wir lassen den Fahrweg links liegen und wandern geradeaus durch den sandigen Taleinschnitt hinauf in einen weiten, dunkelsandigen Sattel, 2064 m (gut 5 Min.). Hier treffen wir auf einen deutlichen Querweg (*N° 34*; links Aufstiegsmöglichkeit zur TF-24 bei Izaña), von dem rechts ein Pfad über den breiten Geröllrücken zum nahen Gipfel der **Montaña del Limón** hinaufführt (gut 5 Min.). Der Hauptgipfel bietet einen schönen Ausblick auf den Teide und die Cumbre Dorsal mit den Observatorien von Izaña, der nördlich vorgelagerte Vorgipfel (10 Min.) legt uns das Orotava-Tal zu Füßen.

Nach der Rast gehen wir wieder zurück zum flachen Sattel und folgen dort dem Querweg (Weg N° 34) nach rechts. Er führt nach 5 Minuten in Serpentinen durch Kiefernwald hinab und mündet eine Viertelstunde später an der Steinsäule *Cumbrita Fría* in eine Forststraße. Auf dieser wandern wir rechts gemütlich hinab. Nach 20 Minuten ignorieren wir in einer Rechtskurve einen links abzweigenden Forstweg. 10 Minuten später, in der folgenden Linkskehre, zweigt neben der Steinsäule *Cuevitas de Limón* rechts ein breiter Forstweg ab, der weiter sanft bergab führt, bald aber steiler und ruppiger wird. Er passiert nach einer Viertelstunde die Steinsäule *Pasada del Fraile*, 20 Minuten später treffen wir wieder auf den Wanderweg *PR TF 35 (weiß-gelb)*, der uns rechts in 3 Minuten hinab zu einer Forststraße mit dem Unterstand der **Choza Chimoche** bringt. Hier halten wir uns rechts und wenden uns sofort der links abzweigenden Forststraße zu (PR TF 35 verabschiedet sich nach rechts). Nach wenigen Minuten, vor einer scharfen Linkskurve, zweigt geradeaus ein deutlicher, von Steinreihen eingefasster Weg ab, der parallel zur Forststraße verläuft und nach 10 Minuten an der Steinsäule *Pasada de las Bestias* wieder in diese einmündet. Hier links, immer der geraden Forststraße folgend, zurück zum Rastplatz **La Caldera** (20 Min.).

4.00 Std.

Candelaria-Weg I: Aguamansa – Montaña de la Crucita, 2061 m **10**

Aufstieg aus dem oberen Orotava-Tal zur Cumbre Dorsal

Der Candelaria-Weg ist ein alter Pilgerpfad, der Aguamansa mit Candelaria verbindet – alljährlich am 14. August pilgern hier zahllose Tinerfeños zum Fest der Schutzpatronin des Archipels. Er vermittelt uns die ganze Schönheit des oberen Orotava-Tales: Durch die gewaltigen Kiefernwälder oberhalb von Aguamansa und über in allen Rottönen schimmernde Lavahänge geht es hinauf zur Kammhöhe der Cumbre Dorsal, die einen schönen Überblick über das Orotava-Tal im Westen und das Güímar-Tal im Osten vermittelt. Wer will, kann den Candelaria-Weg in seiner vollen Länge bis Arafo erwandern.

Talort: Aguamansa, 1000 m.
Ausgangspunkt: Casa Forestal/Forellenzucht, 1070 m (an der Haarnadelkurve oberhalb von Aguamansa, Haltestelle der Buslinie 345).
Höhenunterschied: 1000 m.
Anforderungen: Anstrengender Anstieg auf teils steilem, ausgewaschenem Wanderweg.
Einkehr: In Aguamansa Bar-Restaurants.
Variante: Abstieg vom Mirador de La Crucita nach Arafo (knapp 3 Std., →Tour 11): Rechts vom Mirador zweigt eine Piste ab, von der nach 200 m links der Camino abzweigt. Er kreuzt mehrfach die Piste, in die er schließlich am Fuß des pechschwarzen Vulkankegels der Montaña de las Arenas einmündet (1 Std.). Auf der Piste links um den Vulkankegel weiter hinab bis zu einer steinernen Schutzhütte (½ Std.), in der darauffolgenden Rechtskurve geradeaus weiter hinab auf dem Camino. Immer geradeaus (an der Gabelung 100 m vor einem Wasserkanal gera-

deaus) gelangt man auf eine Asphaltstraße (¾ Std.), die, an einer Gabelung links haltend, steil hinab nach Arafo führt (½ Std., Busstation der Linie 121 rechts in der Avenida Reyes de España).

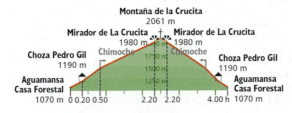

Lavamauer am Wegrand.

In der Haarnadelkurve an der **Forellenzucht** von Aguamansa beginnt der ausgeschilderte *Camino de Candelaria*, der gemächlich durch Baumheide- und Kiefernwald ansteigt. Er mündet nach gut 5 Minuten in einen Forstweg, der links zu einem Forsthaus führt. Wir gehen links daran vorbei und steigen unmittelbar danach rechts auf dem Camino weiter an. Gleich darauf kreuzen wir einen Forstweg (rechts die Galería de la Puente). Nun entweder immer geradeaus auf dem Forstweg hinauf oder – schöner – nach 10 m links abzweigen auf den von Steinreihen eingefassten Wanderweg, der über einen Rücken neben dem Barranco de Los Llanos ansteigt, mit schönem Blick auf die Órganos-Felsen. Beide Wege vereinen sich nach knapp 10 Minuten an der Einmündung in eine Forststraße, die vom Rastplatz La Caldera herüber-

Blick vom Wanderweg auf das Orotava-Tal, im Hintergrund La Palma.

Teide-Blick von der Cumbre Dorsal bei der Montaña de la Crucita.

führt. Wir folgen der Forststraße 20 m nach links, um sie rechts der **Choza Pedro Gil** (Wasserstelle) auf dem alten Camino zu verlassen (Tafel »*Camino de Candelaria*«). Der steile Serpentinenweg passiert sogleich die Tres Cruzes (Drei Kreuze) und kreuzt nach einer Viertelstunde an der Steinsäule *Lomo de los Brezos* (Pedro Gil) eine Forststraße – links haltend geht es weiter steil bergan. Nach weiteren 15 Minuten mündet von links der Órganos-Höhenweg ein (→Tour 7, rechts zweigt ein Weg zur Choza Chimoche ab). Der Camino steigt weiterhin steil in Serpentinen an. Nach einer halben Stunde lichtet sich der Kiefernwald – nun öffnet sich der Blick auf das Orotava-Tal und die Küste. Vorbei an einer Lavamauer durchwandern wir in der Folge ein vielfarbiges, vorwiegend dunkelrot gefärbtes Lavagelände. Nach einer weiteren halben Stunde – wir befinden uns nun auf einem Quergang in nordöstlicher Richtung – übersteigen wir eine Lavamauer. Der Quergang ist leider nur von kurzer Dauer, dann geht es wieder steiler über eine Felsenkanzel hinauf zur Kammhöhenstraße der Cumbre Dorsal, die wir 30 m vor dem **Mirador de La Crucita**, 1980 m, erreichen (auf halber Strecke zweigt von der Straße links ein Pfad ab, der in gut 10 Minuten zum höchsten Punkt der **Montaña de la Crucita** hinaufführt).

11 Candelaria-Weg II: Arafo – Montaña de la Crucita, 2061 m

6.45 Std.

Grandiose Wanderung durch Weinberge, Kiefern- und Kastanienwälder und eine imposante Berglandschaft – eine der Top-Touren der Insel!

Der anstrengende Aufstieg von Arafo zur Montaña de la Crucita gehört aufgrund der vielfältigen landschaftlichen Eindrücke zu den schönsten Wegen Teneriffas. Besonders imposant ist im oberen Teil die einmalige Kulisse aus schwarzen Sand- und dunkelroten Lavahängen, hellgrün leuchtenden Kiefernwäldern und himmelwärts strebenden Felsenbergen.

Ausgangspunkt: Kirchplatz (500 m) im Ortszentrum von Arafo, 463 m (Haltestelle der Buslinie 121).
Höhenunterschied: 1600 m.
Anforderungen: Anstrengende, äußerst abwechslungsreiche Tageswanderung auf teils steil angelegtem Camino.

Einkehr: In Arafo Bars und Restaurants.
Varianten: Besteigung der Montaña de las Arenas von der Piste bei der Schranke (knapp ¼ Std. einfach, weglos; grandioser Rundblick!). Abstiegsmöglichkeit von der Montaña de la Crucita nach Aguamansa (→Tour 10).

Unmittelbar oberhalb der Kirche befindet sich der Dorfplatz von **Arafo**, in dessen Mitte ein Kiosk-Pavillon steht. An diesem vorbei gehen wir geradeaus die *Calle La Libertad* hinauf – sie geht nach 400 m an einem kleinen Platz (Plazoleta del Llano) in die Calle de *Eduardo Curbelo Fariña* über. Die Straße wird nun zunehmend steiler, schon bald kommen wir an einer alten Gofiomühle vorbei und lassen die letzten Häuser Arafos hinter uns. Abzweigende Straßen beachten wir nicht, erst nach insgesamt einer guten Viertelstunde (1,2 km) wenden wir uns an einer Kreuzung nach links, um sogleich (nach 15 m) wieder steil durch Wein-, Obst- und Kartoffelterrassen anzusteigen. 20 Minuten später endet das Sträßchen an einer Kettensperre. Hier setzt sich rechts ein Weg fort. Er führt sogleich zwischen zwei Wasserhäuschen hindurch – hier gesellt sich ein Wasserkanal an den Wegrand. Der

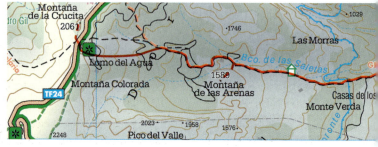

Eine einmalig schöne Kulisse – über das Hochtal mit dem schwarzen Schlackekegel der Montaña de las Arenas blicken wir hinab zur Küste bei Güímar.

Pflasterweg tritt nun in lichten Kiefernwald ein und entfernt sich nach knapp 10 Minuten links vom Wasserkanal, um in Serpentinen anzusteigen (nicht links abzweigen, wenige Minuten später nicht rechts über den Wasserkanal abzweigen). Hin und wieder können wir jetzt kleine rote Markierungspunkte am Wegrand entdecken. Der Anstieg auf dem Nadelfilz im Halbschatten der Kiefern gestaltet sich meist sehr angenem. Etwa 25 Minuten ab der Asphaltstraße überqueren wir einen offenen, trockenen Wasserkanal. Der Camino führt nun links haltend weiter im Kiefernwald hinauf und steigt dann weiter in Serpentinen an. Nach einer guten halben Stunde, wir haben kurz zuvor den Wald verlassen, erreichen wir das **Refugio de Las Arenas** an einer Pistenstraße – die Unterstandshütte ist umgeben von knorrigen, geduckten Kastanienbäumen, in deren Schatten sich schöne Rastplätze mit Blick

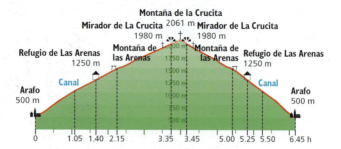

auf die Südküste und zur Nachbarinsel Gran Canaria finden. Vorbei an dem Haus steigen wir auf der Sandpiste weiter steil an. Die Kastanienbäume begleiten uns noch ein kurzes Stück, dann rückt der schwarze Vulkankegel der Montaña de las Arenas immer näher. Die Piste führt in einer Linksschleife am rechten Fuß des formschönen Vulkans vorbei (man kann auch geradeaus auf der steilen Fahrspur abkürzen) und passiert eine Schranke. Gut 100 m danach zweigt an einer Kreuzung geradeaus ein deutlicher Sandweg ab, der eine weite Schleife der Piste abkürzt. Wieder auf der Piste, treten wir in ein weites, überwiegend bewaldetes Hochtal ein, das sich hinter der **Montaña de las Arenas**, 1589 m, auftut. Im Süden wird es begrenzt durch die mächtigen Felswände des Pico del Valle, 2023 m, im Nordosten durch nicht minder eindrucksvolle Berggestalten, nach Westen zieht es hinauf bis zur Kammhöhe der Cumbre Dorsal mit der Montaña de la Crucita.

Nadelfilz und Lavagrus liefern eine samtweiche Unterlage.

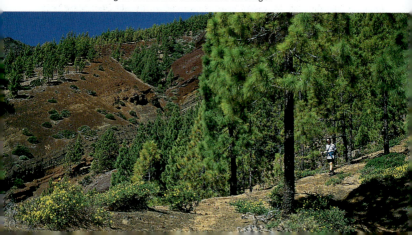

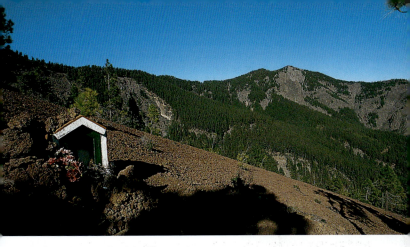

Heiligenschrein am Rand des Pilgerweges.

Nach gut 100 m, in der darauf folgenden Linkskurve, verlassen wir die Piste wieder mit dem halb rechts leicht ansteigenden Weg – wer an dieser Stelle umkehren will, sucht sich am besten ein Stück weiter im Kiefernwald an der Piste einen geeigneten Rastplatz. Unser Camino führt nun in einer gemütlichen Hangquerung in den Kiefernwald hinein, steigt kurz in einem kleinen, waldfreien Barranco bergan und führt dann links in Serpentinen durch Kiefernwald hinauf. Eine Viertelstunde nach Verlassen der Piste kreuzen wir diese wieder und steigen weiter auf dem Weglein an. Gut 5 Minuten später kreuzen wir wieder die Piste, 10 Minuten später kreuzen wir abermals die Piste. Links, über der nächsten Pistenkurve, sehen wir die Gesteinsschichten in allen Farben schimmern, von rot bis schwarz. Der Camino erklimmt einen Bergrücken, von dem sich ein fantastischer Rundblick über das gesamte Hochtal ergibt. Er wird nun noch eine Spur steiler, auch steiniger. Nach etwa 20 Minuten lichtet sich der Wald – wir steigen nun durch rötlichen Lavagrus an. Dieser aussichtsreiche Abschnitt auf dem schlüpfrigen Sandboden ist der anstrengendste Teil der Wanderung. Alsbald passieren wir einen winzigen Heiligenschrein, dann kreuzen wir wieder die Piste – einige Meter weiter links setzt sich der Camino fort. Nun sind es nur mehr 10 Minuten (oben auf der Piste rechts), dann ist die Höhenstraße auf dem Kamm der Cumbre Dorsal neben dem **Mirador de La Crucita**, 1980 m, erreicht. 30 m weiter links setzt sich auf der anderen Kammseite der Candelaria-Weg nach Aguamansa fort – auf halber Strecke kann man rechts auf einem steilen Pfad in gut 10 Minuten zum höchsten Punkt der **Montaña de la Crucita** ansteigen und von dort – etwas behindert durch die Kiefern – die herrliche Aussicht auf das Orotava-Tal, den Teide und das Güímar-Tal genießen.

12 *Malpaís de Güímar*

2.00 Std.

Gemütliche Küstenwanderung durch zauberhafte Lavalandschaften

Hin und wieder gibt es sie auch auf Teneriffa – die kühlen, bedeckten, mitunter gar regnerischen Tage. Für solche Tage ist diese kleine, gemütliche Rundwanderung auf der Sonnenseite der Insel wie geschaffen – sie führt durch die eindrucksvolle, großartig von der Natur modellierte Lavalandschaft des Naturschutzgebietes »Malpaís de Güímar«, das vom knapp 300 m hohen Vulkankegel der Montaña Grande bis zur Küste reicht.

Ausgangspunkt: Plaza von Puertito de Güímar, 5 m (Haltestelle der Buslinie 120).
Höhenunterschied: Etwa 150 m.
Anforderungen: Leichte, gemütliche Küstenwanderung – kein Schatten!
Einkehr: Bar-Restaurants in Puertito de Güímar.
Hinweis: Badesachen nicht vergessen!

Vom zentralen Platz am Hafen von **Puertito de Güímar** folgen wir der Küstenpromenade in östlicher Richtung und anschließend der Calle Marques de Santa Cruz, die weiter an der Küste entlangführt. Nach knapp 10 Minuten – bei den letzten Strandhäuschen – endet der Fahrweg und ein schöner Fußweg setzt sich fort. Er verläuft durch ein weites Lavafeld, in dem es viel zu entdecken gibt: Lavatunnel, kleine Felstore, vereinzelt Stricklava, winzige Sandflächen und Miniatur-Salinen. Wolfsmilchgewächse, Kandelaberkakteen und Salz liebende Pflanzen setzen heitere, grüne Farbtupfer in der dunklen Lavalandschaft, bei guter Sicht genießen wir herrliche Blicke auf das Güímar-Tal und zum Anaga-Gebirge. Nach einer guten halben Stunde steigt der Lavapfad

Der stets bequeme Wanderweg führt durch eine wunderschöne Lavalandschaft.

zu den 30 m hohen Klippen an, die auch den höchsten Punkt des Küstenabschnitts der Wanderung darstellen. Knapp 10 Minuten später gabelt sich der Weg (Holzpfahl »Montaña Grande«): Geradeaus bietet sich ein Abstecher zur steinigen, wenig einladenden Playa de la Entrada (15 Min.) und weiter nach **El Socorro** an (knapp 10 Min.). Wir aber verlassen den Küstenweg auf dem links abzweigenden Pfad, der direkt auf den Aschekegel der Montaña Grande zuführt. Er geht nach knapp 10 Minuten in einen Fahrweg über – nun mischen sich vermehrt Kandelaberkakteen in die Lavalandschaft –, knapp 10 Minuten später erreichen wir eine Schranke. Hier steigen wir links auf dem Fußweg weiter an und erreichen nach gut 5 Minuten eine weitere Gabelung am Fuß der Montaña Grande (Holzpfahl). Rechts könnte man den Aschekegel umrunden (ca. ¾ Std.), allerdings ist dieser Wanderweg stark beeinträchtigt durch die nahe Autobahn. Wir halten uns also links und passieren in der Folge mehrere Vulkanschlote sowie einen kleinen Aussichtsplatz am **Morra del Corcho** (knapp 10 Min.). 5 Minuten danach gabelt sich der Weg – hier halb links abwärts. Der Weg senkt sich sanft hinab in Richtung Puertito de Güimar und verläuft etwa am Rande des Naturschutzgebietes Malpaís de Güimar. Nach etwa 25 Minuten schwenkt der Pfad nach links – ein großartiger Wegabschnitt – und mündet wenige Minuten später in die Küstenstraße ein. Auf dieser rechts in 5 Minuten zurück zum Hafen von **Puertito de Güimar**.

13 Von Realejo Alto nach Chanajiga

6.40 Std.

Anstrengende, aussichtsreiche Rundtour durch die Ladera de Tigaiga

Der restaurierte und neu markierte Rundweg von Los Realejos zum Picknickgelände Chanajiga ist eine der attraktivsten Wanderrouten im oberen Orotava-Tal. Höhepunkte sind die Durchquerung des Lorbeerwaldes von Pavos und der Tigaiga-Steilwand, die das Orotava-Tal im Westen abschließt – und natürlich die großartigen Ausblicke auf das Tal. Allerdings darf nicht verschwiegen werden, dass die Tour wegen der Länge, der vielen steilen Wegstrecken und zahlreicher Gegenanstiege sehr anstrengend und auch anspruchsvoll ist.

Ausgangspunkt: Plaza Viera y Calvijo im Ortszentrum von Realejo Alto, 350 m (Haltestelle der Buslinien 352–354, 390, 391).
Höhenunterschied: Knapp 1100 m.
Anforderungen: Lange, anstrengende Wanderung, streckenweise sehr steile Caminos.
Einkehr: Nur in Realejo Alto.
Variante: Mit *PR TF 40.1* kann man die Runde um 1 Std. abkürzen: Der schöne Weg (Abzweig s.u.) quert sogleich den Barranco La Calera und leitet durch schönen Nebelwald bergan, zunächst entlang dem Barranco, dann wendet er sich rechts dem Steilhang der Ladera de Tigaiga zu und steigt in Serpentinen an, um nach insgesamt gut ¾ Std. kurz vor dem Risco Miguel in die Piste mit *PR TF 40* einzumünden.

Wir starten die Wanderung an der Plaza Viera y Calvijo im Ortszentrum von **Realejo Alto**, oberhalb der Pfarrkirche und neben dem Rathaus (Tafel *PR TF 40*, weiß-gelb). Die Wanderroute führt immer geradeaus die Calle El Medio Arriba hinauf, nach 5 Minuten an einer Kapelle vorbei. 100 m danach halten wir an

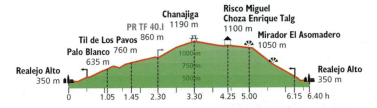

der Gabelung rechts mit dem Betonsträßchen hinab in den Barranco La Calera und wandern in diesem talaufwärts mit Blick auf die Ladera de Tigaiga, die das Orotava-Tal im Westen begrenzt. Nach 10 Minuten wechselt die Piste auch die rechte Talseite, 150 m danach gabelt sich der Wanderweg *PR TF 40* (Tafel). Wir entscheiden uns für den Aufstieg für den linken Ast über Til de Los Pavos (rechts unser Rückweg via El Asomadero) und gehen bald darauf am Fahrwegende neben einer Galería links unterhalb der Terrassenmauer vorbei weiter taleinwärts. Der schöne Camino steigt recht beherzt am Rand eines Kastanienwäldchens und von Baumheide an und trifft nach einer guten Viertelstunde auf einen Fahrweg, dem wir scharf links folgen, mit Blick zur Ladera mit dem Aussichtspunkt El Asomadero direkt über uns. In der Folge treffen wir bei einigen Häusern des Dorfes **Palo Blanco** auf eine Straße, auf der wir weiter hinaufwandern.

Sie geht bei den letzten Häusern in einen Camino über (Achtung: kurz extrem rutschig bei Feuchtigkeit!), der bald darauf in einen Fahrweg mündet. Auf diesem nach links, mit schönem Blick über das Orotava-Tal bis zur Küste. Er bringt uns höhehaltend, dann absteigend zurück zum Barranco (unterhalb eine Geflügelfarm). Knapp 100 m vor dem Barrancogrund zweigt rechts ein Camino ab (Tafel), der steil durch Laubwald ansteigt. Nach einigen Minuten ignorieren wir einen rechts abzweigenden Pfad, gleich darauf kreuzt unser Weg einen Seitenbarranco und steigt durch alten Lorbeerwald (Til de Los Pavos) weiter an. Nach wenigen Minuten halten wir uns an der Gabelung bei einem Bänkchen rechts, kurz darauf passieren wir den **Fuente del Til** – ein wunderschönes Wegstück, nicht zuletzt dank dem lebhaften Vogelgezwitscher. 10 Minuten später verlassen wir den herrlichen Wald und kehren zurück in Buschwald und Zivilisationslärm. In der Folge quert unser Camino

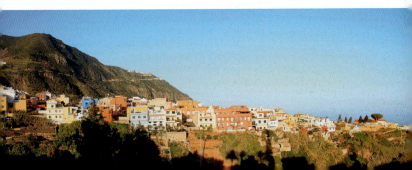

Beim Abstieg genießen wir einen schönen Blick auf Los Realejos und Puerto de la Cruz.

zwei steile Seitenbarrancos und gabelt sich gleich darauf – hier rechts (links zweigt der Camino de Las Travesias nach Las Llanadas ab). 50 m danach gabelt sich der Weg abermals – hier könnte man rechts mit PR TF 40.1 die Runde verkürzen (→Variante), wir verbleiben jedoch auf dem geraden Weg in Richtung Chanajiga. Der Camino steigt durch den Barranco, dann über einen Rücken weiter steil an und verflacht sich erst nach einer Viertelstunde etwas (zur Linken eine Forststraße). Gut 10 Minuten später geht der Weg links in einen breiten Forstweg über, der nach einer guten Viertelstunde am weitläufigen Picknickgelände **Chanajiga** an einer Schranke in eine Pistenstraße einmündet. Großartig der Blick von hier über das Orotava-Tal!

Wir folgen nun der Piste nach rechts Richtung Risco Miguel. Nach 100 m wendet sich der Wanderweg *PR TF 40* links vorbei am Spielplatz von der Piste ab und steigt einige Minuten steil an, um dann rechts durch den Steilhang der Ladera de Tigaiga zu verlaufen, erst durch Kiefernwald, dann durch Fayal-Brezal. Nach einer guten Viertelstunde vereint sich der Wanderweg wieder mit der Piste, die uns links zum **Risco Miguel** mit der Choza Enrique Talg bringt (¼ Std.; nach 10 Min. mündet PR TF 40.1 ein). Gut 50 m danach zweigt der markierte Wanderweg halb rechts ab auf einen Camino, der in leichtem Auf und Ab durch den dicht bewaldeten Steilhang verläuft – ein wunderbares Wegstück! Nach einer guten halben Stunde mündet der Weg in einen Betonfahrweg, der uns rechts zum **Mirador El Asomadero** bringt, den schönsten Aussichtspunkt der Wanderung.

30 m danach zweigt unser Wanderweg *PR TF 40* rechts ab (geradeaus könnte man via La Corona nach Icod El Alto absteigen). Der Weg führt sehr steil, häufig über Stufen, in engen Kehren hinab und passiert nach einer halben Stunde einen Mirador und gleich danach zwei Höhlen. In der Folge führt der Camino an einer mächtigen Felswand vorbei. Dann haben wir auch schon Los Realejos vor Augen – und den Barranco La Calera. Hier treffen wir auf einen Fahrweg, der uns rechts zur Verzweigung des *PR TF 40* hinabbringt. Nun auf bekanntem Weg zurück nach **Realejo Alto** (25 Min.)

5.00 Std.

Vom Mirador La Corona nach El Portillo 14

Anstrengender, aussichtsreicher Aufstieg über die Ladera de Tigaiga

Welch eine Wanderung: Immer nahe an der Kante der westlichen Steilwand des Orotava-Tales führt dieser aussichtsreiche Wanderweg hinauf in die einmalig schöne Mondlandschaft der Cañadas. Der Anstieg ist zwar äußerst anstrengend, dafür aber wird er zuletzt mit einem unvergleichlich schönen Blick auf den Teide mit der Montaña Blanca belohnt.

Ausgangspunkt: Bar-Restaurant Mirador El Lance am östlichen Ortseingang von Icod el Alto, 560 m (Haltestelle der Buslinie 354).
Endpunkt: El Portillo, 2050 m, nordöstliches Tor zum Nationalpark Cañadas del Teide (Haltestelle der Buslinien 342 und 348).
Höhenunterschied: Gut 1600 m Anstieg.
Anforderungen: Bis zum Cruz de Fregel anstrengender Anstieg auf steilen Wegen und Pisten, anschließend gemütlich.
Einkehr: Bar-Restaurants in Icod el Alto und in El Portillo.
Variante: Die Wanderung kann auch am Picknickplatz Chanajiga begonnen werden (Zufahrt bzw. Anstieg von Las Llanadas auf Asphaltstraße, gut ½ Std.). Von dort wie bei →Tour 13 zur Kreuzung an der Steinsäule Corral Quemado, 1 Std.
Wichtige Hinweise: Nur eine Nachmittags-Busverbindung um 16 Uhr von El Portillo nach Puerto de la Cruz und nach Las Américas (frühzeitiger Aufbruch notwendig!). – Von Corral Quemado bis Cruz de Fregel ist am 30.7.2007 der komplette Wald westlich des Aufstiegsweges abgebrannt, wie durch ein Wunder wurde die Ladera de Tigaiga verschont.

Vom **Mirador El Lance** am Ortseingang von Icod el Alto gehen wir 150 m die Hauptstraße hinauf und biegen in der Linkskurve scharf links auf die *Carretera Transversal 1 El Lance* ab. Nach 200 m zweigt scharf rechts eine steile Dorfstraße ab, der wir immer aufwärts folgen. Nach einer guten Viertelstunde zweigt links ein anfangs asphaltierter, dann betonierter Fahrweg ab, der sogleich an ei-

53

Der Mirador La Corona ist ein beliebter Gleitschirmflieger-Startplatz.

nem Haus vorbeiführt, später in einen Erdweg übergeht und direkt zum **Mirador La Corona** mit den bereits sichtbaren Funkantennen hinaufhält – vom Aussichtspavillon genießt man einen unvergleichlich schönen Tiefblick auf das Orotava-Tal (daneben ein Gleitschirmflieger-Startplatz).

Links am ehemaligen Bar-Restaurant vorbei setzt sich ein Fahrweg fort, der nahe an der Abbruchkante zum Orotava-Tal durch Terrassenfelder ansteigt. Nach gut 10 Minuten kreuzen wir einen Fahrweg (links mehrere Funkmasten) und treten in den in dieser Höhenlage vorherrschenden Buschwald ein. Knapp 10 Minuten später erreichen wir eine Kreuzung – hier auf dem mittleren, bei Nässe äußerst rutschigen Fahrweg weiter steil hinauf (halb rechts, nach 2 Min. links, lohnender Abstecher zur Fuente Pedro, hübsch mit Blumen ausgestalteter Rastplatz; 5 Min.). An der nächsten Kreuzung (gut 5 Min.) halten wir links weiter bergauf zum Mirador El Asomadero (mit dem letzten Funkmast auf der Ladera). Hier zweigt links PR TF 40 nach Los Realejos und später nach Chanajiga ab (→Tour 13). Der steile Fahrweg kreuzt in der Folge zweimal die Forstpiste, dann folgen wir der Piste (nach einigen Minuten an Gabelung links) und erreichen nach einer guten Viertelstunde eine große Pistenkreuzung mit einer Steinsäule (*Corral Quemado*) – links führt eine Forststraße zum Picknickplatz Chanajiga (1 Std.), halb rechts steigt eine Forststraße in Richtung La Guancha an (→Tour 15), geradeaus (25 m nach rechts, dann scharf links) setzt sich eine Piste in Richtung El Portillo fort. Wir verbleiben stets auf der breiten Hauptpiste und passieren nach 25 Minuten die steinerne Unterstandshütte **Choza Viera y Clavijo**, 1330 m (50 m links an abzweigender Forststraße, kurz danach ein Aussichtspunkt über das Orotava-Tal.

Wir gehen an der großen Kreuzung geradeaus weiter bergauf. An Verzweigungen bleiben wir nun stets links auf der Piste, bis nach einer halben Stunde die (nicht mehr überdachte) **Choza Piedra de los Pastores** erreicht ist (100 m vorher zweigt links ein Wanderweg zum Picknickplatz Chanajiga ab, eine lohnende Variante für Wanderer, die eine Rundwanderung La Corona – Piedra de los Pastores – Chanajiga – Corral Quemado – La Corona dem Weiteranstieg nach El Portillo vorziehen).

Links führt eine Forstpiste weiter Richtung Cañadas – wir folgen aber der Forststraße, die geradeaus über den Kammrücken weiter ansteigt. Sie hält direkt auf den nun vor uns liegenden Teide zu und passiert nach einigen Mi-

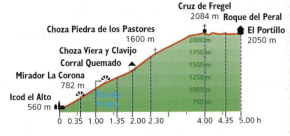

nuten einen Heiligenschrein. Eine gute Viertelstunde später verflacht sich die Forststraße spürbar, um sich wenige Minuten später zu gabeln – hier links durch eine waldfreie Schneise weiter hinauf. Mit einem Mal tritt der Kiefernwald zurück – wir haben jetzt den Teide in seiner ganzen massigen Gestalt im Blickfeld, ebenso den Bergrücken der Fortaleza. Teide-Ginster säumt nun den Weg, rechts abseits sehen wir ein Forsthaus. Knapp eine Stunde nach der Choza Piedra de los Pastores mündet der Weg in eine von rechts ansteigende Forstpiste, die wir aber gleich nach der nächsten Kurve wieder mit dem links abzweigenden Fahrweg verlassen (N° 29). Nach 10 Minuten treffen wir abermals auf die Piste, die wir nun nach links weiterverfolgen – nur in der nächsten Kurve gehen wir ein Stück nach links hinaus, um den großartigen Ausblick auf das Orotava-Tal zu genießen: Die uneingeschränkte Sicht reicht von der Küste über den riesigen Waldgürtel bis hin zur Cumbre Dorsal, vorausgesetzt, das Wetter meint es gut mit uns. Die Piste hält nun fast eben hinüber zur Degollada del Cedro, 2084 m, den Sattel zwischen dem ockerfarbenen Fortaleza-Rücken und dem Cabezón. Hier, bei der kleinen Kapelle **Cruz de Fregel**, sollte man sich ein Rastplätzchen suchen und den herrlichen Teide-Blick genießen.

Wer will, kann einen Abstecher zum Gipfelplateau der Fortaleza unternehmen (→Tour 59), wir aber steigen auf der anderen Seite des Sattels auf dem Pfad (zwischen den beiden Fahrwegen) hinab in die hellsandige Ebene der **Cañada de los Guancheros**, in der wir uns links halten. Am Ende der Ebene setzt sich ein deutlicher Weg (N° 1) fort, der kurz ansteigt und dann in leichtem Auf und Ab an den Fuß des **Roque del Peral** heranführt (gut ½ Std.). Die Felsengruppe wird in kurzem Anstieg nach links umwandert, 75 m nach der Anhöhe neben den Felsen zweigt links ein deutlicher Wanderweg ab (N° 1). Diesem folgen wir immer geradeaus, zuletzt durch ein Zaungatter (an der nächsten Gabelung rechts halten) zum Nationalpark-Besucherzentrum **El Portillo**.

Am Cruz de Fregel erwartet uns ein schönes Rastplätzchen mit Teide-Blick.

Vom Mirador La Corona nach La Guancha

6.00 Std.

Ausgedehnte Waldwanderung am Nordfuß des Teide

Auf dieser Wanderung erlebt man den Teide von seiner eindrucksvollsten Seite: Die im Winter häufig verschneiten Nordabstürze reichen bis hinab in den Waldgürtel oberhalb von La Guancha – ein unvergleichlicher Anblick!

Ausgangspunkt: Bar-Restaurant Mirador El Lance am östl. Ortseingang von Icod el Alto, 560 m (Haltestelle der Buslinie 354).
Endpunkt: La Guancha, 495 m (Haltestelle der Buslinie 354).
Höhenunterschied: Gut 800 m im Anstieg und knapp 900 m im Abstieg.

Anforderungen: Bis Corral Quemado steil, dann gemütliche Waldwanderung.
Einkehr: Bar-Restaurants in Icod el Alto und in La Guancha.
Variante: Start der Wanderung am Picknickplatz Chanajiga. Von dort auf der Piste zur Kreuzung Corral Quemado, 1 Std.

Von **Icod el Alto** steigen wir zunächst wie bei →Tour 14 beschrieben bis zur Wegkreuzung an der Steinsäule *Corral Quemado* an (1½ Std.). Hier wählen wir die halb rechts nach oben abzweigende Forstpiste (nach 25 m nicht

Icod el Alto, gesehen vom Aufstieg zum Mirador La Corona.

links). Nach einer Viertelstunde (Regenmesser) gehen wir geradeaus (links), gut 100 m danach an der Pistengabelung rechts weiter Richtung Campeches. Die Forstpiste durchquert in der Folge einen Barranco (Steinbrücke) und führt anschließend an den Gabelungen geradeaus (links) weiter bergauf durch den Kiefernwald. Immer geradeaus geht es nach etwa 20 Minuten vorbei an der Steinsäule *Los Campeches*, dann durch den mächtigen Barranco de la Degollada. An der Steinsäule *Lomo del Astillero* (¼ Std., Heiligenschrein) gehen wir wieder geradeaus (halb links) weiter, kurz darauf an einer Gabelung rechts geradeaus. 5 Minuten später passieren wir die Steinsäule *Barranco de los Charcos*, gut 10 Minuten danach die Steinsäule *Lomo de las Piedras* (jeweils geradeaus weiter). An der Steinsäule *Caño Chingue* (10 Min.), im Grund eines kleinen Barrancos, zweigen wir links auf den Fahr-

57

Im Jahr 2007 wurde der Waldgürtel zwischen der Ladera de Tigaiga und La Guancha von einem verheerenden Waldbrand heimgesucht.

weg in Richtung *Barranco de la Arena* ab (Tafel, die gerade Forststraße führt zum Picknickplatz La Tahona, ¾ Std.). Kurzzeitig geht es durch eine von Felsen eingefasste Schlucht, dann tritt der Fahrweg in ein weites Hochtal ein. Vorbei am **Campamento Barranco de Fuente Pedro** (Grillplätze) erreichen wir nach einer knappen Viertelstunde eine Pistenkreuzung (Steinsäule *Barranco de la Arena*; geradeaus Galería Vergara Alta, 25 Min., links El Portillo). Hier zweigen wir rechts ab und gelangen sogleich zum Feriengelände **Aula de Naturaleza Barranco de la Arena** (Häuser, Picknickplätze). Von hier kann man entweder auf der Piste (rechts am Gelände vorbei) oder – schöner – auf einem Camino zum Picknickplatz El Lagar weiterwandern: Geradeaus durch das Tor und das Picknickgelände, an der Gabelung nach 200 m halb links auf den Wanderweg abzweigen. Er verläuft immer links parallel zur Piste und ist mit einem eisernen Wegzeichen markiert. Kurz vor **El Lagar** (zuletzt gerölliger) mündet der Camino in einem Barranco in die Piste, der wir weiter zum nahen Picknickplatz folgen.

Vom Forsthaus folgen wir der Piste, die rechts neben dem Freizeitgelände hinabführt (nach 5 Min. geradeaus). Nach knapp 10 Minuten zweigt von der Piste links an einer großen Ausbuchtung ein deutlicher, teilweise steingepflasterter Camino ab, der über einen kleinen Bergrücken hinabführt. Er kreuzt in der Folge dreimal eine Forststraße und trifft nach insgesamt gut 10 Minuten wieder auf die Forststraße, die hier rechts in die Pistenstraße nach La Guancha einmündet. Gegenüber der Einmündung (rechts der Piste) setzt sich der Camino fort. Nun immer leicht rechts haltend auf dem Hauptweg hinab, der nach knapp 10 Minuten wieder die Piste kreuzt (kurz danach rechts auf Camino bleiben). Gut 5 Minuten später kreuzt der breite Camino abermals die Piste, 5 Minuten danach neben dem Unterstand Casa La Pradera dann eine Straße. Der breite, von Steinmäuerchen eingefasste Camino bringt uns weiter hinab nach **La Guancha**. Bei den ersten Häusern gehen wir geradeaus auf der Betonstraße, vor dem Wasserreservoir dann wieder rechts auf dem Camino hinab, zuletzt rechts an einem Sportplatz vorbei, zur TF-344 (Calle Los Pinos). Nun immer weiter die Straße hinab bis zur großen Hauptstraße, die wir kurz vor der Plaza erreichen (rechts die Bushaltestelle; empfehlenswertes Restaurant Casa Dos Leones 200 m links am westlichen Ortsausgang, Do. Ruhetag).

Vom Barranco de Ruíz nach San Juan de La Rambla

2.40 Std. | **16**

Abwechslungsreiche Rundwanderung an der Nordküste

San Juan de La Rambla besitzt einen der schönsten Küstenabschnitte des Inselnordens – hinter der schmalen Küstenebene mit ihren malerischen Dörfern erheben sich mächtige Steilwände, eine Etage darüber prägen Terrassenfelder die Hänge am Fuß des Teide. Die prächtige, kaum anspruchsvolle Rundtour bezieht alle diese Landschaften ein

Ausgangspunkt: Zona recreativa (Picknickplatz) Barranco de Ruíz, 120 m, bei Km 44,5 der Hauptstraße TF-5 Puerto de la Cruz – Icod de los Vinos (Haltestelle der Buslinien 325, 363).
Höhenunterschied: Knapp 500 m.
Anforderungen: Insgesamt leichte Wanderung auf streckenweise etwas steilen Caminos (bei Nässe oder Sturm meiden!) und kaum befahrener Straße.
Einkehr: Bar-Restaurant Mirador El Mazapé (Mo. Ruhetag), Bar-Restaurants in San Juan und in Las Aguas, Kioske am Picknickplatz Barranco de Ruíz.
Hinweis: Evtl. Badesachen mitnehmen.
Variante: Aufstieg von La Vera nach Icod el Alto (gut 1 Std.): Man folgt der Straße links bergan und verlässt sie nach 5 Min., 20 m nach der Einmündung in eine breite Straße, auf dem halb links abzweigenden Pfad. Er erreicht nach gut 15 Min. den Grund des Barranco de Ruíz und steigt auf der anderen Seite durch Nebelwald an (nach wenigen Minuten an Gabelung links). Nach 20 Min. passiert der Camino einen Wasserfall, gut 10 Min. später mündet er auf der Hochfläche am

Rand der Schlucht in ein Sträßchen, das rechts in 15 Min. zur TF-342 bei Icod el Alto hinaufführt (Haltestelle der Buslinie 354; man kann dem Sträßchen auch links nach Icod el Alto folgen).
Kombinationsmöglichkeit: Tour 2

Wir starten die Wanderung am Westende des **Picknickplatzes** und steigen über eine Treppe hinauf zu einem Camino, der durch den eindrucksvollen Barranco de Ruíz ansteigt. Nach 10 Minuten überqueren wir einen Wasserkanal, eine knappe Viertelstunde später kommen wir am Fuß einer teilweise unterhöhlten Felswand vorbei. Anschließend steigt der steingepflasterte Weg in Serpentinen hinauf zur Hochfläche über dem Barranco, die wir an einer kleinen Plaza in **La Vera** erreichen. Der Ausblick von hier ist fantastisch – auf der ei-

nen Seite der überwältigende Teide, auf der anderen der gewaltige Barranco und die Küste.

Hinter der Plaza treffen wir auf eine Straße. Hier verlassen wir den Wanderweg, der weiter am Barranco hinaufzieht (→Variante), und wandern rechts über die Straße zwischen Terrassenfeldern hinab. Nach knapp 10 Minuten passieren wir das Bar-Restaurant **Mirador El Mazapé** (herrlicher Ausblick entlang der Küste). Eine Schleife weiter wendet sich die kaum befahrene Straße links dem Hang zu (an der Kehre großartiger Tiefblick). Gut 20 Minuten später zweigt scharf rechts eine Straße ab zum Landhotel Finca San

Abstieg nach San Juan de La Rambla.

Juan. Hier könnte man bereits nach San Juan de La Rambla absteigen (zu empfehlen für Wanderer, die sich für den kürzesten und bequemsten Weg entscheiden wollen: nach 5 Min. nach dem Hotel links, vorbei am Tennisplatz, zu einer Barrancorinne, an der ein Pfad hinabführt, der bald darauf am Rand der Hochfläche in einen steingepflasterten Camino übergeht und direkt zur Straßenbrücke in San Juan de La Rambla hinabführt). Wir aber verbleiben auf der geraden Straße, die knapp 10 Minuten später einen größeren Barranco quert. 2 Minuten nach der Barrancobrücke zweigt rechts ein Fahrweg zu einem Trafoturm 10 m abseits der Straße ab, von dem sich ein Camino barrancoabwärts fortsetzt, sogleich vorbei an einem Strommast und einem großen Kreuz. Der schöne Wanderweg führt über einen Rücken zwischen zwei Barrancoeinschnitten hinab und ist meist von Steinreihen eingefasst.

Der wunderschöne Küstenweg von Las Aguas (im Bild) nach La Rambla.

Nach einer guten Viertelstunde wechselt der Weg auf die linke Barrancoseite, kurz darauf treffen wir bei den ersten Häusern von San Juan auf eine Straße, der wir rechts hinab folgen zur Brücke über die Küstenstraße TF-5 (direkt davor mündet der Camino vom Landhotel ein). An der Straßengabelung nach der Brücke halten wir uns rechts, wenige Minuten später bringt uns eine Pflasterstraße links hinab zur Plaza von **San Juan de La Rambla** mit der Kirche.

Wir folgen nun der der Straße nach rechts und biegen nach wenigen Minuten an der Gabelung vor der Einmündung in die TF-5 (Bushäuschen) links ab in Richtung Las Aguas. Nach 10 Minuten erreichen wir die Küstenpromenade von **Las Aguas** (Kiosk, Bar-Restaurants). Rechts, oberhalb des Schwimmbades vorbei (dahinter ein kleiner Kiesstrand mit Bootsanleger), setzt sich entlang der Steilküste ein wunderschöner Camino fort. Er bringt uns in 20 Minuten nach **La Rambla**. Hier gehen wir an der Plaza de El Rosario neben einer kleinen Kapelle rechts die Treppe hinauf zur Dorfstraße, die uns links in 10 Minuten zum **Picknickplatz Barranco de Ruíz** an der TF-5 zurückbringt (man kann auch in der Linkskurve nach 5 Min. geradeaus den Weg hinaufgehen).

17 Von Garachico nach San Juan del Reparo

2.30 Std.

Gemütlicher alter Camino über der ehemaligen Hafenstadt

Vor dem verheerenden Ausbruch der Montaña Negra (→Tour 18) im Jahr 1706 war Garachico eine der bedeutendsten Handels- und Hafenstädte Teneriffas. Zwei Lavaströme zerstörten damals den Hafen und weite Teile des Städtchens, das danach wieder aufgebaut wurde. Heute ist Garachico einer der bezauberndsten und ursprünglichsten Orte Teneriffas und ein »Muss« für jeden Touristen. Die Stadtbesichtigung lässt sich ideal mit der Wanderung nach San Juan del Reparo verbinden – der alte, steingepflasterte Wanderweg verläuft durch prächtigen Kiefernwald entlang den Lavaströmen und legt uns Garachico regelrecht zu Füßen.

Ausgangspunkt: Garachico, 17 m, Castillo San Miguel an der Küstenstraße neben den Meeresschwimmbädern (Haltestelle der Buslinien 107 und 363).
Höhenunterschied: 500 m.
Anforderungen: Leichte Wanderung auf schönem altem Pflasterweg.
Einkehr: Bar-Restaurants in Garachico, Bar in San Juan del Reparo.

Wir starten die Wanderung in **Garachico** beim Castillo San Miguel an der Küstenstraße und gehen stadteinwärts zur Pfarrkirche Santa Ana (davor rechts ein hübscher kleiner Park mit der Puerta de Tierra, hier ignorieren wir den rechts abzweigenden Wanderweg *PR TF 43*). Gleich hinter (östlich) der Kirche erreichen wir die großzügige *Plaza de la Libertad*, an der sich die Iglesia de Nuestra Señora de los Ángeles

Vom Weg ergeben sich herrliche Blicke auf das bezaubernde Städtchen Garachico.

und rechts daneben der Convento de San Francisco und das Rathaus (Ayuntamiento) befinden. Wir gehen nun rechts vom Rathaus die *Calle 18 de Julio* hinauf. Sie geht bald in einen Pflasterweg über und trifft wenige Minuten später auf eine Straße – auf dieser 20 m nach rechts, um links weiter anzusteigen (*PR TF 43*, *weiß-gelb*). Nach 10 Minuten mündet der Weg wieder in eine Straße, die rechts nach 2 Minuten eine Schranke passiert. 2 Minuten danach zweigt scharf rechts ein schöner, von Steinmäuerchen eingefasster Camino ab, der gemütlich in Serpentinen durch den von Kiefern besiedelten Hang ansteigt. Er verwöhnt uns immer wieder mit herrlichen Ausblicken auf die Stadt. Nach einer knappen Stunde mündet der breite Camino bei den ersten Häusern von **San Juan del Reparo**, 500 m, in eine Straße, die uns in 10 Minuten zur Kirche an der Hauptstraße hinaufbringt (Haltestelle der Buslinien 325, 392, 460; Bar). – Von hier könnte man mit *PR TF 43* weiter nach La Montañeta ansteigen (1¼ Std.; rechts der Kirche die steile Dorfstraße hinauf), wir aber kehren auf demselben Weg nach **Garachico** zurück.

18 Rund um den Volcán Garachico (Montaña Negra), 1402 m

1.15 Std.

Kurzausflug in die jüngere vulkanische Geschichte der Insel

Der Rastplatz Las Arenas Negras ist der günstigste Ausgangspunkt für Streifzüge im weiten Vulkan- und Waldgürtel nordwestlich des Teide-Massivs. Pechschwarze Lavagrushänge, Schlackekegel und hellgrün leuchtende Kiefernwälder kontrastieren miteinander – eine Bilderbuchlandschaft!

Talort: La Montañeta, 950 m (Haltestelle der Buslinie 360).
Ausgangspunkt: Zona recreativa (Picknickplatz) Las Arenas Negras, 1250 m, erreichbar über eine 2,2 km lange Pistenstraße, die bei km 9 von der TF-373 abzweigt (800 m ab La Montañeta/Ermita San Francisco. Wer mit dem Bus anfährt, steigt bei der Ermita San Francisco am oberen Ortsende von La Montañeta aus oder am Abzweig der Piste nach Las Arenas Negras (Wanderweg 100 m weiter rechts) und folgt dem weiß-gelb markierten Wanderweg PR TF 43 hinauf zum Picknickplatz (¾ Std. ab La Montañeta).
Höhenunterschied: 150 m.
Anforderungen: Leichte Wanderung.
Einkehr: Bars in La Montañeta.
Variante: Vom Volcán Garachico rund um den Chinyero (3 Std.): Jenseits des Fahrweges, über den Wasserkanal, führt ein breiter Weg sanft bergan (*PR TF 43.1, weiß-gelb*). Er verzweigt sich nach wenigen Minuten, hier links, und kreuzt eini-

ge Minuten später eine Schotterpiste. 10 Min. später gabelt sich der schöne Lavaweg – hier geradeaus weiter mit *PR TF 43* (links der spätere Rückweg). Knapp 10 Min. danach kreuzt der Wanderweg eine Piste (Beginn des Chinyero-Rundweges, Circular Chinyero). Er verläuft in einem weiten Bogen um den doppelgipfeligen Chinyero und gabelt sich nach gut 15 Min. – hier rechts. In der Folge kreuzt der Wanderweg zwei Fahrwege und steigt danach spürbar an. Dann an der Gabelung rechts zwischen Steinreihen hinab. Etwa 20 Min. später führt der Wanderweg in einem Halbkreis um einen Versammlungsplatz herum. 10 Min. danach mündet er in eine Piste – hier rechts mit PR TF 43 weiter (links zweigt PR TF 43.3 nach Santiago del Teide ab). 10 Min. später verzweigt sich der Wanderweg abermals – hier rechts mit PR TF 43 durch

Ehemalige Blockhütte mit dem Volcán Garachico.

das großartige Chinyero-Lavafeld (geradeaus zweigt PR TF 43.2 nach Los Partidos ab). Nach 20 Min. mündet der Weg in eine Piste ein, 50 m danach ist der Beginn der Runde erreicht. Hier links zurück zur nächsten Gabelung und rechts mit PR TF 43 in Richtung Arenas Negras. Nach 15 Min. kreuzt der Wanderweg den Vergara-Kanal und die Piste, eine Viertelstunde später ist der Picknickplatz erreicht.

Am Pistenende neben dem Parkplatz des Freizeitgeländes **Las Arenas Negras** zweigt rechts ein gesperrter Fahrweg ab, der in wenigen Minuten zu einer Sandebene am Fuß des Volcán Garachico führt. Geradeaus setzt sich eine Wegspur zum Volcán Garachico fort, dessen Besteigung aber aus Naturschutzgründen verboten ist. Daher biegen wir am Beginn der Ebene auf die rechts abzweigende Wegspur ab. Sie verläuft am Rand der Ebene und anschließend am Fuß des Volcán Garachico. Nach etwa 10 Minuten hält sich der Weg links und geht in einen Pfad über, der kurz zu einem Bergrücken ansteigt (links oberhalb Vermessungssäule). Der *orange* markierte Pfad zieht nun in leichtem Auf und Ab durch die gewaltigen Lavaströme, die der Vulkan 1706 nach Garachico entsandte. Danach senkt er sich wieder hinab in sandiges, von jungen Kiefern aufgelockertes Gelände, das wir leicht rechts haltend durchqueren. Nach insgesamt einer halben Stunde treten wir in Kiefernwald ein, in dem wir bald darauf auf einen quer führenden Weg stoßen (*PR TF 43.1*, *weiß-gelb*) – auf diesem links bergan. Nach etwa 15 Minuten treffen wir am Westgrat des Volcán Garachico auf einen Fahrweg, der entlang dem Vergara-Wasserkanal verläuft (Abzweig zum Chinyero, →Variante).

Wir folgen dem Fahrweg nach links. Nach gut 10 Minuten kreuzt der Wanderweg *PR TF 43* (*weiß-gelb*) – mit diesem kehren wir links zurück zum Freizeitgelände **Las Arenas Negras**.

19 Montaña de la Botija, 2122 m, und Montaña Samara, 1936 m

Vulkanwanderung am Fuß des Pico Viejo

Die Montaña de la Botija und die Montaña Samara erheben sich aus der weiten Lavalandschaft am Fuß des Pico Viejo. Der Rundweg passiert mehrere Krater und Lavaströme

Ausgangspunkt: Mirador/Parkplatz bei Km 7,7 der Cañadas-Straße Chío – Boca Tauce (TF-38), am Südfuß der Montaña Samara.
Höhenunterschied: Gut 350 m.
Anforderungen: Meist gemütliche Wanderung auf Wegen und Pfaden. Der Kraterrand der Montaña Samara ist im oberen Teil schmal und abschüssig – bei Sturm sollte man deshalb auf den Gipfelaufstieg verzichten. Bei schlechter Sicht evtl. Orientierungsprobleme.
Tipp: Bei Km 10 der TF-38 (an der Tafel) zweigt nach Osten ein Fußweg ab, der zu einem 100 m entfernten, etwa 3 m hohen und 30 m langen Lavatunnel führt.

Vom Mirador folgen wir dem deutlichen Weg, der sich nach 30 m bei einer Wegtafel gabelt – hier biegen wir rechts ab auf *Weg 32*, der in östlicher Richtung auf den Teide zuführt. Der Sandweg verläuft etwa parallel zur Straße und führt nach 5 Minuten links an einem Regenmesser vorbei. Wenige Minuten später gabelt er sich – hier halb links mit *Weg 13* am linken Rand eines Lavafeldes weiter (halb rechts verabschiedet sich Weg 32 in Richtung Pico Viejo). Der Weg steigt nun durch eine Rinne rechts des schwarzen Vulkankegels der Montaña de la Botija an. Hinter uns, in der Ferne, sehen wir die Insel La Gomera, links dahinter El Hierro und weiter rechts, mit dem Doppelhöcker, La Palma. Eine Viertelstunde nach der letzten Gabelung verflacht sich der Weg – vor uns baut sich jetzt der mächtige Pico Viejo auf, dahinter spitzt der Pan de Azucár des Tei-

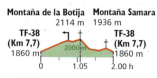

Am Beginn des Wanderweges – im Mittelgrund die Montaña de la Botija, dahinter Pico Viejo und Pico del Teide.

de hervor. Der Pfad hält direkt auf diese Gipfel zu und verläuft bald wieder am linken Rand eines weiteren, lang gestreckten Lavafeldes in einem flachen Tal. Allmählich, nach insgesamt einer guten Dreiviertelstunde, gelangen wir auf die Höhe eines Lavasandrückens – links, etwas unterhalb, sehen wir eine allein stehende junge Kiefer. Hier knickt unser Wanderweg scharf links in Richtung Montaña de la Botija ab (der gerade Weg zur nahen Montaña Reventada wurde aus Naturschutzgründen gesperrt).

Der Pfad führt am Rand eines wilden, von der Montaña Reventada herabziehenden Lavastromes hinab. Nach gut 5 Minuten bleiben wir mit *Weg 13* links auf dem Hauptpfad, der sich nun wieder leicht ansteigend vom Lavastrom entfernt und nach einigen Minuten einen kleinen Sattel erreicht. Auch hier ist der Gipfelabstecher auf die **Montaña de la Botija**, 2122 m (5 Min.), verboten – dafür kann man rechts auf den Nebengipfel (2114 m) aufsteigen und von dort den umfassenden Blick auf den Westen Teneriffas genießen. Der Pfad senkt sich nun leicht links haltend durch die Lavagrus-Flanke der Montaña de la Botija hinab. Nach einer Viertelstunde erreichen wir eine Wegkreuzung (geradeaus nach wenigen Metern unser Aufstiegsweg) – hier wenden wir uns mit *Weg 13* scharf rechts zu einer kleinen Felsengruppe. In der Folge führt der von Steinreihen eingefasste Weg meist sanft absteigend auf die Montaña Samara zu, bald in einem weiten Rechtsbogen. Nach einer Viertelstunde gabelt sich der Weg kurz vor dem Krater des Vulkans. Links zweigt unser Rückweg zum nahen Ausgangspunkt ab, vorher aber gehen wir geradeaus zum Krater und steigen direkt links über den windausgesetzten Kamm hinauf zum höchsten Punkt der **Montaña Samara**, 1936 m (knapp 10 Min.).

Das Teno-Gebirge und der Südwesten

Wilde Barrancos und grandiose Steilküsten

Das Teno-Gebirge im äußersten Nordwesten der Insel bietet dem Wanderer ein wunderschönes, noch weitgehend ursprüngliches Tourenrevier. Es gehört wie das Anaga-Gebirge zu den ältesten Gebirgsformationen Teneriffas und weist insbesondere an der bis zu 600 m fast senkrecht abfallenden Steilküste im Westen (»Acantilado de los Gigantes«) gewaltige Schluchten auf – die berühmteste ist der Barranco de Masca, eines der Parade-Wanderziele

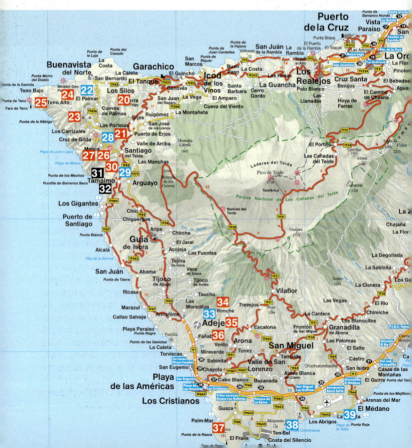

Der Risco-Steig ist einer der großartigsten Wanderwege der Insel.

der Insel. Aber auch im Norden senkt sich das Teno-Massiv äußerst steil, durchbrochen von tief eingeschnittenen Barrancos, zur fruchtbaren, von Bananenplantagen überzogenen Küstenebene bei Buenavista und Los Silos ab. Das Teno-Gebirge erreicht eine Höhe von etwa 1000 m und ist bis auf die Hänge auf der Nordostseite, an der sich noch dichte Nebelurwälder finden, weitgehend waldfrei – eine archaische, häufig windgepeitschte und wolkenverhangene Landschaft, die auf der kargen Teno-Hochfläche fast schon abweisend wirkt. Das Palmar-Tal und vor allem das Masca-Tal mit seinen malerischen Palmenhainen bilden hier eine Ausnahme.

Im Süden schließt sich die touristisch hervorragend erschlossene, mancherorts allerdings bereits aus den Fugen geratene Südwestküste an. Los Gigantes und Puerto de Santiago, die sonnensichersten Badeorte der Insel, besitzen in der Playa de la Arena nicht nur einen wunderschönen Sandstrand, sie sind auch ideale Stützpunkte für Urlauber, die ihre Wanderungen vorwiegend auf den Westteil der Insel beschränken wollen. Las Américas, Los Cristianos und die weiteren Badeorte der Südküste dagegen haben den Vorteil des Autobahn-Anschlusses nach Santa Cruz. Die Caldera-Randberge senken sich auf dieser Seite sanft zur Küste hin ab, zerfurcht von teils abgrundtiefen Barrancos wie dem Barranco del Infierno. In der Umgebung von Adeje, Arona und dem Valle de San Lorenzo stehen zudem einige stattliche Felsenberge, die für den Wanderer ein lohnendes Tourenziel darstellen.

20 Von Los Silos nach Erjos

5.15 Std.

Auf alten Caminos durch die Lorbeerwälder der Monte del Agua

Die Nebelurwälder der Monte del Agua oberhalb von Los Silos zählen zu den ursprünglichsten der Insel. Wunderschöne alte Caminos und schattige Forstwege erschließen dieses waldreichste Gebiet des Teno-Gebirges für den Wanderer. Wem die Wanderung von Los Silos nach Erjos und wieder hinab nach Los Silos zu anstrengend ist, der kann auch erst in Erjos in den Wanderweg einsteigen – damit verkürzt sich die Tour auf nicht einmal zwei Stunden und dennoch verpasst man nur wenig von den schönsten Eindrücken der Wanderung.

Ausgangspunkt: Plaza/Kirche im Ortszentrum von Los Silos, 109 m (Haltestelle der Buslinien 107, 363, 365).
Höhenunterschied: 1000 m.
Anforderungen: Insgesamt anstrengende, aber meist gemütliche Wanderung auf schönen alten Caminos und Forststraßen.
Einkehr: Bars in Los Silos und in Erjos.
Variante: Von Las Moradas nach Las Portelas: Am Abzweig (s.u.) auf dem Fahrweg nach rechts. Er mündet an einer Schranke in eine breite Pistenstraße mit *PR TF 52* (*weiß-gelb*), die links nach Erjos und rechts (immer auf der Piste) nach Las Portelas führt (1 Std. ab Abzweig, Haltestelle der Buslinien 355, 366).

Rechts an der Kirche von **Los Silos** vorbei führt ein Sträßchen auf die Berge zu, die *Calle Susana*. Sie kreuzt nach 100 m die neue Hauptstraße (Bushaltestelle), 100 m danach zweigt rechts ein Betonweg in Richtung Las Moradas ab (*PR TF 54*, *weiß-gelb*). Er geht nach 100 m in einen schönen Camino über, der stets am Bachbett des Barranco de Bucarón entlangführt. Er wech-

Rückblick vom Aufstiegsweg nach Los Silos – links der Barranco de Bucarón, rechts der Barranco de los Cochinos.

selt nach einer Viertelstunde über eine Brücke auf die linke Talseite. 5 Minuten später kehrt der Camino wieder auf die rechte Seite des Tales zurück, das sich nun allmählich weitet. Auf der Kammhöhe links des Tales tauchen nun ein paar verfallene Steinhäuser auf (**Las Moradas**, 466 m), zu denen der Camino hinüberführt. Von dort genießen wir einen schönen Blick hinab in den tiefen, wild zerklüfteten Barranco de los Cochinos – einen noch besseren Überblick gewinnt man, wenn man links in 5 Minuten zu dem kleinen Gipfel (498 m) hinaufsteigt.

Der Camino steigt an den Häusern vorbei weiter an und wechselt dann nach links in den Hang über dem Barranco de los Cochinos. Nach einer guten Viertelstunde kommen wir rechts an einem verfallenen, von Brombeergestrüpp überwucherten Anwesen vorbei (Moradas de Arriba, 550 m). In der Folge gehen wir ein Seitental aus, der Weg tritt in lichten Buschwald ein.

Etwa 20 Minuten nach dem verfallenen Anwesen verflacht sich der Weg. Knapp 10 Minuten später – der Mischwald wird nun dichter, Brombeeren ranken sich von den Bäumen

herab – gabelt sich der Weg, 700 m (links geht es hinab zu einer Galería im Grund der Cochinos-Schlucht, ca. 550 m; 1 Std. hin und zurück, leider wurde der Pfad gesperrt). Der Hauptweg hält rechts leicht bergan, auch an einer weiteren Verzweigung nach wenigen Minuten gehen wir rechts im Taleinschnitt hinauf. Gut 5 Minuten später mündet der Weg in eine Forststraße (785 m). Rechts kann man nach Las Portelas wandern (→Variante), wir aber wenden uns mit *PR TF 54* nach links in Richtung Monte del Agua. Nach 5 Minuten kommen wir an einem verfallenen Gebäude vorbei. Wenige Minuten später führt die Forststraße durch einen kleinen Taleinschnitt. Hier zweigt rechts der markierte Wanderweg ab. Er trifft nach wenigen Minuten auf einen quer verlaufenden Weg, der links durch den Hang zur breiten Pista del Monte del Agua hinaufführt (½ Std. ab Forststraße; an der Einmündung ein felsiger Rastplatz). Wir folgen der Forstpiste nun mit *PR TF 52/54* (*weiß-gelb*) nach links. Sie tritt allmählich in schönen Lorbeerwald ein, nach einer Viertelstunde ignorieren wir in einer Linkskurve einen links abzweigenden Forstweg (Pfosten). Eine gute halbe Stunde später lichtet sich der Wald – vor uns sehen wir bereits das Dorf Erjos (hier nicht links hinab). In der nächsten Rechtskurve zweigt halb links der markierte Wanderweg ab, der die weite Schleife der Piste abkürzt. Er mündet nach knapp 10 Minuten in einen Fahrweg, der uns links hinauf in das Dorf bringt. Nach den ersten Häusern treffen wir auf eine Straße (links unser weiterer Abstiegsweg in Richtung Cuevas Negras). Geradeaus gelangt man zum Kirchplatz von **Erjos** – hinter der Kirche, an der Hauptstraße, befinden sich ein Bushäuschen (Haltestelle der Buslinien 325, 460) und zwei Bars (rechts an der Hauptstraße).

Vom Kirchentor gehen wir nun wieder geradeaus am Kirchplatz vorbei zurück und halten uns rechts mit *PR TF 53* (*weiß-gelb*) die Straße hinab. Beim letzten Haus der Zeile setzt sich links ein Camino fort, der in Serpentinen in den **Barranco de Cuevas Negras** hinabführt – zwischendurch geht er in einen Fahrweg über. Er wird begleitet von einem Wasserrohr, das den verfallenen Wasserkanal abgelöst hat. 20 Minuten nach Erjos lassen wir die verwilderten Gartenterrassen des Ortes hinter uns und treten in lichten Buschwald ein. Der breite, von bemoosten Steinen eingefasste Camino durch den Wald zählt zu den schönsten des Teno-Gebirges. Nach 25 Minuten kommen wir an einem Gehöft und an verwilderten Gärten vorbei. Auf der anderen Hang-

Kurz vor Erjos – im Hintergrund der Teide.

seite sehen wir dann weitere Häuser. Unterhalb von ihnen wechselt der Camino wieder auf die rechte Talseite und führt dort durch den Weiler **Las Cuevas Negras**, 500 m – die meisten Häuser sind dem Verfall preisgegeben.
In der Dorfmitte zweigt rechts ein Weg in Richtung Tierra del Trigo ab (*PR TF 53.1*), wir aber gehen mit *PR TF 53* geradeaus weiter hinab in Richtung Los Silos. Die Schlucht wird nun immer imposanter: Der Camino senkt sich unter einer überhängenden, mächtig zerfurchten Felswand recht steil ab, riesige Wolfsmilchgewächse stehen am Wegrand. Vor uns sehen wir bereits Los Silos. Nach einer knappen halben Stunde ist der Grund des Barrancos mit ersten Häusern erreicht – nach links zweigt der mächtige Barranco de los Cochinos ab. Es empfängt uns ein richtiges kleines Paradies: Zwischen üppigen Gärten mit Orangen-, Mandel-, Feigen-, Mispelbäumen und Palmen, später auch Bananenplantagen setzt sich talauswärts ein Fahrweg fort, der schon bald über eine Brücke auf die rechte Talseite wechselt. 50 m danach zweigen wir mit *PR TF 53* links über eine Brücke ab und gelangen auf der anderen Seite auf einen Fahrweg (*Calle Susana*), der uns zum Hauptplatz von **Los Silos** zurückbringt.

Kiosk am Dorfplatz von Los Silos.

21 Cruz de Gala, 1347 m

Zauberhafte Runde durch Lorbeerwald und über aussichtsreiche Gipfel

Diese kurzweilige Runde über die Gala-Gipfel besticht durch ihre grandiosen, ständig wechselnden Ausblicke.

Talort: Erjos, 1000 m.
Ausgangspunkt: Restaurante Fleytas an der Hauptstraße 1,5 km oberhalb von Erjos, unmittelbar vor dem Abzweig der Straße nach San José de los Llanos (Parkplatz, Haltestelle der Buslinien 325, 460).
Höhenunterschied: 550 m.
Anforderungen: Bis auf die etwas luftigen Felspassagen am Kleinen Gala überwiegend leichte Wanderung.
Einkehr: Bar-Restaurants in Erjos.
Kombinationsmöglichkeit: Tour 28.

Von der Bushaltestelle am **Restaurant** gehen wir 50 m auf der Hauptstraße bergab in Richtung Erjos und biegen dann links auf einen Fahrweg ab. Er bringt uns in weiten Schleifen in eine Ebene hinab, wo er nach 10 Minuten in einen quer führenden Fahrweg einmündet. Diesem folgen wir nach rechts. Nach 50 m gabelt sich der Fahrweg – geradeaus geht es nach Erjos, wir aber biegen mit *PR TF 51* links ab (Tafel), zwischen zwei häufig ausgetrockneten Teichen hindurch. An den folgenden Gabelungen bleiben wir stets auf dem Hauptweg (also nach gut 100 m an der ersten Gabelung rechts und 20 m danach den mittleren Weg, rechts neben dem Erdwall; PR TF 51 verabschiedet sich hier nach links), der nun auf der anderen Talseite geradewegs zum Kamm hin ansteigt (nach ¼ Std durch Kettensperre). Auf der Kammhöhe (bis hier insgesamt ½ Std.) halten wir uns links. Nach 35 m zweigt rechts ein deutlicher Pfad ab, der etwa höhehaltend durch den Nebelurwald verläuft. Nach einer Viertelstunde verbleiben wir halb links auf dem Hauptweg. 5 Minuten später gabelt sich der Weg abermals. Hier steigen wir links durch einen kleinen Taleinschnitt in 5 Minuten zu einer Forststraße an.

Nach knapp 10 Minuten kommen wir an einem Eisentor vorbei, hinter dem eine Asphaltstraße zum **Cruz de Gala** hinaufführt – der Aufstieg zum Gipfel mit Brandwachturm und Funkanlagen dauert 15 Minuten und beschert uns einen grandiosen Ausblick: Nahezu das gesamte Teno-Gebirge liegt uns hier zu Füßen (gleich im Südwesten der kecke Felsgipfel des Pico Verde), auch die Vulkanwelt am Fuß des Pico Viejo liegt wie auf dem Präsentierteller vor uns.

Blick von der Degollada de la Mesa zum Cruz de Gala.

Wer will, kann vom Brandwachturm direkt zur Degollada de la Mesa absteigen (gut 10 Min., teilweise leichte Kraxelei) – wir aber gehen auf der Straße zurück zum Eisentor (gut 10 Min.) und wandern links auf der ebenen Forststraße weiter. Nach gut 10 Minuten knickt die Forststraße rechts ab. Wir verbleiben hier auf dem geraden Weg (nach 30 m links), der eine Minute später an der Steinsäule *El Saltadero* in den Sendero de la Cumbre mündet (*PR TF 51/56, weiß-gelb*). Wir folgen dem aussichtsreichen Weg nach links und erreichen so nach einer Viertelstunde die **Degollada de la Mesa**, 1247 m, den Sattel zwischen Großem und Kleinem Gala. An der Stelle, wo der Hauptweg links hinabführt, zweigt rechts ein Pfad ab, der immer über den Grat in einer knappen Viertelstunde auf den **Kleinen Gala** (Pico Verde), 1318 m, hinaufführt (teils etwas abschüssig, am Gipfel leichte Kraxelei). Der Blick auf Masca, auf die Masca-Schlucht und nach La Gomera ist vom Allerfeinsten!

Wieder zurück an der Degollada de la Mesa, wandern wir auf dem Hauptweg weiter hinab. Er geht nach 10 Minuten in einen breiten Forstweg über (hier verabschiedet sich *PR TF 56* nach rechts), der 25 Minuten später in die Straße mündet, die vom Erjos-Pass zum Cruz de Gala hinaufführt. Gegenüber führt *PR TF 51* links über einen schönen Pfad an einem kleinen Taleinschnitt hinab. Er mündet nach einer guten Viertelstunde in einen Fahrweg, der 5 Minuten später in der Schwemmebene in unseren Hinweg einmündet (rechts, dann links zwischen den meist ausgetrockneten Teichen hindurch, danach an der Gabelung rechts und nach 50 m links hinauf zur Hauptstraße beim **Restaurante Fleytas**).

22 Von Buenavista über El Palmar nach Masca

3.30 Std.

Abwechslungsreiche Tal- und Kammwanderung

Abwechslungsreicher kann eine Wanderung kaum sein: Der Aufstieg durch das Palmar-Tal führt uns durch das ländliche, noch weitgehend unverdorbene Teneriffa. Anschließend erwartet uns eine aussichtsreiche Überschreitung der Cumbre del Carrizal. In genussreichem Abstieg geht es von dort hinab zu den Palmenhainen des herrlich gelegenen Ortes Masca.

Ausgangspunkt: Busbahnhof in Buenavista del Norte, 119 m, bzw. Abzweig der Straße Richtung El Palmar (Haltestelle der Buslinien 107, 355, 363, 365, 366).
Endpunkt: Masca, 600 m (Haltestelle der Buslinie 355).
Höhenunterschied: Im Aufstieg gut 800 m, im Abstieg gut 300 m.
Anforderungen: Stets gemütliche Wanderung, teils auf Straßen, meist jedoch auf schönen Caminos und Pfaden.
Einkehr: Unterwegs (in Buenavista, El Palmar, Las Lagunetas, Las Portelas, Cruz de Hilda und Masca) mehrere Bars und Restaurants.
Variante: Abstecher vom Cruz de Hilda, 780 m, zum Morro de la Galera/ Roque de Masca (nur für absolut schwindelfreie und trittsichere Wanderer): Von der Passhöhe führt ein Fahrweg in westlicher Richtung hinauf, der nach 5 Min. endet. Links haltend setzt sich ein deutlicher, bequemer Weg fort, mit grandiosem Blick auf Masca und den Roque de Masca. Der Weg wechselt schon bald auf die rechte Kammseite. Manchmal etwas luftig geht es über einen schmalen Felsgrat weiter. Nach einigen Min. verbreitert sich der Grat wieder, der befestigte Weg hält nun leicht rechts hinab, vorbei an einem kleinen Felsplateau (¼ Std.). Der teils stark ausgesetzte Steig führt weiter leicht bergab, dann geht es in stetem Auf und Ab durch die Felswand, bis es in engen Serpentinen steil bergauf geht. Nach 10 Min. folgt ein unangenehmer, abschüssiger Quergang, dann geht es weiter steil bergauf, bis die Hochfläche des Morro de la Galera erreicht ist (insgesamt etwa 1½ Std. Anstieg, Rückweg 1¼ Std.).
Hinweis: Die Wanderung kann beliebig verkürzt werden (z.B. bis/ab Las Portelas), jeder Ort am Weg wird von der Buslinie 355 Buenavista – Masca angefahren.

Wir gehen vom **Busbahnhof** hinauf zur Hauptstraße und folgen dieser gut 100 m nach rechts zum Linksabzweig der Hauptstraße nach El Palmar/Masca, der wir 5 Minuten bergan folgen, um in der ersten Linkskurve rechts auf die schmale, geradeaus ansteigende Straße abzubiegen. Diese stößt nach 10 Minuten wieder auf die Hauptstraße. Gegenüber setzt sich ein Pflasterweg fort, der in der Folge mehrfach die Hauptstraße kreuzt oder berührt (nach 10 Min. muss

man der Hauptstraße 40 m folgen). Nach etwa 20 Minuten gehen wir eine Linkskurve aus und zweigen geradeaus auf eine Anliegerstraße ab, die, sogleich vorbei an einer Staumauer, steil durch den Ort El Palmar hinaufführt.

Nach gut 20 Minuten, am Beginn des Hochtales von El Palmar, kreuzen wir wieder die Hauptstraße und gehen geradeaus auf der schmalen Straße weiter. 100 m danach berühren wir im Ortszentrum von **El Palmar** nochmals die Hauptstraße (Bushaltestelle, Bar), gehen aber geradeaus, nach 50 m rechts vorbei an der Kirche, auf der Dorfstraße Calle La Cruz (später Calle Los Llanitos) mit *PR TF 52.2* (*weiß-gelb*) weiter, der wir immer geradeaus bergan folgen (nach 10 Minuten zweigt rechts über die Hauptstraße *PR TF 57* nach Teno Alto ab, →Tour 23). Wir kommen nun an einem mächtigen, von tiefen Furchen zerrissenen Vulkanhügel vorbei – Tor-

tenstücken gleich wurde hier der Lavasand herausgeschnitten. Nach einer guten Viertelstunde biegt der weiß-gelb markierte Wanderweg links auf eine Straße ab, der wir immer geradeaus bergan folgen. Nach einer Viertelstunde passieren

77

Blick von der Cumbre del Carrizal auf das Tal von El Palmar.

wir eine Rechtsschleife der Hauptstraße und gehen geradeaus mit der weiß-gelben Markierung auf der Dorfstraße (Camino El Ojito) von **Las Lagunetas** weiter.

Am Dorfplatz bei der Kirche (empfehlenswerte Bodegón) biegen wir mit *PR TF 56* (*weiß-gelb*) rechts ab auf das Sträßchen (Calle de La Cruz) – es endet schon bald. Durch Terrassenfelder setzt sich links ein Wiesenpfad fort, der an der Gemeindebibliothek von **Las Portelas** in die Hauptstraße mündet (Bushaltestelle).

Wir überqueren die Hauptstraße und steigen auf der rechten Straße (Calle de Fuera) mit *PR TF 59* (*weiß-gelb*) weiter an. Nach 100 m zweigt in der Linkskurve rechts ein Wiesenweg ab, der in einen kleinen Barranco hinab-führt (zuletzt betoniert) – in diesem 25 m nach rechts und auf der anderen Seite auf schönem Camino steil hinauf zu einer Straße. Dieser folgen wir weiter aufwärts und biegen nach 4 Minuten (25 m nach einer Linksschleife) rechts ab auf einen deutlichen Pfad, der nach einigen Minuten die Hauptstraße erreicht. Schräg links gegenüber setzt sich der weiß-gelb markierte Camino fort. Er führt bequem in weiten Schleifen bergan und erreicht nach 15 Minuten die Kammhöhe der **Cumbre del Carrizal**, 920 m. Auf dem Kamm verläuft die Wetterscheide zwischen dem regenreicheren Norden und dem sonnigeren Südwesten – entsprechend wechselt die Vegetation auf der Kammhöhe schlagartig: hinter uns die Baumheidehänge des oberen Palmar-Tales, vor uns die Sukkulentenhänge des Carrizales-Tales.

Wir kreuzen den Kammweg PR TF 51 (dieser führt links über die Cumbre de Bolico hinauf zum Cruz de Gala und rechts zum Tabaiba-Pass) und folgen weiter dem Wanderweg *PR TF 59*, der auf der anderen Kammseite in Richtung Cruz de Hilda/Masca führt. Er kommt nach wenigen Minuten an einer aussichtsreichen Felsnase mit Blick auf Los Carrizales mit dem gleichnamigen Barranco und auf den Hilda-Pass vorbei. In schöner Höhenwanderung geht es weiter, vorbei an einer Quelle, zum **Cruz de Hilda**, 780 m (schöne Aussichtsterrasse mit Cafeteria, Freitag Ruhetag). Rechts der Straße zweigt ein Fahrweg ab, der schon nach wenigen Minuten von einem spektakulären, aussichtsreichen Felsensteig abgelöst wird (→Variante). Aber auch von der Passhöhe genießen wir einen herrlichen Blick über das Tal von Masca.

Wir folgen nun dem Sträßchen, das vor dem Mirador links in Richtung Masca abzweigt. Nach zwei Minuten, unmittelbar oberhalb einer Palme, zweigt rechts ein steiniger Weg ab, der abseits von Palmen hinabführt. Schon bald kommen wir unterhalb einiger Häuser vorbei, dann geht es in Serpentinen bergab. Nach einer Viertelstunde mündet der Weg beim Bar-Restaurant Masca, im Ortsteil **La Vica**, in die Hauptstraße (Bushaltestelle).

Nur 10 Minuten sind es links auf der Hauptstraße bis **Masca**, wo mehrere gemütliche Bars und Restaurants zur Einkehr einladen. Zahllose Palmen, Orangen-, Zitronen- und Mandelbäume gedeihen in diesem sonnenverwöhnten, rundum durch steile Felsenberge abgeschirmten Tal. Gibt es einen schöneren Platz auf Erden?

Der Abstiegsweg von der Cumbre del Carrizal nach Masca.

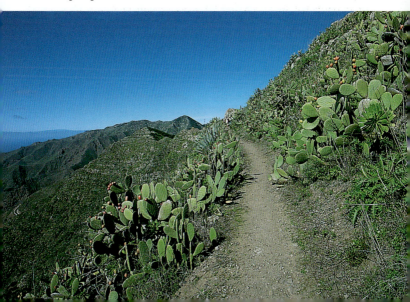

23 Von El Palmar nach Teno Alto

Rundwanderung über die Teno-Hochfläche und die Cumbre de Baracán

Weideflächen, Terrassenfelder und einzelne verstreute Weiler charakterisieren die karge Hochfläche von Teno Alto, einen der abgeschiedensten Flecken der Insel – glücklich der, der die raue Schönheit dieser häufig windgepeitschten, wolkenumwallten Landschaft bei Sonnenschein erleben darf.

Talort: El Palmar, 500 m (Haltestelle der Buslinien 355 und 366).
Ausgangspunkt: Abzweig der Straße nach Teno Alto, 530 m (Bushaltestelle, Parkmöglichkeiten an der Straße).
Höhenunterschied: Gut 550 m.
Anforderungen: Meist leicht, jedoch hin und wieder etwas steil; bei Wolkennebel evtl. Orientierungsprobleme.
Einkehr: Bar-Restaurants in El Palmar und in Teno Alto.
Kombinationsmöglichkeit: Touren 22 (ab Tabaiba-Pass), 24 und 25 (ab Teno Alto).

Wir starten die Wanderung in **El Palmar** am Abzweig der Straße nach Teno Alto. Links daneben führt der Wanderweg *PR TF 57* (Tafel »*Teno Alto*«, weißgelb) zwischen Steinmauern empor. Er kreuzt nach einer knappen Viertelstunde eine Straße (rechter Hand an der Straße der Picknickplatz Los Pedregales) und wird nun allmählich steiler. Einige Minuten später kreuzt er die Straße nach Teno Alto. Der Weg steigt nun steil durch lichten Busch- und Kiefernwald zu einem Sattel auf der Kammhöhe der Cumbre de Baracán an (20 Min.). Hier treffen wir wieder auf die Straße, zu der wir aber nicht hinübergehen. Unser Camino verläuft parallel zur Straße, entlang einer Rohrleitung (nach 5 Min. an der Wegsperre geradeaus weiter). In der Folge geht er einen Taleinschnitt

aus und steigt dann kurz zu einem felsigen Bergrücken an (hier rechts halten), um auf der anderen Kammseite weiter hinabzuführen. Nach 10 Minuten ist die Talsohle erreicht. Der Weg führt nun wieder links haltend im Hang weiter und über eine Felsnase leicht ansteigend auf eine Hangterrasse, an der sich der Camino zu einem Fahrweg verbreitert. Nach wenigen Minuten setzt sich in einer scharfen Linkskurve geradeaus der gepflasterte Camino fort, der wenig später die Teno-Straße kreuzt und gleich darauf endgültig in diese mündet. Links erreichen wir sogleich den Kirchplatz von **Teno Alto** (Los Bailaderos), 780 m, mit zwei Bars.

Der Kammweg zum Baracán.

Neben dem Kirchplatz biegen wir mit *PR TF 51* (*weiß-gelb*) auf die links ansteigende Straße ab. Nach gut 10 Minuten passieren wir eine Schranke, wenige Minuten später zweigt der Wanderweg links ab, rechts an einem Wasserreservoir vorbei. Er wendet sich bald links von der Kammhöhe des Bergrückens ab und führt in einer Hangwanderung durch Baumheidewald. Nach einigen Minuten kehrt der Weg wieder auf die andere, waldfreie Kammseite zurück, nun mit schönem Ausblick auf Los Carrizales und die Westküste sowie nach La Gomera. Der Weg wechselt noch zweimal die Kammseite und passiert eine Stunde ab Teno Alto eine Steinbank – hier bietet sich links ein Pfadabstecher zum Gipfel des **Baracán**, 1003 m, an (knapp 10 Min., Vermessungssäule). Gut 5 Minuten danach wechselt der Camino wieder auf die linke Kammseite über, nun mit schönem Blick auf das Palmar-Tal. Eine knappe Viertelstunde später berührt der Weg noch einmal die Kammhöhe (auf der anderen Kammseite schöne Rastplätze), bald darauf ist der **Tabaiba-Pass** mit der Masca-Straße erreicht.

20 m vor der Straße zweigt links ein deutlicher Camino ins Palmar-Tal ab – er führt nur kurz bergab und hält dann in einer Hangquerung unterhalb der Straße hinüber zu einem Anwesen. Von dort 30 m auf Fahrweg hinab und rechts daneben weiter auf Wiesenweg, der sogleich links an einem weiteren Haus vorbeiführt. Wir kreuzen einen Fahrweg (5 m nach rechts) und kreuzen bald darauf eine breite Straße, auf der wir anschließend zur Hauptstraße mit dem obersten Ortsteil von **El Palmar** hinabwandern (Bushaltestelle). Diese bringt uns links in 10 Minuten zurück zum Ausgangspunkt (wer die Hauptstraße meiden will, kann gegenüber dem Weg folgen: an einer Querstraße rechts zur Dorfstraße von El Palmar und auf dieser links mit *PR TF 52.2* hinab, bis nach gut 5 Min. links eine Straße zur 10 m entfernten Hauptstraße abzweigt (direkt am Abzweig der Straße nach Teno Alto).

24 Risco-Steig – Von Buenavista nach Teno Alto

4.00 Std.

Grandioser Felsenweg auf die Hochfläche von Teno Alto

»Risco-Steig«, welch treffender Name: Der »Felsen-Steig« führt mitten durch die steilen, teilweise senkrecht zur Ebene von Buenavista hin abbrechenden Felswände des Teno-Gebirges – ein Nervenkitzel ohnegleichen, der durch atemberaubend schöne Tiefblicke belohnt wird.

Talort: Buenavista del Norte, 119 m (Haltestelle der Buslinien 107, 355, 363, 365, 366).
Ausgangspunkt: Brücke über den Barranco del Monte an der Straße Buenavista – Punta de Teno (TF-445), bei Km 2,5 (½ Std. zu Fuß, keine Busverbindung!). Parkmöglichkeit an der Straße.
Höhenunterschied: 800 m.
Anforderungen: Teils sehr steiler, häufig auch etwas ausgesetzter Felsensteig zur Teno-Hochfläche; bei Nässe ist von dieser Wanderung unbedingt abzuraten.
Einkehr: Bar-Restaurants in Buenavista und in Teno Alto.
Variante: Kombinationsmöglichkeit mit Tour 25 (jedoch 1 Std. Straßenwanderung von Teno Bajo, dem Endpunkt von Tour 25, bis zum Ausgangspunkt dieser Wanderung, davon 10 Min. unbeleuchteter Tunnel!). – Von Teno Alto kann man auch nach El Palmar, Buenavista, Las Portelas oder Masca weiterwandern (jeweils Busverbindung, →Touren 22, 23).

2,5 km von Buenavista überquert die Straße den großen Barranco del Monte. Gleich jenseits der **Brücke**, vor dem zweiten Wasserreservoir, zweigt links der Wanderweg PR TF 58 ab (Tafel, *weiß-gelb*), der nach 100 m links an einem größeren Wasserreservoir vorbeiführt. Der Camino verläuft nun etwa 15 m am Barrancorand und wendet sich dann rechts dem kleineren Bachbett des **Barranco de la Torre** zu, um dieses nach 10 Minuten nach rechts zu verlassen und über den benachbarten Bergrücken steil anzusteigen. Nach insgesamt etwa 25 Minuten zweigt an einer kleinen Geländeterrasse rechts ein Pfad ab, wir steigen aber geradeaus (links) über Stufen weiter an (sogleich an Gabelung rechts). Es folgen ein paar luftige Anstiegsmeter über in den Fels geschlagene Stufen, etwas später geht es in einem Quergang links um eine Felsnase

82

herum und an einer Höhle vorbei zu einem steil abstürzenden Barranco – eine leicht ausgesetzte Passage, die bei Nässe heikel sein kann. Der Camino hält nun etwa 20 Minuten an dem steilen, rinnenartigen Barranco hinauf und verlässt diesen dann wieder nach links, um am Rand des Barranco de la Torre anzusteigen. Nach etwa

Tiefblick vom Roque El Toscón.

15 Minuten führt der Weg links unterhalb einer kleinen Felswand entlang, bald darauf verläuft er rechts über ein breites, rötliches Felsband. Einige Minuten später gelangen wir durch ein Ziegengatter auf die **Teno-Hochfläche** und stoßen dort sogleich auf einen runden, von Steinmäuerchen eingefassten Versammlungsplatz der Guanchen, 652 m. Rechts des Versammlungsplatzes setzt sich ein deutlicher, den Hang querender Pfad fort. Er führt nach 5 Minuten vor einem kleinen Blockgipfel rechts hinab in eine beige-rote Erosionslandschaft (nun mehr oder weniger weglos). Gut 10 Minuten ab dem Blockgipfel erreichen wir den **Roque El Toscón**, eine kleine, vorgelagerte Felskanzel, 600 m, die senkrecht zur Küste hin abbricht (großartiger Aussichtsplatz; zuletzt leichte Kraxelei).

Wieder zurück an der Guanchen-Kultstätte, folgen wir dem – von unten kommend – links an der Kultstätte vorbei ansteigenden Camino (*weiß-gelb*). Der teils gepflasterte Weg hält rechts an einer bunten Tuffsteinzone vorbei und führt dann rechts haltend zu einem flachen Sattel. Unser Weg führt nach dem Sattel links, leicht ansteigend, durch den Hang hinüber zu einem flachen Bergrücken und über diesen hinweg hinab zu einer Straßenkreuzung (10 Min.). Mit der Tafel »*Teno*« steigen wir nun hinter der Straßenkreuzung geradeaus die ausgewaschene Rinne hinauf (bei Nässe folgt man besser der rechts ansteigenden Straße). Gut 5 Minuten später treffen wir wieder auf die Straße, die uns links in 5 Minuten nach **Teno Alto** (Los Bailaderos) bringt.

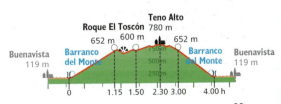

25 *Von Teno Alto zur Punta de Teno*

4.15 Std.

Stimmungsvoller Abstieg zum Nordwestzipfel Teneriffas

Der Abstieg von Teno Alto zur Punta de Teno, dem Nordwestzipfel Teneriffas, gehört zu den beliebtesten Wanderungen im Teno-Gebirge. Er führt uns durch die kargen, von lieblichen Tälern und wilden Erosionsgräben zerrissenen Wiesen der Teno-Hochfläche – ein abgeschiedener, archaischer Landstrich, der bei guter Sicht herrliche Ausblicke nach La Gomera vermittelt.

Ausgangspunkt: Dorfplatz an der Kirche von Teno Alto, 780 m, auf der Hochfläche des Teno-Gebirges (keine Busverbindung, Anmarsch möglich mit Tour 23 oder mit Tour 24).
Höhenunterschied: 700 m.
Anforderungen: Überwiegend gemütlich, im Aufstieg etwas mühsam.
Einkehr: Bar-Restaurants in Teno Alto.
Variante: Von der Ermita de El Draguillo bei km 6,9 der Straße Teno Bajo – Buenavista (wenige Minuten ab Teno Bajo) können trittsichere, hartgesottene Wanderer rechts auf einem aufgelassenen, z.T. stark verfallenen bzw. verwachsenen Steig entlang dem Barranco de la Sobaquera nach Teno Alto zurückkehren (ca. 2¾ Std. Aufstieg).
Kombinationsmöglichkeit: Tour 24 (siehe dort).

Von der Plaza in **Teno Alto** setzt sich geradeaus eine Straße fort (*PR TF 51, weiß-gelb*), die sich nach 10 Minuten auf einem flachen Bergrücken mit ein paar Häusern verzweigt. Wir gehen hier geradeaus den Fahrweg hinab und halten uns an der Gabelung nach 10 Minuten rechts hinab. Wenige Minuten später mündet der Fahrweg in eine Straße. Der markierte Wanderweg kreuzt

diese und folgt dem alten, teils steingepflasterten Camino links der Straße hinab. Er verläuft neben einer Rohrleitung am rechten Rand des Barranco de las Cuevas. Nach einigen Minuten mündet er wieder in die Straße ein, verlässt diese aber nach einem Gehöft wieder links am Barranco entlang, parallel zu Rohrleitungen. Agaven, Feigenkakteen, Wolfsmilchgewächse und Geranien säumen den Weg, der sogleich zwischen verfallenen Häusern hindurchführt. Er hält direkt auf eine Häusergruppe zu und biegt 10 m vor dem ersten Haus links zum Barrancogrund hinab. Hier treffen wir wieder auf den Fahrweg, dem wir links zur anderen Barrancoseite folgen. Zwischen Terrassenfeldern geht es nun stetig hinab (unterwegs Tor wieder schließen!), bis der Fahrweg nach einer Viertelstunde an einem Geländesporn am **Roque Chiñaco** endet. Vor uns sehen wir nun die Punta de Teno mit dem Leuchtturm.

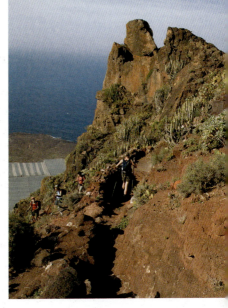

Abstieg vom Roque Chiñaco nach Teno Bajo.

Am Ende des Fahrweges setzt sich ein Camino fort, der links hinabführt. Er kommt schon bald an einem Felsturm vorbei und passiert nach etwa 25 Minuten einen Wasserverteiler (links entlang einer großen Rohrleitung Abkürzungsmöglichkeit zur Punta de Teno – der nicht immer deutliche Pfad mündet nach gut 10 Min. neben einer Plantage in die Straße TF-445, auf dieser ¼ Std. zum Leuchtturm). 5 Minuten danach gabelt sich der Weg – hier links weiter auf dem Hauptweg, der 5 Minuten später neben der Landwirtschaftskooperative Luz de Teno in **Teno Bajo**, 90 m (Caserío Las Casas; keine Busverbindung) in die Straße Buenavista – Punta de Teno (TF-445) einmündet. Wer noch einen Abstecher zum Leuchtturm an der Punta de Teno machen will, folgt der Straße bzw. dem Weg oberhalb der Straße nach links (2 km / ½ Std.).

26 Guergues-Steig

4.00 Std.

Paradewanderweg hoch über der Masca-Schlucht

Der Bergkamm, über den diese Wanderung führt, trennt die beiden mächtigsten Schluchten des Teno-Gebirges voneinander – den Barranco de Masca und den Barranco Seco. Neben schwindelerregenden Tiefblicken in die beiden Steilschluchten erwartet uns an der verlassenen Finca de Guergues ein großartiger Ausblick auf die Steilküste bei Los Gigantes – auch die Nachbarinsel La Gomera scheint nur mehr einen Katzensprung entfernt.

Talorte: Masca, 600 m (Haltestelle der Buslinie 355), und Santiago del Teide, 930 m (Haltestelle der Buslinien 325, 355, 460, 462).
Ausgangspunkt: Casas de Araza, 970 m, an der Straße Santiago – Masca (Haltestelle der Buslinie 355). Parkmöglichkeit am Mirador de Masca (400 m unterhalb des Cherfé-Passes).
Höhenunterschied: Gut 600 m.
Anforderungen: Teils steiler Camino, der Trittsicherheit und Schwindelfreiheit voraussetzt. Pfad auf der Guergues-Hochfläche verwildert.
Einkehr: Bar-Restaurants in Masca und in Santiago del Teide.

Wir wandern vom **Mirador de Masca** etwa 200 m auf der Straße hinab bis zur nächsten Haarnadel-Rechtskurve, in der links ein Fahrweg zu den **Casas de Araza** abzweigt. Rechts daneben zweigt von der Straße ein Pfad ab, der

Dreschplatz mit Teide-Blick auf dem Lomo de Tablada.

über den Bergrücken zu einem schwach ausgeprägten Sattel hinabführt (knapp 10 Min., nicht links zum Barranco del Natero abzweigen). Der mit Steinmännchen und teilweise auch orange markierte Camino verläuft nun in leichtem Auf und Ab, dann stetig ansteigend auf der linken Kammseite (teilweise über Fels, Steinmännchen beachten) – hin und wieder ergeben sich herrliche Tiefblicke auf das Masca-Tal. Nach insgesamt einer knappen halben Stunde kommen wir an die Kammhöhe heran, wenige Minuten später passieren wir eine kleine Höhle. Kurz darauf senkt sich der Weg steil zu einer kleinen Scharte ab. Durch ein Gatter steigt der Camino wieder an und führt in der Folge teils eben, teils in steilerem Auf und Ab links der Kammhöhe

Die Guergues-Hochfläche, gesehen von der Abbruchkante an der Masca-Schlucht.

weiter. Erst vor dem höchsten Punkt der Wanderung, einem markanten Felsgipfel, wechselt der meist befestigte Steig für wenige Minuten auf die rechte Kammseite (etwas luftig), um noch vor dem Gipfel wieder auf die linke Seite zurückzukehren. Wir gelangen nun auf ein lang gestrecktes, nach Südwesten hin abfallendes Wiesenplateau, den Lomo de Tablada, an dessen oberem Ende ein paar Häuser stehen. Bevor wir zu den Häusern hinabwandern, sollten wir noch die wenigen Meter zum Felsgipfel, 1023 m, hinaufsteigen. Er beschert uns großartige Blicke auf den Barranco de Masca und auf weite Teile des Teno-Gebirges sowie zu Teide und Pico Viejo. Nach insgesamt 1½ Stunden sind dann die Häuser am rechten Rand der Hochfläche erreicht. Ein Dreschplatz zeigt, dass hier früher noch Ackerbau betrieben wurde.

Wer noch weiter zur Finca de Guergues absteigen will, folgt dem streckenweise etwas verwachsenen Pfad, der links am Dreschplatz vorbeiführt. Er biegt nach 30 m, gleich unterhalb einer Zisterne, rechts ab und hält dann an einem Bergrücken, meist zwischen verwilderten Ackerterrassen, hinab. Unter uns sehen wir zwei allein stehende, verfallene Gehöfte – das erste erreichen wir nach einer knappen Viertelstunde, das zweite, die **Finca de Guergues**, 730 m, eine Viertelstunde später. Von dort genießen wir einen prächtigen Blick auf die Küste zwischen Los Gigantes und Las Américas. Wem dies nicht genügt, der kann noch einen (weglosen) Abstecher zum südwestlich vorgelagerten Felsgipfel (½ Std. einfach) oder zur Abbruchkante an der Masca-Schlucht unternehmen (20 Min. einfach).

Tiefblick zur Playa de Masca.

88

5.45 Std. 🚌

Masca-Schlucht 27

Abenteuerlicher Abstieg durch das Felslabyrinth des Barranco de Masca

Die tief eingeschnittene, von mehreren hundert Meter hohen Felswänden eingeschlossene Masca-Schlucht ist ein Abenteuer für sich: Durch die Gärten von Masca geht es, begleitet von einem kleinen Bächlein, hinein in ein ungeheures Labyrinth aus Felsen und Barrancos, bis schließlich das rauschende Meer näher rückt – fantastisch!

Ausgangspunkt: Ortszentrum von Masca, 600 m (Haltestelle der Buslinie 355), oberhalb der Kapelle.
Höhenunterschied: 650 m.
Anforderungen: Anstrengende, häufig steile Wanderung, die Trittsicherheit und etwas Schwindelfreiheit voraussetzt. Keinesfalls bei unsicherem Wetter (Regen, Sturm) oder nach starken Regenfällen!
Einkehr: Bar-Restaurants in Masca.
Bootsrückfahrt: Bei ruhiger See besteht die Möglichkeit eines Bootstransfers von der Playa de Masca nach Los Gigantes (Reservierung erforderlich, Ticketverkauf in Masca oder Tel. 922 861 918, E-Mail nashira@teleline.es, Abfahrt von der Playa de Masca täglich um 13.30, 15.30, 16.30 Uhr (je nach Buchungen); alternativ kann man sich auch einer organisierten Wandergruppe anschließen).
Tipp: Bei ruhiger See kann man an der Playa gut baden (Badesachen!).

Wir gehen von der Straße hinab zur Kapelle von **Masca**. An dieser links vorbei steigen wir weiter hinab in den Ortsteil, der auf dem Bergrücken zwischen dem Barranco de Masca (links) und dem Barranco Madre del Agua (rechts) liegt. Der Wanderweg in den Barranco de Masca zweigt knapp 10 m hinter einer großen Tafel und etwa 30 m vor der Bar auf dem Bergrücken links ab. Er führt zielstrebig zwischen Agaven und Palmen hinab zum

Einstieg in das Schluchtabenteuer.

Bachbett. Nach einer guten Viertelstunde überqueren wir ein Brücklein (25 m danach links oberhalb einer Schutthalde der Eingang eines Stollens, der in den Barranco Seco hinüberführt). 10 Minuten später wechseln wir wieder an das rechte Bachufer. Der idyllische Weg passiert einige Terrassen und kehrt durch Schilf an das linke Ufer zurück. Nach insgesamt 40 Minuten – wir lassen die letzten Gartenterrassen von Masca hinter uns – wechselt der Pfad wieder auf die rechte Uferseite. Die Felswände rücken nun enger zusammen. Über glatt geschliffene Felsen geht es hinab zu einem kleinen Wehr, an dem links ein Wasserkanal beginnt, mit dem wir die Staumauer umgehen. Anschließend verläuft der Weg im Bachbett und umsteigt in einem Rechtsbogen eine Felsbarriere. Wir befinden uns nun in einem regelrechten Felslabyrinth, einer der imposantesten Abschnitte der Wanderung – von allen Seiten münden kleine Barrancos ein, ein Bergrücken nach dem anderen schiebt seine steilwandigen, manchmal gar überhängenden Felsen herein. Nach 10 Minuten passieren wir ein Eisentor, kurz darauf versperrt uns ein riesiger Felsklotz den Weg. Der Pfad führt hier rechts haltend durch das Felstor hinab. Der stets eindeutige Weg wechselt in der Folge mehrmals das Bachbett. Eine Drei-

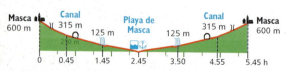

viertelstunde später legt sich wieder ein riesiger Felsblock in den Weg (Kaskade) – hier links über die Rampe hinab. 10 m über dem Barrancogrund sehen wir nun ein Felstor – kurz danach steigt der an dieser Stelle befestigte Weg rechts einige Meter an, um bald darauf durch den Barrancogrund auf die linke Seite hinüberzuwechseln. Der Weg wechselt in der Folge noch mehrmals die Bachseite, teilweise verläuft er auch direkt im Schotterbett. Allmählich rückt das Rauschen des Meeres näher. Schließlich senkt sich der Weg über eine Rampe durch ein Felstor hinab. Die Steilwände treten nun zurück, vor uns sehen wir auch schon das Meer. Links, an der Mündung der Schlucht ins Meer, steht eine kleine Finca – rechts sehen wir einen Felsen im Meer, zu dem ein schmaler Steg hinüberführt (hier legen die Boote an). Die **Playa de Masca** ist von Schotter und von blank geschliffenen Felsen bedeckt, aber 100 m links findet sich – je nach Brandung und Jahreszeit – ein Sandstreifen, der bei ruhiger See zum Baden einlädt (aber Vorsicht: Steinschlaggefahr!).

Ziel der spektakulären Schluchttour – der Bootsanleger an der Playa de Masca.

28 Von Santiago del Teide nach Masca

3.00 Std.

Beliebte Kammwanderung mit zahlreichen Variationsmöglichkeiten

Die Kammwanderung über die Cumbre de Bolico – die Wetterscheide zwischen dem feuchten Norden und dem trockenen Süden – gehört zu den schönsten und beliebtesten Touren des Teno-Gebirges. Sie ist bequem, bietet prächtige Ausblicke, im Frühjahr kann man zudem unzählige Kanaren-Glockenblumen bewundern – und schließlich erwarten uns am Cruz de Hilda und in Masca gemütliche Einkehrmöglichkeiten. Nur schade, dass man von Masca mit dem Bus nach Santiago del Teide zurückkehren muss.

Ausgangspunkt: Straßenkreuzung bei der Kirche im Zentrum von Santiago del Teide, 930 m (Haltestelle der Buslinien 325, 355, 460, 462).
Endpunkt: Masca, 600 m (Haltestelle der Buslinie 355).
Höhenunterschied: Knapp 400 m im Aufstieg und 700 m im Abstieg.

Anforderungen: Leichte Wanderung auf überwiegend guten, bequemen Wanderwegen.
Einkehr: Bar-Restaurants in Santiago del Teide, am Cruz de Hilda und in Masca.
Kombinationsmöglichkeit: Touren 21, 22 und 29.

92

Blick vom Cruz de Hilda nach Masca und zum Pico Verde (links oben).

Wir starten die Wanderung im Ortszentrum von **Santiago del Teide** bei der Kirche und folgen der Hauptstraße in Richtung El Tanque/Icod. Nach 5 Minuten knickt die Hauptstraße nach links, 5 Minuten später folgt eine Rechtskurve – hier zweigt neben einem Brücklein links der Wanderweg *PR TF 56* (*weißgelb*) zur Degollada de la Mesa ab. Der schöne, stark der Sonne ausgesetzte Camino führt gemütlich am Rand eines Kiefernwaldes bergan und trifft nach einer halben Stunde auf eine Forststraße, die hier endet – hier mit *PR TF 51/56* links weiter bergan zur **Degollada de la Mesa**, 1247 m (gut 10 Min.), den Sattel zwischen Großem und Kleinem Gala. Trittsicheren Wanderern empfehlen wir links einen Abstecher auf den Kleinen Gala (Pico Verde, 1318 m; knapp ¼ Std., teils etwas abschüssig, am Gipfel leichte Kraxelei) – der Blick auf Masca, auf die Masca-Schlucht und nach Gomera ist vom Allerfeinsten!

Wir gehen geradeaus weiter auf dem markierten Hauptweg (nicht links absteigen), der gemütlich durch den Hang verläuft und erste Einblicke in das Masca-Tal eröffnet. Nach gut 10 Minuten gabelt sich der Weg – hier

Gala-Blick aus dem Santiago-Tal.

links über die **Cumbre de Bolico** weiter (rechts Aufstiegsmöglichkeit zum Cruz de Gala, →Tour 21). Knapp 5 Minuten danach führt der Weg zwischen einem Dreschplatz (schöner Rastplatz) und einem verfallenen Anwesen vorbei (rechts zweigt eine Forststraße ab, mit der sich PR TF 56 nach Las Portelas verabschiedet). 5 Minuten später zweigt vom Kammweg *PR TF 51* halb links ein Pfad ab zu einem großartigen, felsigen Aussichtsplatz, von dem wir nicht nur einen winzigen Ausschnitt von Masca sehen können, sondern auch rechts das Palmar-Tal und die Fortsetzung der Cumbre über den Tabaiba-Pass hinweg in Richtung Teno Alto. Nach dem Abstecher wandern wir auf dem Hauptweg weiter, der in der Folge auf der rechten Kammseite durch Buschwald verläuft. Nach einer Viertelstunde steigt der Weg kurz zu einer aussichtsreichen Kammerhebung an. Hier sollte man wieder etwas verweilen und den Prachtblick auf Masca genießen. Die nächste große Kammerhebung wird nach rechts umgangen – ein herrliches Wegstück durch Nebelwald mit herabrankenden Kanarischen Glockenblumen. Schließlich erreichen wir eine große Wegkreuzung auf der **Cumbre del Carrizal** (25 Min.) – hier verlassen wir den Kammweg auf dem scharf links nach Masca abzweigenden Wanderweg *PR TF 59* (geradeaus kann man mit PR TF 51 nach Teno Alto wandern, rechts Abstiegsmöglichkeit mit PR TF 59 nach Las Portelas).

Der Weg kommt nach wenigen Minuten an einer aussichtsreichen Felsnase mit Blick auf Los Carrizales mit dem gleichnamigen Barranco und auf den Hilda-Pass vorbei. In schöner Höhenwanderung geht es weiter, vorbei an einer Quelle, zum **Cruz de Hilda**, 780 m (schöne Aussichtsterrasse mit Cafeteria, Freitag Ruhetag). Wir folgen nun dem Sträßchen, das vor dem Mirador links abzweigt (Wandertafel). Nach zwei Minuten, unmittelbar oberhalb einer Palme, zweigt rechts ein Weg ab, der nach einer Viertelstunde beim Bar-Restaurant Masca, im Ortsteil **La Vica**, in die Hauptstraße einmündet (Bushaltestelle). Nur knapp 10 Minuten sind es links auf der Hauptstraße bis **Masca**, wo gemütliche Bars und Restaurants zur Einkehr einladen.

3.45 Std.
Von Tamaimo nach Santiago del Teide — 29

Auf alten Dorfverbindungswegen durch das Santiago-Tal

Diese gemütliche Runde durch das Santiago-Tal verläuft auf alten Dorfverbindungswegen – sie bezaubert durch großartige Ausblicke und wildromantische Landschaftsbilder, außerdem erstrahlen im Frühjahr zur Zeit der Mandelblüte (etwa Mitte Januar bis Ende Februar/Anfang März) ganze Hänge in weiß-rosa.

Ausgangspunkt: Große Straßenkreuzung im Zentrum von Tamaimo, 570 m (Haltestelle der Buslinien 325, 460, 462).
Höhenunterschied: 500 m.
Anforderungen: Leichte Wanderung auf alten Dorfverbindungswegen.
Einkehr: Bar-Restaurants in Tamaimo, Arguayo und Santiago del Teide.
Wichtiger Hinweis: Wegen dem Autobahn-Bau kann die Wanderung derzeit nur bedingt empfohlen werden.
Kombinationsmöglichkeit: Touren 28, 30, 31, 32.

Von der großen Straßenkreuzung in **Tamaimo** folgen wir der Hauptstraße in Richtung Guía de Isora und biegen nach 200 m, kurz vor der Bushaltestelle, links ab auf die steil ansteigende Dorfstraße Calle La Rosa. Sie geht nach dem letzten Haus in einen breiten Camino über, der nach 50 m einen Wasserkanal überquert. Nach etwa 20 Minuten erreichen wir neben der Montaña del Ángel die Hochfläche von Arguayo und treffen auf eine breite Pflasterstraße, die nach 50 m in eine Asphaltstraße mündet. Dieser folgen wir 50 m nach links und verlassen sie in der Rechtskurve auf dem geradeaus abzweigenden Camino. Er führt gemütlich bergan, unterquert links durch eine Unterführung die

Blick nach Tamaimo mit dem Guama – in der Bildmitte der markante Risco Blanco.

neue Autobahn und erreicht nach einer guten Viertelstunde die Hauptstraße in **Arguayo**, 905 m. Gegenüber setzt sich ein Weg fort. Er trifft nach 40 m auf die Carretera General (geradeaus die Plaza mit der Kirche), die uns links in 3 Minuten zum »Museo Centro Alfarero« hinaufbringt (Töpferwaren und Guanchen-Fundstücke, Di–Sa 10–13 / 16–19 Uhr, So 10–14 Uhr).
Gleich nach dem Museum passieren wir ein Bushäuschen (Haltestelle der Buslinie 462), an dem links – über die Hauptstraße – der Wanderweg nach Valle de Arriba abzweigt. Nach 30 m erreichen wir auf dem sanft ansteigenden Betonweg eine Kreuzung neben einem Wasserreservoir – hier halb links weiter. Der Camino verläuft durch den Westhang der Montaña de la Hoya, mit herrlichem Blick auf das Santiago-Tal und zur Südwestküste. Nach 20 Minuten überschreiten wir einen kleinen Felsrücken – vor uns sehen wir jetzt das Dorf Las Manchas und dahinter die Montaña Bilma. Der Weg führt nun

Der Kirchplatz von Arguayo.

hinab in das weite Santiago-Tal und dann an der Autobahn entlang, eine Piste (links Autobahnbrücke) kreuzend. Gut 5 Minuten später unterquert der Camino die Autobahn durch eine Unterführung und verläuft anschließend rechts parallel zur Autobahn. Nach wenigen Minuten halten wir uns an der Gabelung rechts (links Abstiegsmöglichkeit nach El Molledo). Bald darauf überquert der Camino zwei Wasserkanäle und trifft rechts auf die Hauptstraße Santiago del Teide – Arguayo. Auf der gegenüberliegenden Straßenseite setzt sich ein deutlicher Pfad durch die Lava fort, der sich stets rechts von einer hohen Steinmauer hält. Er trifft nach knapp 10 Minuten auf eine Straße. Dieser folgen wir links, vorbei am Friedhof und nach dem Spielplatz rechts, zur Kirche an der Hauptstraße von **Santiago del Teide**, 930 m (knapp 10 Min.; Haltestelle der Buslinien 325, 355, 460, 462).

Wir gehen nun links die Hauptstraße hinab bis zur Tankstelle (5 Min.). 30 m nach der Tankstelle zweigen wir rechts ab auf den breiten Wanderweg nach Los Gigantes (*PR TF 65, weiß-gelb*). Er führt nach 10 Minuten oberhalb von **El Molledo** vorbei und gabelt sich – hier links (rechts zweigen PR TF 65.1 zum Risco Blanco und PR TF 65.3 zur Degollada del Roque ab) und 50 m danach an der Gabelung rechts. Der Camino führt nun immer am rechten Rand des Barranco de Santiago hinab. Nach einer knappen halben Stunde (kurz vorher gesellt sich wieder ein Wasserkanal an den Wegrand) ignorieren wir einen links durch den Barranco abzweigenden Camino. Eine knappe Viertelstunde später zweigt links ein breiter Pflasterweg ab – wir verbleiben aber auf dem geraden PR TF 65, der erst nach 50 m am Abzweig von PR TF 65.2 (→Tour 30) links durch den Barranco führt. An der folgenden Gabelung gehen wir mit PR TF 65.2 halb links zu einer Dorfstraße mit den ersten Häusern von **Tamaimo** hinüber. Auf dieser immer geradeaus (an der ersten Gabelung rechts) zum Kirchplatz, den wir rechts liegen lassen, und über die Calle Santa Ana weiter zur Hauptstraße – 30 m rechts die Kreuzung.

30 Von Tamaimo auf den Guama

2.30 Std.

Panoramawanderung über dem Santiago-Tal

Diese bequeme Rundwanderung auf den Kamm oberhalb von Tamaimo eröffnet herrliche Ausblicke auf die Täler und Schluchten an der Südwestküste.

Ausgangspunkt: Große Straßenkreuzung im Zentrum von Tamaimo, 570 m (Haltestelle der Buslinien 325, 460, 462).
Höhenunterschied: Knapp 500 m.
Anforderungen: Überwiegend leichte Wanderung auf Caminos und Pfaden, ein kurzes Stück steil und felsig.
Einkehr: Bar-Restaurants in Tamaimo.
Variante: Weiterabstieg nach Los Gigantes (1¼ Std. ab PR TF 65, s.u.): Am Rückweg biegt man rechts ab auf den Talweg (*PR TF 65*, *weiß-gelb*). Er mündet nach 25 Min. in eine Piste. Diese immer geradeaus entlang von Plantagen hinab und am Pistenende nach 10 Min. links weiter auf dem Weg entlang der Plantage. Einige Minuten später mündet der Camino wieder in ein Sträßchen, das nach gut 5 Min. in die Hauptstraße nach Los Gigantes mündet. Auf dieser rechts hinab zur Straßengabelung nach 10 Min. Hier rechts hinab nach Los Gigantes (¼ Std. bis zum Hafen, 50 m davor zweigt rechts ein Weg zur Playa de Los Guios ab; Haltestelle der Buslinien 325/473 im Ortszentrum).
Kombinationsmöglichkeit: Tour 29.

Von der großen Straßenkreuzung in **Tamaimo** gehen wir 30 m die Hauptstraße in Richtung Santiago del Teide hinauf und biegen links ab auf die Calle Santa Ana, die uns zur Kirche bringt. Geradeaus setzt sich die Calle El Agua fort (Tafel »Cruz de los Misioneros«, *PR TF 65.2*, *weiß-gelb*), die wir nach 3 Minuten auf dem ersten links abzweigenden Sträßchen verlassen. Es geht sogleich in einen Camino über, der uns zum Barranco de Santiago bringt und hier zusammen mit PR TF 65 unterhalb eines Dreschplatzes das Bachbett quert. Hoch oben am Kamm sehen wir bereits ein großes weißes Kreuz, zu dem von der Gabelung auf der anderen Talseite links der Wanderweg *PR TF 65.2* abzweigt. Er legt uns Tamaimo rasch zu Füßen und passiert im Verlauf einige Basaltwände. Nach einer guten Viertelstunde Aufstieg kommen wir an einer versteckten Galería vorbei (10 m links des Weges an Felswand, dahinter eine Quellnische). Der Weg verläuft nun kurz flach nach rechts und führt dann vollends hinauf zur Kammhöhe, von der sich ein großartiger Rundblick ergibt, insbesondere auf den Barranco Seco und den eindrucksvollen Risco Blanco direkt gegenüber. Wir halten

uns nun links und kommen bald darauf unterhalb des **Cruz de Misioneros**, 805 m, vorbei, zu dem kurz danach rechts ein Weg abzweigt. Nun zeigen sich auch Teide und Pico Viejo. Nach dem Abstecher folgen wir weiter dem Hauptweg, der links durch den Hang (sogleich steil über Felsstufen) zur Kammhöhe ansteigt. Über diese erreichen wir wenige Minuten später den höchsten

Blick vom Kamm beim Cruz de Misioneros zum kecken Risco Blanco.

Punkt der **Montaña de Guama**, 877 m (kleine Felsnase).
Immer entlang der Kammhöhe, am linken Rand der sanft abfallenden, terrassierten Gipfelhochfläche, geht es weiter. Der großartige Panoramaweg verwöhnt uns mit herrlichen Blicken auf das Santiago-Tal und zur Südwestküste (auch der Hafen von Los Gigantes spitzt bald hervor) – und nach La Gomera. Nach gut 10 Minuten senkt sich der Kamm etwas steiler hinab zu einem auffälligen Felszahn, gut 10 Minuten später gabelt sich der Weg etwa 200 m vor dem Felszahn. Hier sollten Sie es sich nicht nehmen lassen, noch etwa 5 Minuten über den Kamm (fast weglos) hinabzusteigen bis zu einer Felsbarriere kurz vor dem **Felszahn** aus Basalt, 575 m – von hier schöner Blick nach Los Gigantes und zu einem gewaltigen Felstor (El Bujero) am benachbarten Grat.

Zurück an der Gabelung, steigen wir auf dem Hauptweg weiter ab zur **Degollada de Tejera**, 542 m (gut 10 Min.). Hier wendet sich unser Weg vom Kamm ab und führt links hinab in das Santiago-Tal, wo er nach gut 10 Minuten in den Talweg einmündet (*PR TF 65, weißgelb*). Rechts könnte man nach Los Gigantes absteigen (→Variante, 1¼ Std.), wir aber kehren auf dem Wanderweg links nach **Tamaimo** zurück. Nach 20 Minuten verläuft der Camino kurz vor den ersten Häusern durch das Barrancobett und verlässt dieses nach 25 m rechts zu einer Straße, die uns in wenigen Minuten zum Kirchplatz hinaufbringt.

99

31 Barranco Seco – Von El Molledo zur Playa de Barranco Seco

6.20 Std.

Paradetour für konditionsstarke, erfahrene Bergwanderer!

Die Wanderung durch den Barranco Seco (»trockene Schlucht«) zum gleichnamigen Strand ist eine echte Alternative zum sehr stark frequentierten Barranco de Masca. Die Schlucht ist zwar nicht ganz so spektakulär und eindrucksvoll wie ihr berühmter Nachbar, und es gibt mangels Anlegeplatz auch keinen Boots-Abholdienst, aber dafür ist der Wanderweg schön naturbelassen, um nicht zu sagen stellenweise ein wenig abenteuerlich. Außerdem kann sich der Strand mit den gewaltigen, himmelstrebenden Felswänden allemal mit der Playa de Masca messen!

Ausgangspunkt: Kirchplatz in El Molledo, 880 m, einem kleinen Dorf an der TF-82 zwischen Tamaimo und Santiago del Teide (Haltestelle der Buslinien 325, 460, 462).
Höhenunterschied: 1000 m.
Anforderungen: Lange, anspruchsvolle Wanderung, die Trittsicherheit, Schwindelfreiheit, eine gute Kondition und etwas Orientierungsvermögen voraussetzt. Nur bei absolut sicherem, ruhigem Wetter, nicht bei Hitze!
Einkehr: Keine, Bar-Restaurants in Tamaimo und Santiago del Teide.
Kombinationsmöglichkeit: Touren 29 und 32.

Von der Kirche in **El Molledo** gehen wir mit der weißgelben Markierung höhehaltend auf der Calle La Calzada hinüber zum Barranco de Santiago und treffen auf der anderen Talseite auf den Talweg (PR TF 65; 3 Min.). Auf diesem geradeaus hinauf zur nächsten Weggabelung (50 m, geradeaus), 15 m danach gabelt sich der Weg abermals. Hier biegen wir halb links auf den Wanderweg PR TF 65.3 ab (halb rechts führt PR TF 65.1 zum Risco Blanco, ¾ Std.). Der Weg verläuft leicht absteigend durch den Hang und passiert nach gut 10 Minuten eine aufgelassene Ziegenfarm. Gut 10 Minuten spä-

Der Wanderweg im wildromantischen Barranco Seco. Linke Seite: Risco Blanco mit Barranco Seco.

ter überschreitet er den **Kamm**, 820 m, und führt auf der anderen Kammseite hinab – mit schönem Blick auf den Risco Blanco, der von hier nur als breiter Felsklotz erscheint, und nach La Gomera. Einige Minuten danach, kurz vor einem markanten Felskopf, kehrt der Camino nochmals zur Kammhöhe zurück (Degollada del Roque; hier zweigt PR TF 65.3 links ab), dann wendet

Nach 2 Stunden erreichen wir einen Wasserkanal – hier trennen sich Tour 31 und 32.

er sich endgültig dem Hang rechts vom Kamm zu. Er senkt sich schon bald spürbar in Serpentinen hinab und gabelt sich nach einigen Minuten (geradeaus eine Abkürzung, rechts passiert der Camino einen Felssporn, schöner Rast- und Aussichtsplatz). Eine Viertelstunde später gabelt sich der Weg abermals (halb rechts Abkürzung), wenige Minuten danach überquert er einen auffällig weiß gekalkten **Wasserkanal**, 550 m. Wenige Minuten später halten wir uns an einer Gabelung rechts, dann wendet sich der Weg links dem Hang zu und kreuzt eine weiß gekalkte Barrancorinne, um sich bald darauf am Fuß einer dunklen Felswand in den Grund des Barranco Seco mit der **Galería de la Junquera**, 400 m, hinabzuwinden.

Bald darauf wechselt der Weg auf die rechte Talseite, gut 5 Minuten später kehrt er auf die linke Talseite zurück. Gut 10 Minuten danach trifft der Camino auf einen abgedeckten **Wasserkanal**, 215 m. Wir folgen diesem 50 m nach links, bis rechts abwärts ein deutlicher Camino abzweigt (geradeaus am Kanal entlang setzt sich Tour 32 nach Los Gigantes fort, eine schöne Variante für den Rückweg). Er ist stellenweise etwas geröllig und abgerutscht und bringt uns in 3 Minuten hinab ins Barrancobett. 2 Minuten später passieren wir einen mächtigen Felsklotz und umgehen die Felsstufen im Bachbett rechts auf einem Camino. Er senkt sich nach wenigen Minuten wieder links haltend in das felsig-ausgewaschene Bachbett ab (leichte Kraxelei), das wir

direkt oberhalb einer Felsstufe kreuzen. Auf der anderen Seite setzt sich ein deutlicher Camino fort, der bald darauf ins geröllige Bachbett zurückkehrt. In diesem steigen wir nun weiter ab (auf Steinmännchen achten, hin und wieder kürzt ein Pfad über einen Rücken ab). Die Schlucht wird immer eindrucksvoller – sehen Sie zu, dass Sie die senkrechten, teils überhängenden Schluchtwände schnell wieder verlassen (Steinschlaggefahr)! Nach einer Viertelstunde erwartet uns die Schlüsselstelle der Wanderung unterhalb einer überhängenden Felswand (Vogelschissplatz): Eine etwas ausgesetzte Felsquerung mit kleinen Tritten und Halten muss gemeistert werden. 5 Minuten später erreicht der Pfad wieder das Bachbett bei einer großen Rohrleitung und wechselt über auf die linke, 5 Minuten danach wieder auf die rechte Talseite. Nun ist die Brandung von der nahen **Playa de Barranco Seco** nicht mehr zu überhören, bald darauf haben wir den etwa 500 m langen Steinstrand auch vor Augen. Bei absolut ruhiger See – aber nur dann! – kann man hier herrlich baden. Allerdings bekommt man auch laufend Besuch von allerhand Ausflugs- und Piratenbooten, die teilweise in der von gewaltigen Felswänden eingefassten Bucht vor Anker gehen. Eine Mitfahrt ist leider mangels Bootsanleger nicht möglich, dabei ist Los Gigantes nur einen Katzensprung entfernt – wer will, kann sich davon am anderen Strandende an der Mündung des Barranco Sauce überzeugen (knapp 10 Min., Vorsicht: Steinschlaggefahr am Fuß der Felswände!).

Die lang gestreckte Playa de Barranco Seco ist von gewaltigen Felswänden eingefasst.

gesperrt?

32 Von Tamaimo nach Los Gigantes

5.00 Std.

Einsame Nervenkitzel-Tour durch die Gigantes-Steilwand

Spektakulärer und abenteuerlicher kann eine Wanderung kaum sein: Auf der Rundtour durchqueren wir zwei lange, stockdunkle Wasserkanal-Tunnel (Taschenlampe!) und eine einsame Schlucht, Höhepunkt aber ist zweifellos der etwa dreiviertelstündige exponierte Gang durch die Steilwand des Acantilado de Los Gigantes – atemberaubende 100 m oberhalb der Küste, mit ständigem Blick nach Los Gigantes mit dem Hafen und der herrlichen Playa de Los Guios.

Ausgangspunkt: Große Straßenkreuzung im Zentrum von Tamaimo, 570 m (Haltestelle der Buslinien 325, 460, 462).
Höhenunterschied: 650 m.
Anforderungen: Sehr anspruchsvolle Wanderung, die hundertprozentige Trittsicherheit und Schwindelfreiheit verlangt (lange luftige Passagen in der Steilküste) und nur bei absolut sicherem, ruhigem Wetter unternommen werden sollte!
Einkehr: Bar-Restaurants in Tamaimo und Los Gigantes.

Wichtige Hinweise: Der Wanderweg zwischen Barranco Seco und Los Gigantes war im Januar 2012 offiziell gesperrt (Verbotsschilder am Ende des 2. Tunnels und am Wegende in Los Gigantes) – Begehung daher nur auf eigenes Risiko! Weitere Infos unter www.rother.de/leser/4016.htm. – Für die beiden Tunnel (gut 20 und 15 Min.) benötigt man eine leuchtstarke Stirn-/Taschenlampe. Badesachen mitnehmen!
Kombinationsmöglichkeit: Touren 29 und 31.

Von der großen Kreuzung in **Tamaimo** gehen wir 20 m die Hauptstraße in Richtung Santiago del Teide hinauf und biegen links ab auf die Calle Santa Ana, die uns geradeaus zur gleichnamigen Kirche bringt. Hinter der Plaza biegen wir links ab auf die Calle Real und halten uns an den beiden folgenden Straßengabelungen jeweils rechts. Nach den letzten Häusern erreichen wir das Bachbett des Barranco de Santiago, durch das wir mit dem Wanderweg PR TF 65 (weiß-gelb) weiter hinabgehen (nach einem Kanal auf der rechten Talseite). Er kommt

104

Blick über Los Gigantes zur Steilwand des Acantilado de Los Gigantes.

nach 5 Minuten an einem Haus vorbei (nun Fahrweg), 5 Minuten später zweigt der Fahrweg rechts zu zwei Baracken ab. Direkt nach dem ersten Gebäude befindet sich der Eingang in einen etwa 1,2 km langen **Tunnel**, der in das nächste Tal hinüberführt. Er ist gut begehbar und senkt sich nach einer guten Viertelstunde kurz ab (nun niedriger, achtgeben auf Vorsprünge an der Decke!). Noch 5 Minuten, dann erblicken wir im **Barranco Seco** wieder das Tageslicht – und hoch über uns den Risco Blanco.

Wir steigen nun links auf undeutlichem Pfad hinab (nach 15 m links, Steinmännchen) und treffen nach knapp 10 Minuten, 20 m oberhalb eines Wasserkanals und der **Galería de la Junquera**, 400 m, auf einen Camino, dem wir weiter talabwärts folgen (→Tour 31). Der Weg

105

Der atemberaubende Wanderweg verläuft mitten durch die gewaltige Steilwand des Acantilado de Los Gigantes.

wechselt bald auf die rechte Talseite, gut 5 Minuten später kehrt er auf die linke Talseite zurück. Gut 10 Minuten danach trifft er auf einen abgedeckten **Wasserkanal**, 215 m. Wir folgen diesem nach links (nach 50 m zweigt rechts Tour 31 zur Playa de Barranco Seco ab) und erreichen so nach 5 Minuten den Eingang zum zweiten, knapp 1 km langen **Tunnel** – diesmal begleitet uns ein Wasserkanal, das Tunnelende ist von Anfang an bereits sichtbar. Eine Viertelstunde dauert die Durchquerung, dann finden wir uns in der Steilwand des **Acantilado de Los Gigantes** wieder, gut 200 m über dem Atlantik.

Wir steigen vom Tunnelausgang direkt abwärts und halten später rechts durch den Hang, um an einer deutlichen Gabelung links zur felsigen Barran-

corinne abzusteigen und auf die andere Talseite zu wechseln. Der Pfad verläuft nun immer schmal und exponiert, manchmal auch unangenehm abschüssig durch den Steilhang, und verwöhnt uns mit herrlichen Ausblicken entlang der Küste nach Los Gigantes und nach La

Gomera. Nach Überschreiten einer Felsnase (10 Min.) öffnet sich auch der Blick auf die gewaltigen Felswände in Richtung Punta de Teno. Bald darauf halten wir uns an einer Gabelung links über Felsen hinauf (der rechte Pfad ist durch eine Steinreihe abgesperrt). Eine halbe Stunde später endet der luftige Quergang auf einem Fahrweg, der nach 100 m bei den ersten Häusern von **Los Gigantes** auf die Calle Tabaiba trifft (rechts). Wir folgen der Straße immer geradeaus durch den Ort. (Nach 5 Minuten kann man rechts über die Straße, dann geradeaus über einen Treppenweg, zum Hafen hinabsteigen, 10 Min.; 50 m vor dem Hafen lohnt rechts ein Abstecher zur Playa de Los Guios; Haltestelle der Buslinien 325/473 im Ortszentrum.)

Nach gut 10 Minuten mündet die Calle Tabaiba/Avenida Jose Gonzalez Fortes in die Hauptstraße TF-454, der wir geradeaus bergan folgen, nach gut 5 Minuten vorbei am Mirador de Archipenque. 5 Minuten später, 25 m vor der Einmündung in die Hauptstraße nach Tamaimo (Bushaltestelle), biegen wir mit *PR TF 65* (*weiß-gelb*) links auf ein steiles Sträßchen ab. Es geht nach 10 Minuten in einen Weg über, dem wir immer geradeaus bergauf folgen (nach 10 Min. zwischen Plantagen Piste, gleich darauf an der Pistengabelung mit der Markierung links). Nach einer Dreiviertelstunde kommen wir so wieder an den zwei Baracken mit dem Tunneleingang vorbei, 25 Minuten später sind wir zurück in **Tamaimo**.

Neben dem Hafen von Los Gigantes erwartet uns die herrliche Playa de Los Guios.

33 Barranco del Infierno

2.45 Std.

Schluchtwanderung zum größten Wasserfall der Insel

In der »Höllenschlucht« kann der Wanderer erste Eindrücke von den gewaltigen Barrancos der Insel sammeln. Am Ende des schön angelegten Wanderweges erwartet uns zudem ein dreistufiger Wasserfall, der aus 80 m Höhe herabstürzt und ganzjährig Wasser führt.

Ausgangspunkt: Zentrum von Adeje, 310 m (Halt der Buslinien 416, 441, 473).
Höhenunterschied: 300 m.
Anforderungen: Leichte Wanderung. Der Wanderweg kann durch Unwetter eventuell teilweise abgerutscht/verschüttet sein.
Einkehr: In Adeje Bars und Restaurants.
Wichtiger Hinweis: Die Schlucht war seit 2009 aus Sicherheitsgründen geschlossen (Steinschlaggefahr!). Im April 2012 sollen alle Beschränkungen aufgehoben werden, d.h. die Schlucht wird dann wieder offiziell geöffnet, eventuell ohne Beschränkungen und ohne Kontrolle – allerdings mit dem Hinweis, dass die Begehung auf eigene Gefahr erfolgt und die Gemeinde bzw. die Umweltbehörde keinerlei Haftung übernimmt. Informieren Sie sich bei der Umweltbehörde unter Tel. 922 782885 oder unter www.barrancodelinfierno.es (E-Mail info@idecogestion.net), ob die Schlucht geöffnet ist und wie die Zugangsbedingungen aussehen.

An der Kirche links haltend und an der Casa Fuerte rechts, folgen wir der steilen Dorfstraße bis zum Bar-Restaurant Otelo am obersten Ortsrand von **Adeje**. Unmittelbar dahinter beginnt rechts der Wanderweg in den Barranco del Infierno. Er verläuft zunächst im Hang über der Schlucht, abschüssige Passagen sind durch Holzpflöcke gesichert. Nach einer Dreiviertelstunde erreichen wir das Bachbett des an dieser Stelle häufig Wasser führenden Baches. Der Weg wechselt auf die rechte Uferseite, in der Folge überquert er noch mehrmals den Bach. Die Vegetation wird nun üppiger – mitunter ranken gar Brombeeren in den Weg hinein –, die Felswände rücken immer näher heran, genau wie das Rauschen des nahen Wasserfalls – eine eindrucksvolle Atmosphäre! Hin und wieder laden gar kleine Gumpen zu einer Erfrischung ein. Dann stehen wir vor dem **Wasserfall**, der in drei Kaskaden über die mächtige, senkrechte Felswand herabstürzt. Ein gewaltiger Platz, abgeschirmt von der Außenwelt: Kaum ein Sonnenstrahl vermag in diesen Felsendom vorzudringen.

Der Wasserfall am Ende des Wanderweges.

34 Von Arona über Ifonche nach Adeje

5.45 Std.

Großzügige Höhenwanderung über der Südwestküste

Die Höhen über Arona und Adeje erschließen dem Wanderer ein schönes, abwechslungsreiches Wanderparadies, das immer wieder herrliche Blicke hinab zur Küste bei Las Américas, aber auch in abgrundtiefe Barrancos gestattet. Wem die Wanderung von Arona nach Adeje zu lang ist, der kann diese auch in Ifonche (keine Busverbindung!) beginnen.

Ausgangspunkt: Zentrum von Arona, 630 m, bzw. Bushaltestelle am oberen Ortsende an der Hauptstraße Richtung Vilaflor (Haltestelle der Buslinien 112, 342, 477, 480, 482). Oder Parkplatz beim Restaurant »La Granja de Arona«.
Endpunkt: Adeje, 310 m (Haltestelle der Buslinien 416, 441, 473).
Höhenunterschied: 700 m im Anstieg und gut 1000 m im Abstieg.

Anforderungen: Lange, aber insgesamt leichte Wanderung.
Einkehr: El Refugio sowie Bar-Restaurants in Arona, Ifonche und Adeje.
Variante: Rückkehr von Adeje nach Arona über Barranco del Agua – Barranco de Fañabé – um den Fuß des Conde herum – Barranco del Rey (3¾ Std.; wenig empfehlenswert).
Kombinationsmöglichkeit: Tour 35.

Rückblick vom Wanderweg nach Arona und zur Südküste.

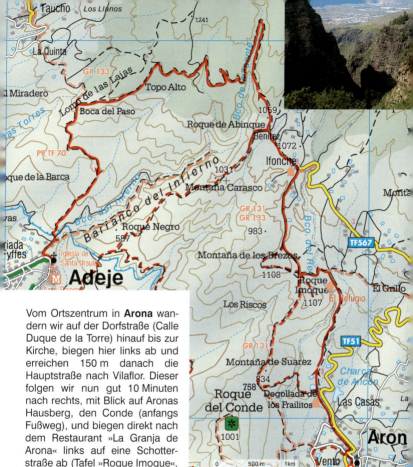

Vom Ortszentrum in **Arona** wandern wir auf der Dorfstraße (Calle Duque de la Torre) hinauf bis zur Kirche, biegen hier links ab und erreichen 150 m danach die Hauptstraße nach Vilaflor. Dieser folgen wir nun gut 10 Minuten nach rechts, mit Blick auf Aronas Hausberg, den Conde (anfangs Fußweg), und biegen direkt nach dem Restaurant »La Granja de Arona« links auf eine Schotterstraße ab (Tafel »Roque Imoque«, Parkplatz; bis hier 20 Min.).

Die Schotterstraße (Tafel »Ifonche«) durchquert sogleich den Barranco del Ancón – unmittelbar danach zweigt vor einem Wasserreservoir rechts der Camino del Topo ab (Tafel, weiß markiert; geradeaus Camino de Suárez). Er steigt gemütlich über den Rücken am Rand des Barranco del Ancón an und passiert knapp eine halbe Stunde ab der Hauptstraße eine verfallene Finca. Hinter dem Gebäude halten wir uns mit der *weißen* Markierung rechts, überqueren die Kanäle und folgen diesen bergauf. Linker Hand baut sich der formschöne Roque Imoque

111

auf. Kurzzeitig geht es zwischen den Wasserkanälen weiter (nicht links zur Piste überwechseln), dann steigt der Pfad rechts haltend im Hang an. Nach 10 Minuten gelangen wir wieder zurück zu den Wasserkanälen – an dieser Stelle sollte man links über die Kanäle gehen und einen Blick in den senkrecht abfallenden Barranco del Rey werfen. Wir steigen weiter entlang der Kanälen auf und passieren knapp 10 Minuten später das gemütliche Bar-Restaurant »El Refugio« (Sa. Ruhetag, Übernachtungsmöglichkeit). Wir verbleiben noch knapp 5 Minuten auf der Piste und biegen dann gleich nach einem Haus links ab. Auf der Rückseite des Hauses steigen wir in direkter Linie auf deutlichem Weg (grün markiert) entlang einer Rohrleitung in den Barranco del Rey hinab. Hier halten wir uns links und steigen dann auf der anderen Talseite, links der Steilwand, hinauf zum benachbarten Bergrücken. Über diesen wandern wir vorbei an einem verfallenen Anwesen zu einem großen, runden Dreschplatz im Sattel zwischen dem **Roque Imoque**, 1107 m (links), und dem **Roque de los Brezos**, 1108 m (rechts, 20 Min., →Tour 35). Vom Sattel, der uns einen großartigen Blick auf Las Américas eröffnet, besteht außerdem eine Rückkehrmöglichkeit auf dem Camino de Suárez nach Arona (→Tour 35).

Hier treffen wir auf den *GR 131* (*weiß-rot*). Er führt hinüber zu einem Gehöft, wo wir auf eine Asphaltstraße stoßen – auf dieser links bergan. Die Straße führt immer geradeaus, kurzzeitig mit schönem Blick auf Adeje, die Küste bei Playa Paraíso und nach La Gomera, zum Bar-Restaurant »El Dornajo« (tägl. ab 13 Uhr, Do. Ruhetag) in **Ifonche**.

Hier verlassen wir wieder den GR 131, der weiter nach Vilaflor führt, und wenden uns an der Straßenkreuzung links der Straße zu und biegen nach 100 m rechts auf einen Fahrweg ab, den wir nach 100 m (Tafel) auf einem schönen Weg oberhalb eines Wasserkanals nach links verlassen. Der deutliche, breite Camino tritt in lichten Kiefernwald ein. Nach 5 Minuten sehen wir vor uns auf einem Bergrücken ein allein stehendes Gehöft, zu dem der Weg, rechts vorbei an Wiesenterrassen, hinüber hält. 200 m vor dem Gehöft kreuzt er einen Fahrweg und gleich darauf einen weiteren – hier lohnt ein kurzer Abstecher zum Infierno-Aussichtsplatz (der Wanderweg setzt sich später geradeaus fort): Also auf dem Fahrweg links zum Gehöft und auf dem Bergrücken weiter hinab zu einem alten Dreschplatz. Vom

Bergrücken gewinnen wir einen schönen Blick in den wilden Barranco del Infierno (wenn auch nicht auf den Wasserfall, →Foto S. 111) und auf die Küste. Übrigens: Rechts unterhalb davon führt ein Camino hinab nach Adeje, eine schöne Variante (2 Std., teilweise etwas verfallen und verwachsen).
Nach dem Abstecher setzen wir unsere Wanderung auf dem markierten Wanderweg fort. Er leitet durch lichten Kiefernwald bergan und verläuft nach einigen Minuten in einer herrlichen Höhenwanderung durch den Hang über dem tief eingeschnittenen Barranco de la Fuente (nun grün-weiß markiert). Nach knapp 20 Minuten erreichen wir eine Wegverzweigung, an der wir uns rechts bergauf halten (links geht es hinab zu einer Quelle und zum Barrancogrund). Einige Minuten später senkt sich der Weg zum Barrancogrund ab und führt links haltend wieder aus diesem heraus. Nach etwa 10 Minuten erreichen wir die Höhe eines Bergrückens, hier scharf rechts weiter durch den Hang. In leichtem Auf und Ab queren wir nun zahlreiche, meist kleine Taleinschnitte. Eine Dreiviertelstunde ab dem Barranco gabelt sich der Weg – hier geradeaus mit dem markierten Weg hinauf (man kann auch gleich links durch den Hang weitergehen) zu einer Wegkreuzung auf dem folgenden waldfreien Bergrücken (**Lomo de las Lajas**).
Geradeaus setzt sich der markierte Weg nach Taucho fort – wir aber wandern links über den flachen, felsigen Rücken, entlang einem kleinen, in den felsigen Untergrund gehauenen Wasserkanal hinab. Nach 20 Minuten erreichen wir einen Felssporn mit fantastischem Tiefblick auf die Südwestküste zwischen Los Cristianos und Los Gigantes (**Boca del Paso**, →Foto unten) – hier zweigt rechts ein Pfad nach Taucho ab, wir halten uns aber links und steigen auf dem breiten Camino ab. Er führt in Serpentinen direkt auf Adeje zu. Nach einer Dreiviertelstunde gelangen wir links haltend auf einen flachen Rücken mit Mandelbäumen, eine halbe Stunde später stoßen wir unterhalb eines Funkmastes auf eine Straße, die uns links hinab nach **Adeje** bringt (in der ersten Linkskurve zweigt links ein Wanderweg in den Barranco del Infierno ab, →Tour 33). Über die steile Ortsstraße, an der ersten Kreuzung links haltend, erreichen wir nach 5 Minuten das Ortszentrum (Bushaltestelle 50 m unterhalb der Kirche).

35 Roque de los Brezos, 1108 m

3.45Std.

Genussreiche Runde um den Roque Imoque

Diese überwiegend gemütliche Wanderung hat alles zu bieten, was das Wanderherz sich wünscht: einen schönen, aussichtsreichen Aufstiegsweg, eine aufgegebene Finca mit kunstvoll angelegten Terrassenfeldern, einen großartigen Panoramagipfel – und eine einladende Einkehr im Restaurant El Refugio.

Ausgangspunkt: Zentrum von Arona, 630 m, bzw. Bushaltestelle am oberen Ortsende an der Hauptstraße Richtung Vilaflor (Haltestelle der Buslinien 112, 342, 477, 480, 482). Oder Parkplatz beim Restaurant »La Granja de Arona«.
Höhenunterschied: 650 m.
Anforderungen: Überwiegend leichte Rundtour auf alten Caminos.
Einkehr: El Refugio (Sa. Ruhetag) sowie Bar-Restaurants in Arona und Ifonche (kurzer Abstecher vom Wanderweg).
Variante: Man kann die Wanderung auch in Vento beginnen (→Tour 36) und mit dem GR 131 zur Degollada de los Frailitos wandern.
Kombinationsmöglichkeit: Tour 34.

Vom Ortszentrum in **Arona** folgen wir Tour 34 vorbei am Restaurant »La Granja de Arona« bis zum Barranco del Ancón. Hier ignorieren wir den rechts abzweigenden Camino del Topo (unser Rückweg) und gehen geradeaus (rechts) weiter auf dem Camino Suárez (*weiß-grün*). Der Fahrweg geht kurz darauf in einen Weg über, der vorbei an der Casa El Ancón (alter Steinbackofen) in den wildromantischen Barranco del Rey hinabführt. Im Barrancogrund halten wir uns rechts und steigen nach 30 m zum nächsten Bergrücken an. Der Weg verläuft nun links durch den Hang über dem tief eingeschnittenen Barranco und mündet nach 3 Minuten in den *GR 131* (*weiß-rot*). Mit diesem rechts durch einen kleinen Taleinschnitt hinauf zur **Degollada de los Frailitos**, 758 m (¼ Std.) – von dem Sattel neben dem Conde genießen wir einen herrlichen Blick zur Südwestküste.

Der Roque de los Brezos ist ein großartiger Aussichtsberg – Gipfelblick zur Küste.

Der *GR 131* steigt rechts über den Rücken weiter an, nach wenigen Minuten durch eine eigentümliche, karstartige Felslandschaft. Nach gut 20 Minuten erreichen wir einen Sattel mit einem Dreschplatz und der **Casa de Suárez**, 811 m, die von Terrassenfeldern umgeben ist – ein wunderschöner Platz für eine Rast. Eine knappe halbe Stunde später gelangen wir in einen **Sattel**, 983 m, mit einem großen Dreschplatz. Schwindelfreie Bergwanderer können rechts zum Roque Imoque, 1107 m, aufsteigen (gut ¼ Std., am Gipfelblock Kletterei). Wir aber entscheiden uns links für den **Roque de los Brezos**, 1108 m – der Aufstieg dauert 20 Minuten, der deutliche Pfad ist mit *grünen Punkten* und Steinmännchen markiert. Vom Gipfel genießen wir ein großartiges 360-Grad-Panorama. Sehr lohnend, allerdings auch deutlich anspruchsvoller, ist ein Abstecher auf den vorgelagerten »Antennengipfel«, der uns die Südwestküste vollständig zu Füßen legt (¼ Std. hin/zurück).

Nach verdienter Rast kehren wir wieder zurück zum Sattel und gehen von dort auf deutlichem Weg durch eine Erosionsrinne hinüber zu einer verlassenen Finca. Der grün markierte Weg führt nun links haltend hinab in den Barranco del Rey und führt auf der Gegenseite hinauf zum nächsten Bergrücken, auf dem wir auf eine Piste stoßen. Dieser folgen wir nach rechts, nach wenigen Minuten vorbei am Bar-Restaurant »**El Refugio**« – danach geht die Piste in einen ausgewaschenen Weg über (Camino del Topo), der parallel zu Wasserrohren und -kanälen immer über den Rücken hinabführt. Nach gut 20 Minuten passieren wir eine verfallene Finca (20 m unterhalb links auf Pfad), gut 20 Minuten später treffen wir nach einer Staumauer auf die Piste vom Hinweg, über die wir links nach **Arona** zurückkehren.

36 Conde, 1001 m

Auf das Wahrzeichen des Südens

Der Conde, die markanteste Berggestalt des Inselsüdens, ist ohne Zweifel einer der schönsten Aussichtsgipfel Teneriffas. Von seinem Hochplateau genießen wir nicht nur einen prachtvollen Blick auf die Südwestküste zwischen dem Flughafen Reina Sofía, Los Cristianos und Los Gigantes, sondern auch auf die südwestliche Caldera-Umrahmung und auf den Teide.

Talort: Arona, 630 m (Haltestelle der Buslinien 112, 342, 477, 480, 482).
Ausgangspunkt: Vento, 650 m. Vom Ortszentrum Aronas die Dorfstraße (Calle Duque de la Torre) hinauf zur Kirche, hier links ab zur Hauptstraße Los Cristianos – Vilaflor. Schräg links gegenüber zweigt die Calle Mazape nach Vento ab (Bushaltestelle; zu Fuß ¼ Std. bis Haus Nr. 78 in der Calle Vento). Pkw-Zufahrt vom oberen Ortsrand Aronas ausgeschildert.

Höhenunterschied: 500 m.
Anforderungen: Leichte bis mittelschwere Wanderung auf Caminos, teilweise auch auf steilem Pfad, bei schlechter Sicht evtl. Orientierungsprobleme.
Einkehr: In Arona Bars und Restaurants.

Von der Dorfstraße (Calle Vento) in **Vento** zweigt beim Haus Nr. 78 in westlicher Richtung ein Weg ab (Tafel). Nach 30 m halten wir uns rechts hinab (*weiß-rot-grün* markiert) und durchqueren den Barranco de las Casas und anschließend den kleinen Barranco del Ancón. Danach gabelt sich der Wanderweg – der weiß-rot markierte GR 131 wendet sich nach rechts, wir verbleiben links auf dem weiß-grün markierten Weg. Er hält an einem Wasserkanal entlang leicht bergab und steigt dann rechts in eine dritte, deutlich tiefere Schlucht hinab, den Barranco del Rey – ein wunderschöner, typischer Barranco des Südens (wandert man im Barrancobett ein paar Schritte hinab, so kommt man an einen beachtlichen Katarakt). Nach einer Gehzeit von insgesamt 20 Minuten ist auch

Der Conde, gesehen vom Hafen in Los Cristianos..

diese Schlucht überwunden. Auf der anderen Seite gabelt sich der Weg – hier links weiter auf dem deutlichen Pfad, der noch kurz weiter bergan leitet und dann links am Barrancorand entlang verläuft. Schon nach wenigen Minuten führt der Weg rechts an einem verfallenen, allein stehenden Haus vorbei. Hinter dem Haus hält der Camino weiter bergan. Er passiert kurz nacheinander zwei alte Dreschplätze und zieht zwischen verwilderten Terrassenfeldern empor. Am oberen Ende der Hangterrassen geht er dann in einen Pfad über und erreicht eine knappe halbe Stunde nach dem Haus die Kammhöhe eines vom Conde herabziehenden Höhenrückens (Centinela, 776 m). Bereits jetzt ergibt sich ein grandioser Tiefblick auf die Feriensiedlungen Playa de las Américas und Los Cristianos. Wir queren nun den vor uns liegenden Hang zum nächsten (westlichen) Bergrücken hinüber. Der Pfad ist nach wie vor recht gut markiert (Steinmännchen, *grüne Punkte*) – er steigt an dem Bergrücken an und erreicht nach einer guten Viertelstunde ein Felsband unterhalb einer kleinen Wand. Auf diesem gehen wir links weiter und steigen links haltend, teils über Felsen, auf dem Camino an. Nach einer Viertelstunde gelangen wir auf das weite, geneigte Gipfelplateau des **Conde** (Einstieg für den Abstieg merken!). Überrascht stellen wir fest, dass hier oben vor langer Zeit einmal Terrassenfelder angelegt wurden, die mittlerweile von Wiesen überzogen sind. Nun sind es nur mehr 5 Minuten bis zum höchsten Punkt (Vermessungssäule) – im Umfeld finden wir schöne Rastplätzchen.

37 Von Los Cristianos nach Las Galletas

4.00 Std.

Herrliche Küstenwanderung zur Südspitze Teneriffas

Wer meint, der Süden Teneriffas sei nur eine öde Geröllwüste, der wird auf dieser Wanderung eines Besseren belehrt: Nur einen Katzensprung abseits des Trubels von Los Cristianos erwarten den Wanderer wunderschöne, streckenweise absolut einsame und unberührte Küstenlandschaften mit Wolfsmilchgewächsen und Kakteen, Lavaklippen und Vulkankegeln, Gezeitentümpeln und teils sandigen Buchten, die bei ruhiger See zu einem Bad einladen. Bei hoher Brandung sollten Sie sich allerdings bis zur Ankunft in Las Galletas gedulden – in dem noch vergleichsweise ruhigen und ursprünglichen Touristenort lädt der Strand am Hafen zu einem gefahrlosen Bad im Meer ein.
Wanderer, denen der Weg bis nach Las Galletas zu lange ist, können die Tour auch in Palm-Mar abbrechen oder sich mit einer Besteigung des Hausbergs von Los Cristianos, dem Guaza, begnügen (→Variante).

118

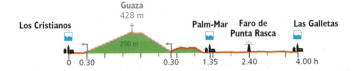

Ausgangspunkt: Hafen (Puerto) von Los Cristianos, 5 m (Haltestelle zahlreicher Buslinien). Oder südöstlicher Ortsrand am Strandende (Avenida de la Penetración, gute Parkmöglichkeit).
Endpunkt: Las Galletas, 5 m (Haltestelle der Buslinien 112, 115, 467, 470, 484).
Höhenunterschied: Gut 200 m.
Anforderungen: Leichte Küstenwanderung, allerdings ist der Pfad nach Palm-Mar ist etwas steil und schlüpfrig.
Einkehr: Bar-Restaurants in Los Cristianos, Palm-Mar und Las Galletas.
Variante: Abstecher auf die Montaña de Guaza, 428 m: An der Gabelung nach ½ Std. (s.u.) links auf dem Hauptweg bergan. Nach ¼ Std. an der Kammhöhe geradeaus weiter, dann am Rand der terrassierten Hochfläche und anschließend auf der Piste hinauf zum Gipfel (Funk- und Hochspannungsmasten; 1¼ Std. ab Gabelung; wer einen Pfad bevorzugt, kann die Piste nach 30 m links verlassen und direkt über den Kamm zum Gipfel aufsteigen). Von hier sind es gut 10 Min. zu einem Nebengipfel (Funkmasten) mit Blick auf Los Cristianos.
Hinweis: Badesachen nicht vergessen!

Vom Hafen in **Los Cristianos** folgen wir der Strandpromenade in östlicher Richtung. Nach einer guten Viertelstunde passieren wir ein Hochhaus (Costa Mar). Ein breiter Schotterweg setzt sich fort, der sich nach 5 Minuten am Strandende nach den letzten Häusern gabelt. Wir biegen halb links auf den breiten Camino ab, der gemütlich, in einer weiten Schleife, ansteigt. 50 m nach der Rechtsschleife gabelt sich der Weg: Der Hauptweg führt links zur Montaña de Guaza hinauf (→Variante), wir aber verbleiben auf dem geraden Küstenweg, der nun beherzter ansteigt (auf Markierung achten). Er erreicht nach einigen Minuten ein Hochplateau und verläuft nun etwa höhehaltend etwas abseits der Küste durch eine karge, aber dennoch malerische, von Wolfsmilchgewächsen und später von Kakteen dominierte Landschaft. Nach

Rückblick vom Wanderweg nach Los Cristianos.

20 Minuten taucht vor uns Palm-Mar auf, das erste Etappenziel. Der markierte Weg senkt sich nun hinab und gabelt sich nach 50 m – hier rechts an einem kleinen Taleinschnitt, später rechts durch den Steilhang abwärts zur Strandpromande an der steinigen Playa de La Arenita.

Am Ende der Promenade von **Palm-Mar** treffen wir auf eine Straße und wenden uns sofort rechts dem Küstenweg zu, der fast eben direkt an der Küste entlang führt. Er geht nach 20 Minuten vor einem steinigen Strand (El Calladito) in einen schönen Pfad über und tritt später in den Naturpark »Malpaís de la Rasca« ein – eine zauberhafte, kaum berührte Küstenebene am Fuß eines Vulkankegels. In der Folge ignorieren wir einen links abzweigenden Fahrweg und verbleiben auf dem Küstenpfad. Vorbei an einem kleinen Sandstreifen erreichen wir schließlich den **Faro de Punta Rasca**, der etwa die Südspitze Teneriffas markiert.

Eine Viertelstunde nach dem Leuchtturm verlassen wir den Naturpark und gelangen neben einer riesigen Bananenplantage auf eine palmengesäumte Piste. Nach einer Viertelstunde – wir haben Las Galletas bereits vor Augen – endet die Plantagenpiste. Rechts von einer Mauer setzt sich ein schöner, meist von Steinreihen eingefasster Wanderweg fort. Er verläuft immer direkt entlang der Küste und passiert dabei ein paar kleine, hübsche Sandstreifen. Nach einer halben Stunde treffen wir bei einem Rot-Kreuz-Gebäude auf die Hauptstraße TF-66, die uns rechts entlang dem sandig-kiesigen Strand zum Hafen von **Las Galletas** bringt. Die Bushaltestelle befindet sich 30 m links der Verkehrsinsel (Richtung Los Cristianos links Bus 473).

Kurz vor Las Galletas passiert der Weg ein paar hübsche Sandstreifen.

2.00 Std.

Von Costa del Silencio nach Los Abrigos 38

Gemütliche Küstenpromenade mit zahlreichen Bademöglichkeiten

Der Auftakt an der Montaña Amarilla ist auch schon der spektakulärste Abschnitt dieser Wanderung, die danach außer schönen Küstenabschnitten und einigen (teilweise auch einsamen) Bademöglichkeiten nur mehr wenige Höhepunkte zu bieten hat. Der zweite Abschnitt der Küstenwanderung verläuft entlang von Feriensiedlungen und Golfplätzen – dafür wartet hier mit der Mondlandschaft von San Blas ein einzigartiges Naturjuwel auf unseren Besuch (→Tipps).

Ausgangspunkt: Östlicher Ortsrand der Feriensiedlung Costa del Silencio, 10 m (Las Galletas), am Fuß der Montaña Amarilla (Haltestelle der Buslinien 115, 467, 470, 484). Zufahrt: Von der Autobahnausfahrt San Miguel in Richtung Las Galletas fahren, dann in Guargacho links abbiegen nach Costa del Silencio.
Endpunkt: Los Abrigos, 5 m (Haltestelle der Buslinien 470, 483).
Höhenunterschied: Knapp 200 m.
Anforderungen: Leichte Küstenwanderung auf bequemen Pfaden und Promenaden – nur die Auftaktetappe am Fuß der Montaña Amarilla ist etwas anspruchsvoller (kann aber über den Bergrücken umgangen werden).
Einkehr: Bar-Restaurants in Costa del Silencio, Golf del Sur/Guincho und Los Abrigos (gute Fischlokale!).
Tipps: Am Sporthafen San Miguel Marina kann man mit einem U-Boot auf Unterwassersafari gehen, Tel. 922 736 629, www.submarinesafaris.com.
In unmittelbarer Nähe des Küstenweges befindet sich die großartige Mondlandschaft von San Blas. Leider ist sie nicht frei zugänglich, Anmeldung unter Tel. 902 108 926 bzw. E-Mail reservas@st-

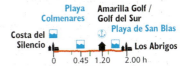

kaunas.com. Weitere Auskünfte: Hotel San Blas bzw. San Blas Reserva Ambiental, www.aqasanblas.com (von der Playa de San Blas rechts die Straße hinauf zum Verkehrkreisel auf der Rückseite des Komplexes – hier die Hotel-Rezeption mit den Ausstellungsräumen und gegenüber der Eingang zur Mondlandschaft).

Am östlichen Ortsbeginn von **Costa del Silencio** zweigt von der Hauptstraße (Calle Olimpia) die Calle Chasna ab, an deren Ende sich das Apartmenthaus Chasna C befindet. Hier starten wir die Wanderung und gehen die Piste hinab zum Fuß der Montaña Amarilla am Meer (hier gute Parkmöglich-

Der Küstenweg entlang der Montaña Amarilla ist der Höhepunkt der Wanderung.

keit). Nun gibt es zwei Möglichkeiten: Wer will, kann zur **Montaña Amarilla** aufsteigen und oben dem Wanderweg nach rechts folgen, anschließend rechts hinüber zum Küstenweg. Sofern es die Brandung und die Gezeiten erlauben (Achtung!), ist es aber wesentlich schöner, direkt am Meer am Fuß der herrlich ausgeformten und in verschiedenen, vor allem beigen Farbtönen schimmernden Tuffsteinwände entlangzuwandern. Nach 100 m überwinden wir einen mächtigen, glattgeschliffenen Felswulst mit unzähligen Gravuren, nach etwa 5 Minuten endet leider schon dieser schönste Abschnitt der Wanderung: am Ende der Montaña Amarilla (FKK-Badeplatz) steigen wir über Felsen hinauf zur Küstenhochfläche. Über diese wandern wir nun auf schönem, bequemem Wanderweg immer an der Küste entlang.

Zunächst dominieren salzliebende Pflanzen, später wird die Vegetation üppiger mit Wolfsmilchgewächsen und Kakteen. An den Küstenfelsen laden immer wieder kleine Badeplätzchen und windgeschützte Felsnischen zu einem Stopp ein. Nach einer guten halben Stunde erreichen wir den etwa 300 m langen Kiesstrand der **Playa Colmenares**. Hier treffen wir auf eine Piste, die sich nach dem ersten Strandabschnitt gabelt. Wer eine kurze Rundtour bevorzugt und nicht weiter nach Los Abrigos will, biegt hier links auf den Fahrweg ab (siehe unten).

Kurz danach lassen wir die Piste links liegen und gehen am Strand entlang weiter, vorbei an einer Lagune. Anschließend treffen wir am Rand eines Golfplatzes (Vorsicht!) in der Feriensiedlung **Amarillo Golf** auf einen Weg, dem wir weiter an der Küste entlang folgen. Gut 20 Minuten später passieren wir den Sporthafen **San Miguel Marina** (u.a. U-Boot-Safari, →Tipps). Anschließend treffen wir auf die Küstenpromenade der Feriensiedlung **Golf del Sur**, an der hin und wieder kleine Kiesstrände zu einem Bad im Meer einladen. Nach 20 Minuten erreichen wir die **Playa de San Blas** (zum Hotel rechts hin-

ter dem Strand gehört eine fantastische Mondlandschaft, →Tipps), 10 Minuten später passieren wir mit der Playa Grande einen letzten hübschen Kiesstrand, dann ist **Los Abrigos** erreicht – zum Hafen mit seinen viel gerühmten Fischrestaurants gelangt man, wenn man sich an den Straßen rechts hält, die Bushaltestelle befindet sich links an der Hauptkreuzung vor dem Hafen.
Von der Playa Colmenares zurück nach Costa del Silencio: Man biegt am Ostende des Strandes auf den Fahrweg ab, der ins Inselinnere führt (siehe oben). Er knickt nach 5 Minuten nach rechts, gleich darauf zweigt links ein Fahrweg ab, der nach 20 Minuten an der **Montaña de Malpasito** vorbeiführt (100 m vom Fahrweg am Bergfuß ein farbenprächtiger Steinbruch mit einem Vulkanschlot; schön ist auch ein fast wegloser Abstecher auf den Gipfel, 110 m, ¼ Std.). 2 Minuten später zweigt halb links ein Fahrweg ab, der direkt auf die **Montaña Amarilla** zuführt. Wir folgen immer dem geraden Hauptweg, bis wir am Ostfuß der Montaña Amarilla hinter einer Schranke/Mauer auf einen Wanderweg treffen (¼ Std.). Dieser führt rechts nach **Costa del Silencio**, man kann auch nach 2 Minuten links zum Kraterrand aufsteigen und auf der anderen Seite zum Ort absteigen.

39 Von El Médano auf die Montaña Roja

2.15 Std.

Dünenstrände, großartige Felsküsten und ein Parade-Aussichtsberg

El Médano ist nicht nur ein Paradies für Surfer, sondern auch für Liebhaber von langen Sandstränden, die auf Teneriffa ansonsten eher Mangelware sind. Auch für Wanderer hält der sonnenverwöhnte Ort einige landschaftliche Höhepunkte bereit – so die fantastischen Felsformationen der Toscakruste und natürlich die Montaña Roja, die den Flugreisenden in Teneriffas Süden begrüßt. Der Vulkangipfel fällt fast senkrecht zum Meer ab und bietet einen großartigen Ausblick auf den Inselsüden und auf die direkt unterhalb gelegene Playa de la Tejita, die einen Badeabstecher lohnt.

Ausgangspunkt: Bushaltestelle an der Plaza/Hafen im Zentrum von El Médano (Avenida José Miguel Galván Bello; Haltestelle der Buslinien 116, 470, 483).
Höhenunterschied: 200 m.
Anforderungen: Leichte Wanderung – bei Sturm auf den Gipfel verzichten.
Einkehr: Bar-Restaurants in El Médano.
Variante: Montaña Pelada (insg. 2 Std.; großartige Felsformationen): Von der Bushaltestelle in El Médano folgt man der Straße in östlicher Richtung und anschließend der Küstenstraße bzw. der Promenade entlang der Playa de la Jaquita. Nach dem Strand zweigt rechts eine Straße ab, die sogleich links an der Küste entlangführt (nun Piste). Sie mündet bei einer Urbanisation in eine Küstenpromenade, die nach der Siedlung wieder in eine Piste übergeht und einige Minuten später in einen Pfad, der zu einer hübschen kleinen Playa hinabführt (Ensenada de la Pelada). Auf der Rückseite des Strandes steigt der Pfad landeinwärts zu einem felsigen Rücken an und leitet über diesen zum Gipfel der Montaña Pelada hinauf.

Die Montaña Roja – ein lohnender Abstecher führt zur Playa de la Tejita.

Von der Bushaltestelle an der Plaza von **El Médano** wenden wir uns der Fußgängerzone zu, die in westlicher Richtung in wenigen Minuten zur eigentlichen Plaza am Beginn des Sandstrandes führt. Wir folgen dem schönen, anfangs von Sandsteinformationen, nach dem Ort dann von Dünen gesäumten Strand, der sich bis zur Montaña Roja hin erstreckt. Nach gut 10 Minuten überschreiten wir einen felsigen Rücken, 5 Minuten später passieren wir eine Lagune. Danach endet der Sandstrand. Wir gehen nun nach einem niedrigen Gebäude rechts den breiten, von Holzpflöcken eingefassten Wanderweg hinauf (Tafel »Montaña Roja«). Nach 3 Minuten eine Kreuzung: rechts kann man einen Abstecher zur Playa de la Tejita machen (20 Min. einfach), geradeaus geht es weiter hinauf zur Vermessungssäule am höchsten Punkt der **Montaña Roja** (20 Min.).

Nach der Gipfelrast gehen wir gut 10 Minuten auf dem Aufstiegweg zurück, bis rechts ein deutlicher Pfad abzweigt. Er ist etwas unangenehm geröllig und trifft nach 5 Minuten auf einen breiten, von Steinen eingefassten Querweg. Hier lohnt rechts ein 5-minütiger Abstecher über herrliche, vom Wind gepresste Sandsteinformationen zur Landspitze an der Montaña Roja (schöne Rastplätzchen), bevor wir dem Weg nach links folgen. Nach knapp 5 Minuten zweigt rechts ein Weg auf die Kuppe des **Bocinegro** ab (Vermessungssäule am höchsten Punkt), über den wir zur Küste hinabwandern. An dieser entlang zurück nach **El Médano**.

Das Anaga-Gebirge

Schroffe Berggestalten und ein immergrüner Nebelurwald

Das stark zerklüftete Anaga-Massiv im Nordosten ist der geologisch älteste Teil der Insel. Wildromantische Steilküsten, scharfe Grate und tief eingeschnittene Schluchten prägen den Gebirgszug, der am Hauptkamm eine Höhe von etwa 1000 m erreicht. Während die Südseite eher karg und abweisend ist, erstreckt sich auf der Nordseite von den mittleren bis in die Kammlagen ein dichter Nebelurwald – regelmäßig stauen sich hier die vom Atlantik heranziehenden Passatwolken, die sich erst jenseits des Kammes wieder auflösen. Die Anaga-Höhenstraße erschließt den Hauptkamm, Stichstraßen führen hinab zu lieblichen Tälern und idyllischen Dörfern – ein Paradies für Wanderer und Naturfreunde, die im Mercedes-Wald und in den Wäldern des

Cruz del Carmen – Blick über die westlichen Ausläufer des Anaga-Gebirges zum Teide.

Anaga-Gebirges eine selten gewordene Flora mit bis zu mannshohen Farnen und zahllosen endemischen Pflanzen vorfinden. Die meisten Dörfer und Weiler sind zudem durch alte, teilweise gepflasterte und mittlerweile auch recht gut markierte Caminos miteinander verbunden.

An den Küsten der Anaga-Halbinsel finden sich kaum touristische Siedlungen. Alleine die Orte Bajamar und Punta del Hidalgo weisen eine touristische Infrastruktur auf – beide Orte besitzen Meeresschwimmbecken. Dafür wurde an der Südküste bei San Andrés eine der schönsten Strandzonen der Insel geschaffen, die Playa de las Teresitas.

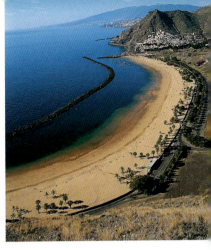

Playa de las Teresitas.

Ausgangspunkte für Wanderungen – Besucherbeschränkungen

Anaga-Höhenstraße

Die Anaga-Höhenstraße, die von La Laguna nach Chamorga führt, zählt zu den landschaftlich schönsten und aussichtsreichsten Straßen der Insel. Von der schmalen, kurvenreichen Straße zweigen Stichstraßen zu sehenswerten, früher nur über Maultierpfade erreichbaren Bergdörfern ab. Als Ausgangspunkte für Wanderungen bieten sich folgende Orte an: Cruz del Carmen, 950 m, Aussichtsplatz mit Kapelle, Centro de Visitantes del Parque Rural de Anaga und Bar-Restaurant (Wanderwege u.a. nach Las Mercedes, Chinamada, Batán und Punta del Hidalgo); Pico del Inglés, 960 m, Aussichtsplatz auf vorgelagerter Felsenkanzel (Wanderweg nach Santa Cruz); Bar-Restaurant Casa Carlos, 935 m, nach dem Abzweig der Straße nach Las Carboneras (Wanderwege nach Taborno und Afur); Casas de la Cumbre, 800 m, lang gezogener Weiler an der Höhenstraße (Wanderwege nach Santa Cruz und nach Afur); Casa Forestal de Anaga, 832 m, Forsthaus zwischen den Casas de la Cumbre und El Bailadero (Wanderwege nach Taganana, Afur und nach Valle Brosque); El Bailadero, 684 m, Aussichtsplatz mit Herberge und Bar-Restaurant (Wanderwege nach Taganana, Almáciga und nach Chamorga); Chamorga, 480 m, schön gelegener Ort am Ende der Anaga-Höhenstraße.

Besucherbeschränkungen

Für manche Wanderwege im Anaga-Gebirge (Touren 53 und 56) ist aus Naturschutzgründen offiziell ein Permit erforderlich (vor Ort wird allerdings bisher nicht darauf hingewiesen und auch nicht kontrolliert). Es muss bei der Umweltbehörde beantragt werden: Área de Medio Ambiente y Paisaje, Pabellón Insular Santiago Martín, Los Majuelos C./Las Macetas, s/n, 38108 La Laguna, Tel. 922 23 90 90, Fax 922 23 91 74 (rundes Gebäude an der Autobahn-Ausfahrt 5D »Los Majuelos«).

40 Von Bajamar nach Tegueste

4.40 Std.

Einsame, beschauliche Wanderung durch das westliche Anaga-Gebirge

Diese gemütliche Wanderung durch das westliche Anaga-Gebirge bietet zwar keine spektakulären Höhepunkte, besticht aber dafür durch schöne, ruhige Wege und Landschaften. Ambitionierte Bergwanderer, denen die Tour vielleicht zu beschaulich sein mag, sollten unbedingt Abstecher zum Pico de Izoque und auf die Mesa de Tejina einplanen!

Ausgangspunkt: Bajamar, 20 m, Ortszentrum bei der Post (Correos) an der Hauptstraße (Haltestelle der Buslinie 105).
Oder (besser und 20 Min. kürzer) Verkehrskreisel am Ortsbeginn von Bajamar (500 m vor der Caja Canarias).
Endpunkt: Tegueste, 399 m (Haltestelle der Buslinien 050–052, 058, 105).
Höhenunterschied: Gut 800 m im Aufstieg und 400 m im Abstieg (Mesa de Tejina zusätzlich 230 m).
Anforderungen: Überwiegend leichte Wanderung, die Trittsicherheit erfordert. Der Aufstiegsweg zum Moquinal ist stark der Sonne ausgesetzt.
Einkehr: Bar-Restaurants in Bajamar und in Tegueste.
Variante: Von der Degollada de Mesa de Tejina auf die Mesa de Tejina (1½ Std. hin und zurück, teilweise undeutlicher Pfad und leichte Kletterstellen): Vom Sattel in westlicher Richtung auf deutlichem Pfad in einem Linksbogen oberhalb des Hauses vorbei und über den Rücken hinauf. Direkt hinter dem Eukalyptusbaum (etwas rechts der Kammhöhe) über Felsen auf undeutlichem Pfad (auf Trittspuren und -stufen achten) über den Rücken hinauf zum höchsten Punkt, 622 m. Von dort etwas links haltend ein paar Meter über Felsen hinab und rechts immer direkt über den Grat (leichte Kraxelei) oder rechts unterhalb des Kammes (teilweise etwas verwachsen) weiter zur Hochfläche des Tafelberges, von der man einen herrlichen Blick auf Tegueste, Tejina, Bajamar und Punta del Hidalgo genießt. Am linken Ende der Hochfläche kann man mitunter Kletterer beobachten.

An der Bushaltestelle im Ortszentrum von **Bajamar** (bei der Post/Correos) beginnt der *weiß-gelb* markierte Wanderweg *PR TF 12* nach Cruz del Carmen (Tafel). Er folgt 30 m der Hauptstraße in Richtung Punta del Hidalgo und biegt vor der Barracobrücke rechts ab auf die steil ansteigende Straße Camino Isogue. Nach gut 5 Minuten zweigt der Wanderweg rechts ab auf eine Straße, die sogleich in einen Wanderweg übergeht, der etwa höhehaltend durch Terrassen und Plantagen verläuft. Nach gut 10 Minuten mündet der Fahrweg vor dem Barranco de la Goleta in eine quer führende Straße, die rechts vom Verkehrskreisel der 150 m entfernten Hauptstraße heraufkommt (→Ausgangspunkt). Dieser folgen wir links bergan. Nach 3 Minuten zweigt rechts ein Pfad ab (große Tafel »Al Sendero«), auf dem man das folgende Anwesen mit »gefährlichen« Hunden umgeht. Wenige Minuten später führt der Fahrweg an einem Steinbruch vorbei und geht anschließend in einen Camino über. 50 m danach gabelt sich der Weg – hier links aufwärts auf dem

markierten Camino, der rechts haltend ansteigt und nach wenigen Minuten einen Wasserkanal überquert. Er führt überwiegend gemütlich durch den kargen, stark der Sonne ausgesetzten Hang über dem Barranco de la Goleta taleinwärts und kommt bald an einer allein stehenden Palme (Rastplatz) vorbei. Eine knappe halbe Stunde ab dem Wasserkanal gabelt sich der Weg oberhalb einer verfallenen Finca: Halb rechts führt ein Weg durch den Barranco und auf der anderen Talseite rechts durch den Hang weiter zum Mesa-de-Tejina-Sattel (1¼ Std.) – wir aber folgen dem Weg, der halb links sanft ansteigt. Er kommt nach einer Viertelstunde oberhalb eines mächtigen, allein stehenden Eukalyptusbaumes (Steinbank) vorbei und steigt vor der kleinen Talfurche steiler an. Nach knapp 10 Minuten wechselt der nun etwas felsige, mitunter etwas verwachsene Weg auf die rechte Talseite, bald darauf kehrt er wieder auf die linke Talseite zurück. 10 Minuten später verflacht sich

Aufstieg zum Moquinal – Blick über den Barranco de la Goleta zum Teide.

der Weg spürbar und verläuft entlang einer Terrassenmauer. Anschließend steigt der Weg wieder diagonal durch den Hang über ein beiges Felsband an. Nach einigen Minuten knickt er nach links und gabelt sich kurz darauf – hier links und an der folgenden Gabelung 50 m vor einer in den Fels hineingebauten Finca scharf rechts auf dem breiten Forstweg in 15 Minuten hinauf zur *Moquinal-Piste* (Schranke).

Bevor Sie auf dieser rechts weiterwandern, sollten Sie links (geradeaus) auf den Rücken hinausgehen, von dem sich ein schöner Blick über Bejía nach Chinamada ergibt. Folgt man dem Fahrweg links unter dem Funkmast vorbei (nach 150 m links zum Felsrücken), so öffnet sich der Blick über die Mesa de Tejina hinweg zum Teide (geradeaus weiter auf dem Fahrweg gelangt man zu einer Finca, von der rechts ein Weg zum Pico de Izoque, 602 m, weiterführt; ½ Std., grandioser Tiefblick auf Bajamar).

Wir folgen nun der *Moquinal-Piste* nach rechts, vorbei am **Moquinal**, 795 m. Nach einer Viertelstunde zweigt rechts durch eine Schranke ein Forstweg mit dem Wanderweg *PR TF 12.1* ab (geradeaus bietet sich ein Abstecher zur Casa Fuset/»Doktorhaus« an: nach 5 Min. an Gabelung links dem Forstweg folgen, nach weiteren 5 Min. am Ende des Forstweges auf dem Camino hinab zur Hausruine – bei der runden Terrasse geradeaus Weg nach El Peladero, rechts nach Batán). Der rechte Forstweg (*PR TF 12.1*) verläuft etwa höhehaltend durch schönen schattigen Lorbeer- und Baumheidewald. Nach etwa 45 Minuten erreichen wir den Forst von **La Orilla**, in dem sich die Forststraße sogleich gabelt. PR TF 12.1 wendet sich hier nach links (wer den kürzesten Weg bevorzugt, wählt diesen Weg, der nach wenigen Minuten steil nach Tegueste hinabführt; knapp 1 Std. zur Plaza). Wir aber gehen rechts am Rand des Kiefernwaldes weiter, nach 50 m vorbei am Monumento Germinal. An der Gabelung nach 5 Minuten gehen wir geradeaus. 5 Minuten später gabelt sich die Forststraße in einem Taleinschnitt. Hier zweigen wir rechts auf den Forstweg ab, der im Taleinschnitt hinabführt und sich bald links leicht ansteigend dem Kiefernwald zuwendet. Kurz darauf geht er in einen schönen Weg über, der zu einem großen Dreschplatz in der **Degollada de Mesa de Tejina**, 526 m, hinabführt (20 Min.).

An der Wegekreuzung vor dem Dreschplatz müssen wir uns entscheiden: Rechts kann man nach Bajamar zurückkehren (2 Std.) und geradeaus führt ein Pfad hinauf zur Mesa de Tejina (→Variante). Wir aber wandern links auf dem Camino nach Tegueste hinab. Nach 20 Minuten geht der Weg in einen Fahrweg und gleich darauf in eine Straße über, von der nach knapp 10 Minuten am Rand des Barranco de Dios scharf rechts eine Straße und links dane-

Hinter dem Sattel der Degollada de Mesa de Tejina spitzt bereits Tegueste hervor.

ben ein Sträßchen abzweigen, von dem nach 40 m (vor dem Haus) links ein Pfad auf die andere Barrancoseite hinüberführt zur Calle Barranco Magdalena. Nun immer geradeaus (rechts) zur breiten Dorfstraße und nach 150 m links über die Calle Federico Fajardo zur Pfarrkirche von **Tegueste**. Geradeaus, rechts am Rathaus vorbei, bringt uns die Calle Prebendado Pacheco zur 200 m entfernten Hauptstraße mit der Bushaltestelle (Bus 105 nach Bajamar).

Die Pfarrkirche von Tegueste, dahinter die Mesa de Tejina.

41 Von Punta del Hidalgo nach Batán de Abajo

5.00 Std.

Parade-Rundwanderung für nervenstarke Wanderer

Kaum eine Rundwanderung auf der Insel hat Vergleichbares zu bieten: die wilden Schluchten, die kunstvoll in den Fels hineingeschlagenen Wasserkanäle, das beschauliche Hochtal von Bejía, der abgeschiedene Ort Batán de Abajo und nicht zuletzt der schwindelerregende Felsensteig in den Barranco del Río – ein einmaliges Erlebnis für Abenteuerlustige!

Ausgangspunkt: Kirche an der Hauptstraße im Ortszentrum von Punta del Hidalgo, 70 m (Haltestelle der Buslinie 105).
Höhenunterschied: 650 m.
Anforderungen: Anstrengende, gefährliche Tour, die beim Abstieg von Batán absolute Trittsicherheit und Schwindelfreiheit voraussetzt (Felsensteig). Sowohl im Aufstieg als auch im Abstieg verläuft die Wanderung längere Zeit in einem Wasserkanal (nach Regenfällen führt der Kanal im Barranco del Río Wasser und ist dann nicht begehbar!). Wegen der Felsvorsprünge im Kanal wird ein möglichst kleiner Rucksack empfohlen, außerdem evtl. Taschenlampe (ca. 100 m Tunnel).
Einkehr: Bar-Restaurants in Punta del Hidalgo und in Batán de Abajo.
Kombinationsmöglichkeit: Tour 43.
Wichtiger Hinweis: Die Tour sollte nur bei sicherem Wetter und keinesfalls nach ergiebigeren Regenfällen unternommen werden.

Wir gehen von der Kirche in **Punta del Hidalgo** ein paar Schritte an der Hauptstraße weiter und biegen dann rechts in die steile Dorfstraße *Camino*

132

El Callejón ab (*PR TF 11, weiß-gelb*). Wir folgen der Straße immer geradeaus bergan (nach 5 Min. links-

rechts) und lassen nach einer Viertelstunde die letzten Häuser des Ortes hinter uns. Im Rückblick genießen wir nun eine herrliche Aussicht auf Punta del Hidalgo, links unter uns sehen wir den Barranco Seco. Eine Viertelstunde später, bei den letzten Terrassenfeldern, geht die Straße an einer Schranke in einen Schotterweg über. Kurz darauf wendet sich der Weg leicht bergab und geht in einen Pfad über. Schräg gegenüber sehen wir bereits den Wasserkanal, der den weiteren Wanderweg vorgibt: Wir queren also zunächst das kleine Seitental und kommen dann oberhalb eines kleinen, eckigen Wasserreservoirs vorbei (5 Min.). Direkt oberhalb des Reservoirs verlassen wir den an dieser Stelle in Stufen ansteigenden Wanderweg PR TF 11 auf einem links abzweigenden Pfad, der an einem Graben entlang leicht ansteigend (nicht links abwärts abzweigen) durch den Hang verläuft und ein weiteres Seitental ausgeht. Nach der nächsten Geländekante (5 Min.) ist der nunmehr intakte **Kanal** erreicht (bis hier insgesamt 1 Std.). Er führt in luftiger Höhe mitten durch die steile Felswand über dem Barranco Seco taleinwärts – Galerien, kurze Tunnels und die manchmal überhängende Felswand gestalten den Gang in und neben dem Kanal überaus spannend und abwechslungsreich. Nach 20 Minuten überqueren wir zwei kleine Brückchen, wenig

später folgt der längste Tunnel dieser Kanalwanderung (knapp 100 m; passen Sie auf, dass Sie nicht mit dem Kopf an der Decke anstoßen). Gut 5 Minuten später endet der Kanal an einer kleinen Staumauer im Grund des Barranco Seco – die Schlucht wird hier durch eine kleine Felswand abgeschlossen, über die nach Regenfällen ein Wasserfall herabstürzt.

Wir folgen nun dem Pfad, der zunächst an einer Wasserleitung entlang taleinwärts führt und dann rechts der Felswand über Felsstufen steil im Hang ansteigt (nach etwa 5 Min. rechts halten). Dann sehen wir auch schon einige Häuser von **Bejía** – rechts beim ersten Haus

Eines der idyllischsten Fleckchen Teneriffas – der Weiler Bejía..

geht der Weg in eine Straße über, auf der wir durch das malerische Hochtal ansteigen (nach 20 m mündet *PR TF 11* ein).
Nach 10 Minuten zweigen wir links auf einen Fahrweg ab, den wir nach 2 Minuten an einer Parkbucht auf dem rechts ansteigenden Laternenweg verlassen. Er führt vorbei an üppigen Gärten, kleinen Gehöften und Höhlenwohnungen und gabelt sich nach 5 Minuten – hier rechts und kurz darauf rechts über die Kammhöhe – nun mit Blick über den Barranco del Río nach Chinamada. Wenige Minuten danach mündet der Weg wieder in die Straße. 2 Minuten später zweigt links, vorbei an einem Felskopf, ein Camino ab. Er führt auf der linken Kammseite kurz bergan, um dann mit jähen Tiefblicken in einen kleinen Sattel mit einer markanten Felsnadel und einem Hochspannungsmast hinüberzuführen. Auf der Rückseite des Sattels steigen wir über steile, in den Fels geschlagene Stufen, an der Einmündung in einen Querweg (kleiner Picknickplatz mit Tropfwasserhöhle) links, in das nahe Bergdorf **Batán de Abajo**, 470 m, ab (Haltestelle der Buslinie 074 am Ende der Asphaltstraße, hier auch Bar-Restaurant Mi Pueblo, Di. Ruhetag).
Im Ort zweigt unmittelbar vor (oberhalb) dem Gemeindehaus der ausgeschilderte Abstiegsweg nach Punta del Hidalgo ab. Er sollte nur von erfahrenen Bergwanderern und nur bei guten Verhältnissen und nicht bei Nässe begangen werden (es hat hier und bei der anschließenden Kanalwanderung bereits schwere Unfälle gegeben!). Er führt kurz hinab zu den Terrassenfeldern des Ortes und gabelt sich nach 200 m – hier links bergauf weiter, vorbei an einer in den Fels geschlagenen Bank und in einem Quergang in einen

schwach ausgeprägten Sattel mit schönem Blick auf Chinamada (10 Min., kurz vorher nicht links aufwärts abzweigen). Auf der Rückseite des Sattels halten wir uns sofort scharf links und steigen – stets dem Hauptweg folgend – steil hinab. Nach 5 Minuten verläuft der Weg eben durch eine Weinterrasse, danach führt er wieder steil abwärts und hält links hinüber zum nächsten Rücken. Der Steig gewinnt nun alpinen Charakter – er führt über Felsen über den steilen Bergrücken hinab, mit schwindelerregenden Tiefblicken nach rechts in eine

Abstieg in den Barranco del Río.

Schlucht. 10 Minuten dauert der Nervenkitzel, dann haben wir die unangenehmsten Passagen gemeistert – aber dennoch sollten wir nicht übermütig werden, denn auch der weitere Abstieg auf der Kammhöhe des Bergrückens hat es in sich. Nach 20 Minuten erreichen wir das Bachbett des Barranco del Río, an dem wir nun weiter hinabwandern. Wir treffen sogleich auf eine Staumauer, an der ein **Wasserkanal** beginnt – sollte er verwachsen sein (außerdem muss man an einem stark überhängenden Felsen vorbei), so folgt man dem Pfad auf der rechten Bachseite noch 200 m (3 Min.) hinab und steigt vor einer Felsnase, die von links hereinkommt, links auf deutlichem Pfad über ein Rohr und Stufen hinauf zum Wasserkanal. (Wer will, kann auch auf dem Pfad im Barrancogrund hinabwandern – dies empfiehlt sich insbesondere, wenn der Kanal Wasser führt). Der Kanal weist häufiger etwas überhängende Felspassagen auf, ist aber ansonsten bequem zu begehen und verwöhnt uns mit schönen Ausblicken auf die wilde Felsenwelt des Barranco del Río. Nach gut halbstündiger Kanalwanderung taucht erstmals Punta del Hidalgo vor uns auf – gegenüber sehen wir den Wanderweg nach Chinamada, der unterhalb des markanten Roque Dos Hermanos beginnt. Eine gute Viertelstunde später kommen wir oberhalb eines runden Wasserreservoirs vorbei. 2 Minuten danach verlassen wir den Kanal auf einem Fahrweg nach rechts abwärts. Er überquert alsbald eine Brücke, an einer Schranke halten wir uns dann mit dem Fahrweg links hinauf zum Straßenrondell am Ende der Hauptstraße in **Punta del Hidalgo** (Endstation der Buslinie 105; auf der Straße 10 Min. zurück zur Kirche im Ortszentrum).

42 Von Punta del Hidalgo über Chinamada nach Las Carboneras

3.20 Std.

Grandioser Aufstieg durch eine bizarre Felslandschaft zur Höhlensiedlung

Der Wanderweg von Punta del Hidalgo zur Höhlensiedlung Chinamada zählt zu den beliebtesten Routen Teneriffas – nicht ohne Grund, wie jeder feststellen wird!

Ausgangspunkt: Straßenrondell am Ende der Hauptstraße in Punta del Hidalgo, 70 m (Endstation der Buslinie 105).
Endpunkt: Las Carboneras, 620 m (Haltestelle der Buslinie 075).
Höhenunterschied: Gut 700 m im Aufstieg und gut 150 m im Abstieg.
Anforderungen: Teils etwas anstrengende Wanderung auf Camino, der Trittsicherheit voraussetzt.
Einkehr: Bar-Restaurants in Punta del Hidalgo, Chinamada und Las Carboneras.
Variante: Von Las Escaleras mit dem Wanderweg *PR TF 10 (weiß-gelb)* zum Cruz del Carmen (→Tour 43, ¾ Std.; Haltestelle der Buslinien 073, 075–077).
Kombinationsmöglichkeit: Touren 43 und 46.

Vom Straßenrondell am Ortsende von **Punta del Hidalgo** wenden wir uns der links abwärts führenden Straße zu, von der rechts sogleich ein Fahrweg abzweigt (Tafel »Chinamada«, *PR TF 10, weiß-gelb*). Mit Blick auf den Roque Dos Hermanos gelangen wir schon bald, durch eine Absperrung und vorbei an einem halb verfallenen Gebäude, in den Grund des Barranco del Río. Am Bachbett gehen wir 50 m rechts hinauf (links zur grobkiesigen Playa de los Troches), bis links ein breiter Weg ansteigt. Der Camino führt nun stetig taleinwärts bergan, mit schönem Blick über den Barranco del Río. Der Weg verläuft nun zwischen herrlich zerklüfteten und ausgehöhlten Felswänden und führt nach gut 20 Minuten an einem mächtigen Felsüberhang vorbei, der in der Mitte durch eine schwarze Lavamauer getrennt ist. In der Folge steigt der Camino in Serpentinen durch einen Taleinschnitt an, bis er sich an einer Kante wieder nach rechts orientiert. Nach einer guten Stunde Gehzeit

Rast- und Aussichtspunkt am Weg nach Chinamada.

Der großartige Wanderweg nach Chinamada – in Bildmitte links das Felstor (S. 138).

erreichen wir die Kammhöhe (herrlicher Rast- und Aussichtsplatz), 5 Minuten später passieren wir einen weiteren fantastischen Rastplatz auf der Kammhöhe mit jähem Tiefblick auf das Meer.

Der Weg wendet sich nun wieder dem Hang auf der Barrancoseite zu. Nach einer Viertelstunde, nach teilweise steilem Anstieg über Felsstufen, verflacht sich der Camino an einem Felsüberhang – ein wunderschönes Wegstück! (50 m danach zweigt links ein kaum erkennbarer Felsensteig ab,

der zu einem riesigen Felstor oben am Kamm hinaufführt, gut 5 Min., →Foto oben.) Gut 10 Minuten später wendet sich der Weg einem Bergrücken zu und steigt über diesen steil an, um sich bald wieder dem Hang zuzuwenden (hier könnte man links zum bereits sichtbaren Mirador Aguaide hinaufwandern, einem der spektakulärsten Aussichtsplätze der Insel). Vorbei an Terrassenfeldern und Höhlenbehausungen erreichen wir den Kirchplatz von **Chinamada**, 590 m (Wasserstelle; Bar-Restaurant La Cueva, Mo./Di. Ruhetag; ausgeschilderter Abstecher zum Mirador Aguaide, gut 10 Min.).

Wir folgen nun der Straße und biegen nach 5 Minuten auf der Kammhöhe halb rechts mit dem Wanderweg *PR TF 10* ab (die Straße führt weiter nach Las Carboneras, *PR TF 10.1*, gut ½ Std.). Farne, Hornklee, Lorbeer- und Baumheidewald begleiten uns auf dem herrlichen Höhenweg, der hoch über dem weit verzweigten Schluchtensystem des Barranco del Tomadero verläuft. Vorbei an ein paar im Wald versteckten Häusern erreichen wir nach einer guten halben Stunde ein Gehöft an einem Bergsattel (Casa Tamé). Der Pfad führt um das Haus herum weiter und steigt schließlich zu einem Sattel mit einem Hochspannungsmast an (**Las Escaleras**, 715 m). Hier teilt sich der Weg – geradeaus geht es zum Cruz del Carmen (→Variante), scharf links, auf der anderen Kammseite, setzt sich unser Wanderweg nach Las Carboneras fort (*PR TF 10.1*, sogleich vorbei an einer Höhlenbank und Wasserstelle). Schon bald ergeben sich herrliche Blicke nach Taborno. In einer Viertelstunde, zuletzt über Treppen, gelangen wir hinab zur Straße nach **Las Carboneras**, die uns links in 5 Minuten zum Dorfplatz bringt.

Höhlenhäuser in Chinamada.

5.30 Std. — Von Cruz del Carmen nach Chinamada 43

Großzügige Rundtour durch eines der schönsten Anaga-Täler

Diese lange Rundtour ist noch weitgehend unbekannt und ein absoluter Leckerbissen für Anaga-Liebhaber – außerdem eröffnet sie zahlreiche Kombinationsmöglichkeiten.

Ausgangspunkt: Cruz del Carmen, 950 m, an der Anaga-Höhenstraße (Haltestelle der Buslinien 073, 075–077).
Höhenunterschied: 900 m.
Anforderungen: Etwas lange, aber meist leichte Wanderung auf guten Wegen. Manche Passagen auf dem schmalen Weg von Chinamada nach Batán erfordern Trittsicherheit und Schwindelfreiheit (etwas luftige Trittstufen im Fels).
Einkehr: Bar-Restaurants am Cruz del Carmen, in Chinamada und in Batán de Abajo.
Variante: Direktabstieg über den Lomo de los Dragos nach Batán de Abajo (1¾ Std. ab Cruz del Carmen): Man folgt dem Wanderweg, bis dieser auf die Straße nach Las Carboneras trifft (s.u.). Diese verlässt man nach 1 Min. vor dem Bushäuschen auf dem links aufwärts abzweigenden Fahrweg. Er führt rechts an Häusern vorbei und geht anschließend in einen Camino über, der über einen Bergrücken hinabführt. Nach gut 20 Min. kreuzt der Camino die hier endende Pista de los Dragos und geht für 5 Min. in einen Fahrweg über. An dessen Ende weiter geradeaus auf Camino über den Rücken hinab (nach gut 10 Min. Laternen am Weg). Er mündet nach 25 Min. kurz vor dem Talgrund in den Weg von Chinamada – auf diesem links, über die Brücke, in 20 Min. nach Batán de Abajo.
Kombinationsmöglichkeit: Touren 41, 42 und 46.

Rechts vom Bar-Restaurant **Cruz del Carmen** beginnt ein breiter Camino nach Chinamada (*PR TF 10, weiß-gelb*), dem wir immer rechts haltend durch den Nebelwald hinab folgen. Er kreuzt nach 20 Minuten eine Forstpiste (Pista de las Hiedras), quert einen kleinen Barranco und mündet in einen Fahrweg. Auf diesem links sanft hinab, vorbei an den **Casas del Río**. Nach 10 Minuten mündet der Weg in die Straße

139

Der herrliche Wanderweg von Las Escaleras nach Chinamada.

nach Las Carboneras. Dieser folgen wir nach links (nach 1 Min. links Abstiegsmöglichkeit nach Batán de Abajo, →Variante) und biegen nach 2 Minuten mit der Markierung rechts zu ein paar Häusern ab. Geradeaus setzt sich ein Pfad fort, der bald darauf wieder links zur Straße hinabführt und diese kreuzt. Wenige Minuten später erreichen wir eine Wegkreuzung an der **Degollada de Las Escaleras** – hier geradeaus weiter mit *PR TF 10* (rechts Abstiegsmöglichkeit mit *PR TF 10.1* nach Las Carboneras, →Tour 42, scharf links nach Batán). Der Camino leitet in einer herrlichen Höhenwanderung durch den Hang (nach gut 10 Min. vorbei an der Casa Tamé) und mündet nach einer Dreiviertelstunde in eine Straße ein (links auf der Straße 3 Min. zum Kirchplatz von **Chinamada**, 590 m, und zum Bar-Restaurant La Cueva, Mo./Di. Ruhetag).

Hier heißt es aufgepasst: Direkt an der Einmündung in die Straße zweigt links unser Weiterweg nach Batán ab. Der Camino verläuft zunächst recht gemütlich durch den Hang (nach wenigen Minuten durch Gatter, kurz danach ignorieren wir den links abzweigenden Pfad) und senkt sich später teilweise ziemlich steil hinab. Nach 25 Minuten erwartet uns die schwierigste Stelle der Wanderung: Der Weg führt über eine steile, etwas luftige Felsstufe hinab, die nur mit fußgroßen Trittstufen versehen ist (bei Nässe sehr unangenehm). Gleich danach quert der Camino den Barranco del Tomadero und steigt auf der anderen Seite kurz steil an, nach 5 Minuten rechts entlang einer Felswand, zu einem Felsdurch-

lass auf einem Bergrücken. In der Folge verläuft der Weg durch den Hang, dann senkt er sich hinab zum Barranco del Río, 300 m. Im Talgrund folgen wir dem Weg auf der linken Talseite talaufwärts. Er wechselt nach 5 Minuten auf die rechte Talseite und gabelt sich nach 50 m – hier links am Bachbett entlang (rechts ebenfalls Aufstiegsmöglichkeit nach Batán). Kurz darauf verläuft der Weg gut 10 m auf einem Felsband im Bachbett und kehrt wieder auf die linke Talseite zurück, um we-

Blick von Batán zum Lomo de los Dragos.

nige Minuten später zwischen Terrassenfeldern anzusteigen und rechts von einem Drago und ein paar Häusern vorbeizuführen (links zum Lomo de los Dragos, →Variante; auf der rechten Talseite die Cueva del Lino). Nach den Häusern überschreiten wir über eine Brücke den Barranco del Río und steigen in 20 Minuten – immer dem Laternenweg durch den idyllischen Ort folgend – hinauf zur Plaza von **Batán de Abajo**, 470 m (Wasserstelle). – Wer nicht nach Batán will, der kann auch direkt durch den Barranco del Río aufsteigen: Einige Minuten nach der Barrancobrücke, wenn der Hauptweg rechts in einem Quergang zum nächsten Rücken hinüberführt, zweigt links PR TF 11 (weiß-gelb) ab, der nach 25 Minuten neben der Brücke beim Tunnel in den Weg Batán – Cruz del Carmen einmündet (s.u.).

Beim Gemeindehaus gehen wir links hinüber zur Straße (Haltestelle der Buslinie 074, Bar-Restaurant Mi Pueblo, Di. Ruhetag) und wandern auf dieser weiter bergan. Nach knapp 10 Minuten zweigt links eine Straße ab, die eine Viertelstunde später, nach einem etwa 150 m langen Tunnel, an einem Umkehrplatz endet. Hier setzt sich ein Laternenweg fort, der uns zum Barranco del Río hinabbringt. Wir gehen links über die Brücke und anschließend rechts mit PR TF 11 (weiß-gelb) weiter taleinwärts (vor dem ersten Haus abermals rechts). Bald darauf erreichen wir das Bachbett, in dem wir uns links halten. Der Camino führt nun gemütlich auf der rechten Talseite talaufwärts. Nach einer Viertelstunde passieren wir mehrere Eukalyptusbäume, wenige Minuten später treffen wir auf die Pista de los Dragos. 50 m weiter rechts setzt sich scharf links der alte Pflasterweg fort. Er führt in Serpentinen an einem bewaldeten Rücken empor und kreuzt nach einer halben Stunde die Pista de las Hiedras. 20 Minuten später mündet der breite Camino in eine Forststraße, die uns scharf links (PR TF 11/12; 100 m rechts Casa Forestal), immer geradeaus, in 15 Minuten zum **Cruz del Carmen** zurückbringt.

44 Vom Pico del Inglés nach Santa Cruz

2.40 Std.

Auf altem Bergpfad vom Anaga-Hauptkamm zur Hauptstadt

Der Mirador Pico del Inglés zählt zu den schönsten Aussichtsplätzen Teneriffas: Weite Teile des Nordens liegen uns hier zu Füßen und auch die Nachbarinsel Gran Canaria scheint von hier greifbar nah. Ein alter Wanderweg führt von dort oben hinab nach Santa Cruz – im Anschluss an die Tour lockt ein Bummel durch die Hauptstadt oder ein Ausflug zur Playa de las Teresitas.

Ausgangspunkt: Mirador Pico del Inglés, 960 m (Haltestelle der Buslinie 073).
Endpunkt: Barrio de la Alegría (Santa Cruz), 10 m, an der Schnellstraße Santa Cruz – San Andrés (mehrere Buslinien).
Höhenunterschied: 1000 m im Abstieg.
Anforderungen: Leichte Wanderung auf altem Verbindungsweg.
Einkehr: In Santa Cruz.
Variante: Wer eine **Rundwanderung** vorzieht (insgesamt 2½ bzw. 3¾ Std. mit Abstecher zur Casa Santiago, gut 600 Hm), biegt am 2. Gehöft (El Chorro) links ab auf den Weg zur Degollada de las Hijas. Er erreicht nach ¼ Std. die Kammhöhe (Häuser) und führt nun immer geradeaus durch den Hang (rechts führt PR TF 2 hinab). Nach 10 Min. über einen kleinen Sattel, gut 5 Min. später an der Gabelung geradeaus weiter durch den Hang bergan (rechts Abstiegsmöglichkeit nach Catalanes). Nach ¼ Std. tritt der Weg in Buschwald ein, gut 5 Min. später trifft er auf den Hinweg, der rechts in 25 Min. zum Mirador Pico del Inglés hinaufführt. – Auf halber Strecke (nach knapp 15 Min., 10 Min. vor dem Mirador) bietet sich rechts ein Ausflug in Richtung Degollada de las Hijas an: Nach 3 Min. an der Gabelung

links über den Kamm (der Pfad auf der rechten Kammseite unterhalb des Roque de la Fortaleza vorbei ist leider stark verwachsen und teilweise abgerutscht und wird vorerst nicht wieder hergestellt). Er führt hinab zu einer kleinen Straße, die man neben einem Haus erreicht. Folgt man der Straße nach rechts, so zweigt nach gut 5 Min. rechts ein Weg ab, der in 15 Min. zur Casa Santiago an der Anaga-Höhenstraße führt (Casas de la Cumbre, Haltestelle der Buslinien 076, 077). Die Rückkehr zum Mirador Pico del Inglés erfolgt links über die Straße. Nach knapp 5 Min. kreuzt ein deutlicher Weg die Straße. Auf diesem scharf links entlang Leitungsmasten hinauf und an der Gabelung nach 5 Min. scharf rechts weiter in 5 Min. zum Mirador Pico del Inglés.
Kombinationsmöglichkeit: Tour 45.

Der Wanderweg beginnt am Straßenende links des **Mirador Pico del Inglés** (Tafel, *PR TF 2*, *weißgelb*). Er führt durch dichten Lorbeerwald hinab, immer geradeaus auf dem Höhenrücken (nach gut 5 Min. ignorieren wir einen links zur Degollada de las Hijas abzweigenden Weg, →Variante). Nach einer Viertelstunde kommen wir an einem Steinhaus vorbei, knapp 5 Minuten später erreichen wir eine Wegkreuzung – hier geradeaus auf dem mittleren Weg weiter. Gleich darauf zweigt rechts ein kleiner Pfad ab zu einer versteckten, formschönen Felsengruppe mit grandiosem Ausblick in Richtung Teide. 5 Minuten später kann man links auf einem Pfad einen Abstecher auf den **Cabeza del Viento** unternehmen (2 Min., schöner Rückblick zum Hauptkamm) – dann entfernt sich der Hauptweg von der Kammhöhe und führt in Serpentinen rechts haltend hinab. Leider lassen wir jetzt auch den Lorbeerwald hinter uns. Eine gute halbe Stunde nach der Wegkreuzung erreichen wir das traumhaft gelegene Gehöft **Los Berros** mit einem Dreschplatz und ein paar Höhlenställen (rechts davon eine Galería; am obersten Haus vorbei zweigt links PR TF 2 ab, →Tour 45). Rechts vom Dreschplatz setzt sich der Wanderweg fort und gelangt nach gut 10 Minuten zu einem zweiten Gehöft (El Chorro). Direkt unterhalb des Hauses teilt sich der Weg – hier rechts abwärts weiter (links aufwärts geht es zur »*Degollada de las Hijas*«, →Variante).

Der Weiterabstieg zum **Barrio de la**

Rückblick vom Cabezo del Viento zum Anaga-Hauptkamm mit dem Pico del Inglés.

Alegría führt kurz danach rechts hinab zum kleinen Barranco de Valle Luis, wechselt dort auf die rechte Hangseite und leitet weiter am Bachbett entlang hinab, immer wieder die Talseite wechselnd – ein schöner, beschaulicher Abstieg über Wiesenstufen und vorbei an Feigenbäumen und verwilderten, teils auch bewirtschafteten Gärten. Nach einer knappen Stunde mündet der Pflasterweg in die Asphaltstraße am Grund des Barranco de Tahodío. Auf dieser erreichen wir links, durch eine zuletzt hoffnungslos verschandelte Tallandschaft, nach 3 km (gut ½ Std.) die Küstenschnellstraße Santa Cruz – San Andrés.

Beim Gehöft Los Berros befindet sich eine Galería..

4.25 Std.
Von Valleseco über den Pico del Inglés nach Taborno — 45

Bezaubernde Talwanderung auf altem Camino – von der Hauptstadt ins Gebirg'

Trotz der Nähe zu Santa Cruz offenbart sich der Wanderweg von Valleseco zum Anaga-Hauptkamm als wunderschöner alter Camino. Er führt gemütlich durch ein stilles Tal mit einzelnen Gehöften und Terrassenfeldern hinauf, in den Wintermonaten begleitet von einem munter plätschernden Bach mit zahlreichen Kaskaden, an dem mitunter Esel weiden und idyllische Wiesenplätzchen zur Rast einladen. – Die Wanderung kann sowohl am Pico del Inglés als auch an der Casa Carlos beendet werden, außerdem kann sie mit Tour zu einer Runde kombiniert werden.

Ausgangspunkt: Ende der Talstraße in Valleseco, 100 m (Haltestelle der Buslinie 917, tägl. außer Sa./So.; 1,7 km ab Küstenhauptstraße TF-11, Abzweig gut 1 km ab Stadtgrenze Santa Cruz, an der TF-11 Haltestelle der Buslinien 245, 246, 910).
Endpunkt: Pico del Inglés, 960 m (Haltestelle der Buslinie 073), Casa Carlos, 935 m (Buslinien 075–077), oder Taborno, 620 m (Endstation der Buslinie 075).
Höhenunterschied: Etwa 1000 m Aufstieg bis Pico del Inglés, 450 m Abstieg nach Taborno.
Anforderungen: Leichte Wanderung auf wunderschönem Camino, die etwas Kondition erfordert. Der Abstiegsweg nach Taborno ist bei Nässe unangenehm rutschig.
Einkehr: Casa Carlos sowie Bar-Restaurants in Valleseco und Taborno.
Kombinationsmöglichkeit: Touren 44, 46.

Am Ende der Asphaltstraße in **Valleseco** (Bushaltestelle) setzt sich eine schmale Betonstraße fort, die nach 300 m endet (man kann auch dem Wanderweg links parallel zur Straße folgen). Hier nimmt uns ein wunderschöner Camino auf (*PR TF 2, weiß-gelb*), der schon bald die letzten Häuser von Valleseco hinter sich lässt. Er steigt gemütlich auf der linken Talseite des idyllischen Tales an und wechselt in der Folge des Öfteren die Talseite. Nach einer Dreiviertelstunde passieren wir eine Wasserleitungsbrücke, einige Minuten später eine weitere (Acueducto de Catalanes) – und 5 Minuten danach einen Wasserhahn. Eine gute halbe Stunde später verläuft der Camino kurz zwischen einer niedrigen Felswand und einem

145

Der wunderschöne Wanderweg im Barranco de Valleseco.

Terrassenfeld. Der Weg entfernt sich nun vom Talgrund und steigt vorbei an einem Eukalyptusbaum an, um nach 10 Minuten bei ein paar Häusern in einen Querweg einzumünden. Rechts geht es nach Catalanes, links könnte man nach Santa Cruz/Barrio de la Alegría absteigen (→Tour 44).
Wir steigen links gut 10 m ab und biegen dann mit *PR TF 2* scharf rechts ab auf einen Camino, der durch den Hang zur Finca am benachbarten Bergrücken hinüberführt (**Los Berros**, 10 Min.).

Hier mündet unser Weg in den Wanderweg Pico del Inglés – Barrio de la Alegría (→Tour 44).
Wir folgen dem Wanderweg rechts bergan, vorbei an zwei Höhlen (links des Weges ein Wasserbassin, dahinter eine Galería) und erreichen nach einer Dreiviertelstunde die Kammhöhe des Cabezo del Viento.

Durch herrlichen Nebelwald geht es weiter aufwärts (an Gabelungen immer geradeaus auf dem Hauptweg mit *PR TF 2*) zum **Mirador Pico del Inglés**, 960 m (Haltestelle der Buslinie 073), der uns noch einmal die Anaga-Südseite zu Füßen legt.

Nun müssen wir knapp 10 Minuten auf der Straße zurücklegen, bevor sich der markierte Wanderweg wieder rechts einem Pfad zuwendet (Abzweig 5 m nach dem Rechtsabzweig einer Sackgasse). Der Pfad steigt sanft durch den Nebelwald an, verflacht sich aber schon nach wenigen Minuten neben einem Zaun und senkt sich dann hinab zur Anaga-Höhenstraße TF-12 (herrliches Wegstück, bei Nässe sehr rutschig!), die wir direkt gegenüber dem Abzweig der Straße nach Las Carboneras erreichen (Haltestelle der Buslinien 075–077). Wir folgen der Straße 100 m nach rechts zur **Casa Carlos**, 935 m (gutes, beliebtes Bar-Restaurant) und biegen hier links ab auf den breiten Weg, der gemütlich über den Rücken hinabführt. Er verläuft meist durch Nebel- und Baumheidewald, so ergeben sich nur selten Ausblicke nach Las Carboneras, Taborno und zum Afur-Tal. Nach gut halbstündigem Abstieg (nach einem kurzen Gegenanstieg) ignorieren wir einen rechts nach Afur abzweigenden Weg, gut 20 Minuten später mündet unser Camino am Ortseingang von **Taborno** (gegenüber vom Bushäuschen) in die hier endende Hauptstraße TF-138. Gut 100 m ortseinwärts finden Sie ein Bar-Restaurant (Mo./Di. Ruhetag).

Taborno – das Ziel der Wanderung.

46 Roque de Taborno

2.15 Std.

Luftige Runde um das »Matterhorn Teneriffas«

Der 703 m hohe Roque de Taborno, auch »Matterhorn Teneriffas« genannt, gehört beileibe nicht zu den höchsten, in jedem Fall aber zu den markantesten Gipfeln der Insel. Aus der Nähe hält der Gipfel zwar nicht ganz das, was er aus der Ferne verspricht, dafür aber entschädigen die Tiefblicke zur Küste während der hin und wieder etwas luftigen Runde am Fuß des Gipfelaufbaus.

Ausgangspunkt: Las Carboneras, 620 m (Haltestelle der Buslinie 075).
Endpunkt: Taborno, 620 m (Endstation der Buslinie 075).
Höhenunterschied: 400 m.
Anforderungen: Trittsicherheit und etwas Schwindelfreiheit erforderlich.
Einkehr: Bar-Restaurants in Las Carboneras und in Taborno (Mo./Di. Ruhetag).
Variante: Von Taborno zur Casa Carlos (1 Std., *PR TF 2, weiß-gelb;* →Tour 45): Der Camino beginnt am Ortsbeginn beim Bushäuschen und führt meist durch Nebelwald hinauf zum Bar-Restaurant Casa Carlos, 935 m (Haltestelle der Buslinien 075–077). Auf der Straße nach rechts ½ Std. (an Kreuzung rechts) zum Cruz del Carmen (Haltestelle der Buslinien 073, 075–077; Bar-Restaurant).
Kombinationsmöglichkeit: Touren 42, 43, 45 und 47.

Von der Bushaltestelle in **Las Carboneras** gehen wir 100 m auf der Hauptstraße zurück und biegen gegenüber dem Bar-Restaurant Valentin links ab auf ein Sträßchen, von dem nach 50 m (in der Linkskurve) der alte Verbindungsweg nach Taborno abzweigt (*PR TF 9*). Er führt kurz zwischen Terrassenfeldern hinab und verläuft anschließend etwa höhehaltend durch den Hang. Nach 5 Minuten passieren wir einen Strommast, wenig später einen zweiten. Anschließend senkt sich der Camino durch Terrassen und Buschwald hinab zum Barranco de Taborno. Nach einem letzten kleinen Taleinschnitt (gut ¼ Std.) steigt der Weg steil an zur Straße nach **Taborno**, die uns links in 10 Minuten in den aussichtsreich auf einem Bergrücken gelegenen Ort bringt. Rechts an der Kapelle vorbei setzen wir unsere Wanderung fort. Der breite, rötliche Betonweg führt an mehreren Höhlenwohnungen vorbei. Nach gut 5 Mi-

nuten geht es kurz über eine Treppe hinab (geradeaus ein Mirador) und sofort links den Betonweg abwärts zu einem **Sattel** (Wasserstelle), dann verläuft unser Weg wieder auf der rechten Kammseite. Nach 50 m ignorieren wir einen rechts zur Playa de Tamadite abzweigenden Camino, anschließend passieren wir ein letztes Haus und gelangen durch ein Ziegengatter auf die Kammschneide. Vor uns baut sich nun der Taborno-Gipfel auf. Bald darauf zweigt rechts ein Pfad ab, wir verbleiben aber am Kamm (bzw. etwas links davon) und erreichen unterhalb einer wellblechgedeckten Steinhütte den Fuß des **Roque de Taborno**.

Links haltend führt ein fast ebener, *grün* markierter Pfad im Hang weiter, von dem nach 5 Minuten links ein Pfad abzweigt – hier geradeaus weiter. Wenig später passieren wir auf dem etwas verwachsenen, hin und wieder unangenehm abschüssigen Pfad eine Höhle. Bald darauf gabelt sich der Pfad

Der Roque de Taborno, eine der markantesten Erhebungen des Anaga-Gebirges.

– hier rechts über den Rücken hinauf in Richtung Gipfel. Kurz unterhalb des Felssockels treffen wir auf einen quer führenden Pfad, auf dem wir links in wenigen Minuten auf ein vorgeschobenes Felsplateau, 588 m, mit grandiosem Ausblick auf die Nordküste gelangen (Era de los Cardos; knapp ½ Std. ab Steinhütte): Im Osten reicht der Blick über die Playa de Tamadite und die Playa de San Roque bis hin zu den Roques de Anaga, im Westen spitzt die Punta del Hidalgo hervor. Wir steigen nun über den Bergrücken bis zum Fuß des Gipfelsockels an. Hier wendet sich der *grün* markierte Pfad links dem Hang zu, passiert (immer geradeaus) einen Ziegenstall (Höhle) und mündet nach einer Viertelstunde an der wellblechgedeckten Steinhütte wieder in den Hinweg, der uns zurück zur Bushaltestelle in **Taborno** bringt (wobei man am Sattel den Weg rechts durch den Hang wählen sollte).

149

47 Von Taborno zur Playa de Tamadite

4.30 Std.

Genussvoller Abstieg zum einsamen Tamadite-Strand

Die Tamadite-Schlucht vermittelt dem Naturfreund einen kleinen Vorgeschmack auf die berühmte Masca-Schlucht: Auch hier begleitet uns ein kleines Bächlein. Die Schlucht ist zwar nicht so spektakulär wie jene von Masca, aber dennoch schroff und verwinkelt. Und am steinigen Strand erwartet uns eine kleine Finca, die mit ihrem Bojenschmuck heitere Akzente setzt. Wer auf den Abstieg von Taborno verzichten will – einer der landschaftlich eindrucksvollsten Wege der Insel! –, kann die Wanderung erst in Afur beginnen.

Ausgangspunkt: Kirchplatz von Taborno, 620 m (Endstation der Buslinie 075).
Höhenunterschied: 750 m.
Anforderungen: Bis Afur leichte Wanderung. Zur Playa de Tamadite Trittsicherheit und Schwindelfreiheit Voraussetzung, ebenso für den Rückweg nach Taborno.
Einkehr: Bar-Restaurants in Taborno (Mo./Di. Ruhetag) und in Afur.
Kombinationsmöglichkeit: Touren 46 und 48.

Für die erste Etappe gibt es zwei Möglichkeiten: Entweder folgt man am Kirchplatz von **Taborno** der rechts hinabführenden Straße bis zu deren Ende in El Frontón (bei Nässe angenehmer, knapp ½ Std.). Oder, schöner, man geht am Wendeplatz am Ortseingang (Bushaltestelle) den steingepflasterten Camino hinauf und biegt nach 10 m links ab auf einen schönen Pfad (*PR TF 9*), der etwa höhehaltend oberhalb von Terrassenfeldern durch den Hang verläuft. Nach gut 5 Minuten an der Gabelung halb rechts, knapp 10 Minuten später abermals rechts. Einige Minuten danach (kurz nach Gatter) erreicht man eine Kammschneide (Einmündung PR TF 2.1). Hier links auf breitem Camino hinab zum Straßenende im Weiler **El Frontón** (¼ Std.). Der Camino führt weiter über den Rücken hinab und wendet sich

150

Der wunderschöne Abstiegsweg von El Frontón nach Afur.

nach 40 m, vor dem Haus, der rechten Kammseite zu (Wasserstelle), um vorbei an weiteren Häusern weiter hinabzuführen. Nach gut 20 Minuten geht der Camino bei einer malerischen Ansammlung von teils in den Fels hineingebauten Häusern in einen Betonweg über. Er führt rechts an den Häusern vorbei und senkt sich dann zum Barranco de Tamadite hinab, durch den wir schließlich zur Plaza von **Afur**, 230 m (Endstation der Buslinie 076), gelangen.

Rechts am Kirchlein vorbei führt ein Betonweg weiter hinab, der beim letzten Haus des Ortes rechts in einen Pfad übergeht (*PR TF 8, weiß-gelb*). Er kreuzt nach insgesamt 5 Minuten einen Betonweg und einen Fahrweg. Kurz darauf passiert er einen mächtigen schwarzen Felsblock und führt nun in einer Linkskurve im Hang über dem Talgrund dahin. 5 Minuten später, unmittelbar nach einer niedrigen Felswand, gabelt sich der Weg vor einem riesigen beigen Felsblock – hier scharf rechts (Tafel). Er führt über Felsstufen hinüber zum nächsten Tal-Querriegel, von dort geht es steil über Treppen hinab zum Bach (gut 10 Min.). Der Pfad wechselt nun auf das linke Ufer und steigt, vorbei an einer Kaskade, wieder an. Am übernächsten Tal-Querriegel angelangt (¼ Std.), haben wir die Playa de Tamadite vor Augen. Unser Weg führt nun unterhalb von Terrassenfeldern (vor der letzten Terrassenmauer zweigt links unser späterer Rückweg nach Taborno ab) vorbei hinab zum nächsten kleinen Tal-Querriegel (kleines Felsplateau, gut 5 Min.). Der Weg führt nun rechts fast hinab zum Bachbett. Vorbei an Terrassenfeldern geht es nochmals leicht bergauf, dann folgt er endgültig dem Bachbett. Kurz vor dem

Die wildromantische Playa de Tamadite.

Strand gabelt sich der Pfad – rechts in den Hang biegt der Wanderweg PR TF 8 nach Taganana ab (→Tour 48), wir aber wechseln über ans linke Ufer und gelangen vorbei an einer Steinhütte zur **Playa de Tamadite**.
Wir wandern nun wieder zurück bis zu dem kleinen Felsplateau (15 Min.). Hier könnte man bereits rechts auf den ansteigenden Pfad abzweigen (immer rechts bergan, bis der Pfad in einen deutlichen Querweg einmündet). Besser aber geht man noch 100 m auf dem Hauptweg weiter, bis nach einer ersten Terrassenmauer zur Rechten scharf rechts ein kleiner Camino abzweigt. Er steigt ein paar Meter an und verläuft dann in einem Quergang (etwas Auf und Ab) rechts durch den Hang. Nach gut 5 Minuten durchschreitet der Weg einen kleinen Taleinschnitt mit ein paar Häusern und gabelt sich danach – hier links im Taleinschnitt bergan. Dasselbe gilt an der Gabelung nach 50 m. Der Pfad verläuft nun stets auf der rechten Talseite. Erst nach 10 Minuten, kurz unterhalb eines riesigen Felsblocks im Bachbett, verläuft der Pfad etwa 10 m im Bachbett. Anschließend führt er auf der linken Talseite sehr steil über gut gestufte Felsen bergan, vorbei an Feldterrassen und links durch ein Feld hinauf zu einer überhängenden Felswand. Der Hauptweg umgeht die Felswand nach rechts, dann vor der nächsten Höhle links über Felsstufen (etwas luftig). Kurz darauf gelangen wir über einen kleinen Felsriegel hinein in das linke Seitental. Hier am Rand der kleinen Schlucht weiter taleinwärts. Nach 10 Minuten verläuft der Pfad für 100 m direkt am Bachbett, um wieder rechts über Felsstufen anzusteigen. Bald rechts vorbei an Feldterrassen bis zur Gabelung nach einem kurzen Flachstück – hier rechts auf dem Hauptweg weiter bergan. Er führt bald weiter links in den Talgrund hinein und steigt an zu einer Gabelung nach knapp 5 Minuten. Hier geradeaus (links) auf die linke Talseite und zunächst in einer Hangquerung, dann rechts durch lichten Buschwald hinauf zu einem Bergrücken, über den der Pfad weiter zur Kammhöhe mit ersten Häusern ansteigt. Hier treffen wir auf einen breiten Querweg (→Tour 46). Auf diesem links in 10 Minuten zurück zum Kirchplatz von **Taborno**.

4.20 Std.

Von Afur nach Taganana 48

Spektakuläre Panorama-Rundtour für Genießer

Die Rundwanderung von Afur über die Playa de Tamadite nach Taganana gehört zu den abwechslungsreichsten Routen des Anaga-Gebirges und fasziniert vor allem während der Küstenbummelei durch prächtige Ausblicke.

Ausgangspunkt: Afur, 230 m (Endstation der Buslinie 076).
Höhenunterschied: 800 m.
Anforderungen: Überwiegend leichte Rundwanderung, die aber eine gute Kondition und stellenweise Trittsicherheit und Schwindelfreiheit erfordert (abschüssige, etwas luftige Passagen).
Einkehr: In Afur und in Taganana Bar-Restaurants.
Kombinationsmöglichkeit: Touren 47, 49 und 51.

Der Wanderweg entspricht zunächst dem von Tour 47: Vom Parkplatz in **Afur** gehen wir weiter auf der Piste und biegen nach 2 Minuten rechts ab auf den Wanderweg *PR TF 8* (*weiß-gelb*). Er kreuzt nach 10 m einen Fahrweg, kurz darauf passiert er einen mächtigen schwarzen Felsblock und führt nun in einer Linkskurve im Hang über dem Talgrund dahin. 5 Minuten später, unmittelbar nach einer niedrigen Felswand, gabelt sich der Weg vor einem riesi-

153

gen beigen Felsblock – hier scharf rechts weiter (Tafel). Er steigt zunächst kurz an, um dann über Felsstufen zum nächsten Tal-Querriegel hinüberzuführen. Von dort geht es steil über Treppen hinab zum Bach (gut 10 Min.). Der Pfad wechselt nun auf das linke Ufer und steigt, vorbei an einer Kaskade, wieder an. Am übernächsten Tal-Querriegel (¼ Std.) haben wir die Playa de Tamadite vor Augen. Unser Weg führt nun unterhalb von Terrassenfeldern (oberhalb ein Häuschen) vorbei hinab zum nächsten kleinen Tal-Querriegel (kleines Felsplateau, gut 5 Min.; links zweigt ein Weg nach Taborno ab, →Tour 47) – hier rechts mit dem Hauptweg fast hinab zum Bachbett. Vorbei an Terrassenfeldern geht es nochmals leicht bergauf, dann folgt der Weg endgültig dem Bachbett. Kurz vor dem Strand gabelt sich der Pfad – rechts in den Hang biegt unser Weiterweg nach Taganana ab (*PR TF 8*), zuvor aber wechseln wir über das linke Ufer und gelangen so vorbei an einer Steinhütte zur nur wenige Minuten entfernten **Playa de Tamadite**.

Nach dem Abstecher gehen wir an der Gabelung weiter in östlicher Richtung. Der Pfad steigt zunächst gut 20 Minuten bis zu einem kleinen Sattel neben einem Felskopf an und verläuft anschließend in leichtem Auf und Ab durch den Hang oberhalb der Steilküste. Der Weg ist stets ausreichend breit, so dass wir in vollen Zügen den weiten Ausblick zum Anaga-Hauptkamm und zum Roque de Dentro genießen können; hinter uns baut sich der formschöne Roque de Taborno auf. Nach einer guten halben Stunde geht der herrliche Küstenweg in einen Fahrweg über, der eine knappe Viertelstunde später erste Häuser passiert (Wasserstelle, wildromantische Weinberge). Etwa 10 Minuten später zweigt der markierte Wanderweg rechts auf einen Camino ab, der von einer Wasserleitung begleitet wird. Er mündet nach einigen Minuten wieder in eine Straße, von der nach 50 m links der Camino Lomo La Chanca abzweigt, mit dem man nach **Taganana** absteigen kann (man kreuzt die erste Straße, die zweite führt dann rechts hinüber zur Plaza des hübschen Weindorfes, ¼ Std.; Haltestelle der Buslinie 246 Taganana – Santa Cruz an der Hauptstraße nach San Andrés, es gibt keine Busverbindung

Kurz vor der Playa de Tamadite.

Der eindrucksvolle Wanderweg von der Playa de Tamadite entlang der Steilküste nach Taganana – Blick zu den Roques de Enmedio und zur Felsinsel des Roque de Dentro.

nach Afur!). Wir folgen nun der Straße und halten uns an der folgenden Gabelung rechts und verbleiben gleich darauf auf der geraden Piste in Richtung La Cumbrecilla. Nach einer Viertelstunde zweigt links mit einer Hochspannungsleitung ein breiter Pflasterweg ab, von dem nach 100 m rechts der Camino nach La Cumbrecilla abzweigt. Er steigt recht steil, etwa parallel zu einer großen Stromleitung, an und lässt bald die Terrassenfelder von Taganana hinter sich. Nach einer Viertelstunde passieren wir ein schönes Rastplätzchen an Felsblöcken, in der Folge tritt der Weg in Buschwald ein. 20 Minuten später erreichen wir die Passhöhe von **La Cumbrecilla**, 607 m – ein großartiger Aussichtsplatz mit Blick zum Roque de Dentro und zum Anaga-Hauptkamm mit dem Roque de Anambra und dem Chinobre im Osten sowie Afur und Taborno mit dem gleichnamigen Felsgipfel im Westen.
Auf der Passhöhe gabelt sich der Weg: Wir entscheiden uns für den scharf rechts auf der anderen Kammseite hinabführenden Weg (die beiden anderen Wege führen zur Casa Forestal de Anaga; →Tour 49) und ignorieren nach 100 m einen rechts abzweigenden Pfad. Er geht nach 20 Minuten bei einem Gehöft in einen steilen, betonierten Fahrweg über, den wir 5 Minuten später rechts zu einem Gehöft verlassen. Hier setzt sich ein Camino fort, der zur Straße nach Afur hinabführt. Auf dieser halten wir uns rechts und wenden uns nach 10 Minuten dem links abzweigenden, parallel zur Straße verlaufenden Betonweg zu, der uns in 5 Minuten, unter einem riesigen Felsüberhang vorbei, nach **Afur** zurückbringt.

49 Vueltas de Taganana – Von der Casa Forestal nach Taganana

3.30 Std.

Paradeweg durch den Lorbeerwald

Der »Vueltas (Kurven) de Taganana« genannte Wanderweg führt durch einen der besterhaltenen Nebelurwälder der Insel: Riesige, bis zu zwei Meter lange Farnwedel und der dichte, flechtenbehangene Lorbeerwald fassen den meist hohlwegartigen Camino ein, der in Kurven hinab nach Taganana führt.

Ausgangspunkt: Casa Forestal de Anaga, 832 m, an der Anaga-Höhenstraße TF-12 (Haltestelle der Buslinie 077).
Höhenunterschied: 700 m.
Anforderungen: Leichte Wanderung auf schönem, bei Nässe rutschigem Camino.
Einkehr: In Taganana Bar-Restaurants.
Variante: Von Taganana zur Playa de San Roque (gut ½ Std.): Am Ende der Plaza geht man links an einer Kapelle vorbei weiter hinab und trifft wenig später auf eine Kurve der Hauptstraße. Ein Fußweg unterhalb der Häuser kürzt die weite Schleife der Straße ab (unten rechts über die Brücke), dann braucht man nur mehr der Hauptstraße zur schwarzsandigen Playa de San Roque mit dem Weiler Roque de las Bodegas zu folgen (Restaurants, Haltestelle der Buslinie 246).
Kombinationsmöglichkeit: Touren 48 und 51.

Links vom **Forsthaus** folgen wir dem rechts abzweigenden Weg (Tafel »*Taganana*«, *PR TF 8, weiß-gelb*). Er steigt zu einer gemauerten Höhle an (hier geradeaus weiter) und führt dann eben durch den Lorbeerwald. Nach etwa 10 Minuten gehen wir geradeaus weiter, der breite Weg schlängelt sich nun in zahllosen Kurven bergab. Nach insgesamt 50 Minuten lichtet sich der Bergwald. In der Folge quert der Camino den Barranco de la Iglesia, hält an dessen linkem Rand durch Terrassenfelder und Weinberge weiter bergab und gabelt sich nach einer Viertelstunde an einem schilfbestandenen Bacheinschnitt – links zweigt ein

Eines der Schaustücke Teneriffas – der Weinort Taganana.

Weg in Richtung Afur ab (unser Rückweg), unser Weg führt geradeaus weiter nach Taganana (Tafel). Gut 5 Minuten später ist der Ortsbeginn erreicht. Vorbei an einem kleinen Palmenhain treffen wir auf eine Straße, der wir nach rechts folgen. Nach wenigen Minuten führt links ein Treppenweg, vorbei an einem Drago, hinab zum Kirchplatz von **Taganana**.

Wir gehen nun wieder zurück bis zur oben erwähnten Wegverzweigung (25 Min.) und biegen hier rechts ab auf den Wanderweg in Richtung Afur. Er mündet nach 5 Minuten in eine Piste, die wir nach 50 m links auf einem breiten Pflasterweg verlassen. Von diesem zweigt nach 100 m rechts ein Camino ab, der steil, etwa parallel zu einer großen Stromleitung, zur aussichtsreichen Passhöhe von **La Cumbrecilla**, 607 m, ansteigt (gut ½ Std. ab Piste). Hier an der Gabelung auf dem mittleren, abwärts führenden Forstweg weiter (der linke Weg ist reizvoller, aber teilweise sehr steil und exponiert). Er durchschreitet nach knapp 5 Minuten einen Barranco und steigt (nun betoniert) vorbei an Terrassenfeldern und Häusern steil an zu einer Straße. Dieser folgen wir links bergan und verlassen sie in der nächsten Rechtskehre auf der links abzweigenden Forststraße. Immer der breiten, durch den Nebelwald ansteigenden Forstraße folgend (nach ¼ Std. links), erreichen wir nach einer guten halben Stunde die **Casa Forestal de Anaga**.

Die Plaza von Taganana.

50 Von der Casa Forestal de Anaga nach Valle Brosque

3.30 Std.

Stille, noch wenig bekannte Runde auf der Anaga-Südseite

Wenn die Nordseite des Anaga-Gebirges von Passatwolken eingehüllt ist, dann bietet sich diese zwar wenig spektakuläre, aber gemütliche und stille Rundtour auf der Südseite an. Der Abstiegsweg nach Valle Brosque ist streckenweise etwas mühsam, dafür erweist sich der Rückweg vorbei an der riesigen Höhle von El Majimial als prächtiger Camino.

Ausgangspunkt: Casa Forestal de Anaga, 832 m, an der Anaga-Höhenstraße TF-12 (Haltestelle der Buslinie 077).

Höhenunterschied: 700 m.
Anforderungen: Leichte Wanderung, teilweise schmale, steile Wegstücke.

Vom **Forsthaus** folgen wir mit *PR TF 3* (*weiß-gelb*) der Anaga-Höhenstraße nach Westen. Nach 700 m (10 Min.) passieren wir am Ortsbeginn des Weilers **Casas de la Cumbre** eine Kirche, 100 m danach zweigt schräg gegenüber der Schule und dem Gebäude der Unidad de Montes links ein unscheinbarer Weg in den Buschwald ab. Er mündet nach 2 Minuten neben

Der Weiler Valle Brosque mit dem markanten Felsen El Pelotón (in der Bildmitte).

einem Haus in einen Fahrweg, dem wir rechts abwärts folgen. Nach 100 m zweigt links wieder der Weg ab – er ist etwas steil, dafür verwöhnt er uns mit schönen Ausblicken auf die Südseite des Anaga-Gebirges und nach Santa Cruz.

Die Höhle El Majimial.

Zweimal kreuzen wir den Fahrweg, anschließend führt der Pfad über einen steilen Rücken hinab. Etwa 20 Minuten ab dem Fahrweg quert er einen kleinen Taleinschnitt (rechts Höhlenstall), 10 Minuten später einen weiteren – Sukkulenten lösen nun den Buschwald ab. Nach weiteren 10 Minuten wechselt der Weg auf die linke Talseite, bald darauf passieren wir erste Terrassenfelder. Der Weg verläuft nun meist in Bachnähe durch das liebliche Tal – ein heiterer, wenn auch mitunter etwas feuchter Wegabschnitt! Schon bald tauchen vor uns die Häuser von **Valle Brosque** auf. Wir passieren ein erstes Haus, queren den Barranco de Valle Brosque und gelangen vorbei an weiteren Häusern zur hier endenden Talstraße.

Gleich nach der Barrancoquerung und noch vor den Häusern zweigt links barrancoaufwärts unser Rückweg ab (*PR TF 3, weiß-gelb*). Er kommt sogleich unterhalb eines markanten, pilzförmigen Felsens vorbei (El Pelotón) und führt gemütlich auf der rechten Talseite des Barranco de Valle Brosque bergan. Nach einer knappen Viertelstunde quert der herrlich angelegte Camino den Taleinschnitt. Weit oberhalb sehen wir eine riesige Höhle mit hineingebautem Haus (**El Majimial**), zu der bei einer Wegverflachung nach einer guten halben Stunde rechts ein Weg abzweigt (weiß-gelbes »X«; 5 Min. hin und zurück). In Serpentinen geht es weiter bergan (kurz darauf an Gabelung nicht geradeaus), nach einer knappen halben Stunde tritt der Weg in Fayal-Brezal-Wald ein. Noch ein letzter Rückblick nach Valle Brosque und Santa Cruz, dann verflacht sich der Weg und führt sanft hinab zur **Anaga-Höhenstraße** (TF-12). Wir folgen der Straße gut 50 m nach links, bis sich rechts der Camino fortsetzt. An der Gabelung nach 5 Minuten halten wir uns links (rechts nach El Bailadero, →Tour 51), wenige Minuten später senkt sich der Weg ab. 5 Minuten danach gabelt sich der Weg abermals – hier links vollends hinab zur **Casa Forestal de Anaga**.

159

Von der Casa Forestal de Anaga zur Playa de San Roque

5.15 Std.

Rundtour vom Anaga-Hauptkamm zur Playa de San Roque

Gibt es die ideale Wanderung? Diese Tour dürfte kaum Wünsche offen lassen: Der prächtige Camino führt uns durch stimmungsvolle Nebelwälder und über aussichtsreiche Grate, dazu erwarten uns gleich mehrere gemütliche Einkehrmöglichkeiten und ein schöner Sandstrand, der bei ruhiger See zu einem ausgiebigen Bad einlädt. Wer mit dem Bus angereist ist, kann hier auch die Wanderung beenden und sich den anstrengenden 800-Höhenmeter-Aufstieg zur Casa Forestal ersparen.

Ausgangspunkt: Casa Forestal de Anaga, 832 m, an der Anaga-Höhenstraße TF-12 (Haltestelle der Buslinie 077).
Höhenunterschied: 1000 m.
Anforderungen: Leichte, etwas lange Rundtour auf meist schönen Caminos.
Einkehr: Bar-Restaurants in El Bailadero, Roque de las Bodegas und Taganana.
Kombinationsmöglichkeit: Touren 48 und 49.

Links vom **Forsthaus** folgen wir dem rechts abzweigenden Weg (*PR TF 3, weiß-gelb*). Er führt in wenigen Minuten zu einer gemauerten Höhle hinauf, neben der wir rechts abzweigen. Der Weg steigt noch 5 Minuten durch den Nebelwald an und senkt sich anschließend sanft ab, um sich nach 2 Minuten zu gabeln – hier halb links leicht bergan (PR TF 3 führt rechts hinab). In der Folge verläuft der wunderschöne Weg leicht absteigend durch den steilen Südhang des Roque de los Pasos. Nach einer Viertelstunde lichtet sich der Wald schlagartig neben einem Felsrücken zur Rechten (herrlicher Blick) – der Weg führt

Rückblick vom Wanderweg zum Roque de los Pasos.

nun in Serpentinen abwärts und trifft 10 Minuten später auf die **Höhenstraße** (TF-12). Rechts durch die Kettensperre setzt sich ein Sträßchen fort, das wir in der scharfen Rechtskurve nach knapp 5 Minuten auf dem geradeaus abzweigenden Camino verlassen. Er führt etwa höhehaltend durch den Hang und kommt nach wenigen Minuten unterhalb einer riesigen Höhle vorbei. Anschließend verläuft er durch Terrassenfelder und passiert ein allein stehendes Haus. Direkt nach dem Haus gehen wir links den Weg hinauf – er leitet bald am oberen Rand der Terrassenfelder rechts durch den Hang und trifft nach einigen Minuten wieder auf die Höhenstraße. Wir folgen dieser 15 m nach rechts und zweigen scharf links auf den Camino ab, der zwei Straßenschleifen abkürzt und nach 10 Minuten wieder in die Höhenstraße einmündet. Auf dieser erreichen wir nach 200 m **El Bailadero**, 684 m (Halte-

Riesige Höhle oberhalb des Weges.

Blick vom Anaga-Kamm nahe El Bailadero nach Taganana.

stelle der Buslinien 077, 247; rechts der Straße einfaches Bar-Restaurant). Ein großartiger Aussichtsplatz – von der Kammschneide blicken wir fast wie aus der Vogelperspektive hinab zur Küste zwischen Taganana und Almáciga. Unmittelbar nach dem lang gestreckten Betonbau zweigt links ein Pflasterweg ab, der sogleich in dichten Lorbeer- und Baumheidewald eintritt (*PR TF 4*, *weiß-gelb*). Er führt in Serpentinen durch den Hang eines Bergrückens hinab und gibt hin und wieder einen schönen Tiefblick auf Taganana frei. Nach 10 Minuten überschreitet der Camino oberhalb des Felsturms Peña Friolera die Kammhöhe des Bergrückens (großartiger Ausblick auf Taganana und Almáciga). Eine gute Viertelstunde danach stoßen wir auf die **Hauptstraße TF-134** nach Taganana. *PR TF 4* führt gegenüber weiter hinab nach Taganana, wir aber gehen auf der Straße 200 m hinab zum Mirador Amogoje und verlassen sie in der scharfen Linkskurve, direkt vor dem Felsturm rechts der Straße, auf dem rechts abzweigenden Pfad (*PR TF 4.1*, *weiß-gelb*). Der Weg verzweigt sich bereits nach wenigen Metern – wir gehen rechts über den Bergrücken weiter hinab. Links von uns sehen wir die markanten Roques de Enmedio und de las Ánimas. Nach 20 Minuten gabelt sich der Weg – hier geradeaus und nach 5 m links mit der weiß-gelben Markierung hinab. Der Pfad führt nun steiler über einen kleinen Rücken abwärts zum Talgrund, in dem er auf eine Piste trifft. Diese bringt uns in 20 Minuten nach **Almáciga**, 60 m (Endstation der Buslinie 246), und mündet dort in eine Straße (die Markierung verabschiedet sich 100 m vorher nach rechts). Auf dieser halten wir uns links und biegen nach wenigen Metern links auf den

Camino ab (*weiß-gelb*), der uns in gut 5 Minuten zum Weiler **Roque de las Bodegas** an der **Playa de San Roque** hinabbringt. Mehrere Fischrestaurants und ein schöner, teils sandiger Lavastrand mit herrlichem Panoramablick auf die Felsnadeln des Anaga-Gebirges erwarten uns. Die Bucht ist durch die weit ins Meer hinausragende Felshalbinsel Las Bajas abgeschlossen (Unterwasserhöhle), zu der ein Weg hinausführt.

Wir wandern nun auf der Hauptstraße weiter, bis nach etwa 25 Minuten am Ortsbeginn von **Taganana** rechts eine Straße abzweigt, die auf die andere Talseite führt. 20 m nach der Barrancobrücke wenden wir uns links dem Fußweg zu, der durch den hübschen Ort zur Plaza mit der Pfarrkirche hinaufführt (gut 10 Min.). Auf der Rückseite der Kirche steigen wir mit dem Fußweg weiter an (Camino Los Lirios, *weiß-gelb*). Er führt nach wenigen Minuten an einem prächtigen Drachenbaum vorbei und mündet 5 Minuten später in eine Straße, der wir nach rechts folgen (weiß-gelb wendet sich links ab). Sie quert nach 5 Minuten einen Barranco, 50 m danach zweigt im Ortsteil Los Naranjos links der Wanderweg zur Casa Forestal ab (*PR TF 8*, *weiß-gelb*). Der breite, steingepflasterte Camino führt recht zielstrebig zwischen Terrassenfeldern bergan, die überwiegend mit Wein bewirtschaftet werden. Nach 10 Minuten ignorieren wir einen rechts nach Afur abzweigenden Camino (→Tour 49/48), eine Viertelstunde später tritt der großartige Weg in den Nebelwald ein und schraubt sich in unzähligen Kurven über einen Bergrücken hinauf. Nach einer knappen Stunde verflacht sich der Weg spürbar – 5 Minuten später passiert er die gemauerte Höhle vom Hinweg und senkt sich hinab zur nahen **Casa Forestal de Anaga**.

Die hübsche Playa de San Roque ist das Ziel der Wanderung.

52 Von Benijo nach El Draguillo

2.15 Std.

Paradetour für Genießer

Wer nach einer nicht zu langen und anstrengenden Wanderung im Anaga sucht, dem kann diese aussichtsreiche Runde wärmstens empfohlen werden: Der Wanderweg verwöhnt mit großartigen Ausblicken auf die Anaga-Nordseite, außerdem erwarten uns in Benijo einladende Restaurants und an der nahen Playa de San Roque ein schöner Sandstrand.

Ausgangspunkt: Benijo, 85 m, Weiler an der TF-134, 2 km östlich von Almáciga (Endstation der Buslinie 246, von hier ½ Std. zu Fuß nach Benijo).
Höhenunterschied: Knapp 450 m.
Anforderungen: Bis auf ein paar abschüssige Wegpassagen überwiegend leichte Wanderung (bis El Draguillo bequeme Piste).
Einkehr: Bar-Restaurants in Benijo.
Kombinationsmöglichkeit: Touren 51 und 55.

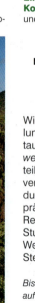

Wir halten uns an der Straßengabelung in **Benijo** links, vorbei am Restaurante El Frontón (*PR TF 6.2, weiß-gelb*). Die Straße geht in eine teilweise betonierte Piste über und verläuft überwiegend ansteigend durch die von starker Erosion geprägte Steilküste (nicht bei Sturm/Regen!). Nach einer guten halben Stunde erreichen wir den hübschen Weiler **El Draguillo**, 170 m. An der Stelle, wo die Fahrstraße links ab-

Bis El Draguillo verläuft die Wanderung auf einer Piste entlang der Küste.

Vom Wanderweg – hier vom Felssporn – genießen wir herrliche Ausblicke zur Küste mit Benijo (Bildmitte) und Almáciga.

wärts knickt, zweigen rechts zwei Caminos ab. Wir wählen den oberen, der vorbei an einem Drachenbaum durch das schöne Tal hinaufführt in Richtung Chamorga (*PR TF 6, weiß-gelb*). Nach etwa 25 Minuten lassen wir die letzten Terrassenfelder hinter uns, gut 10 Minuten später gabelt sich der Camino etwas unterhalb der Waldgrenze (440 m). Hier verlassen wir den Hauptweg nach Chamorga und biegen rechts ab auf den leicht abwärts führenden Weg (*PR TF 6.3, weiß-gelb*). Er leitet in 10 Minuten in leichtem Auf und Ab hinüber zu einem markanten Felskopf und ist stellenweise etwas abschüssig. Auf der Rückseite des Felskopfes senkt sich der Weg ab, mit herrlichem Blick auf die Anaga-Nordseite. Nach 10 Minuten passiert er einen kleinen Felssporn (großartiger Rastplatz!), später durchschreitet er ein Gatter und verläuft kurz durch eine Felswand. Ein breiter Bergrücken nimmt uns nun auf und bringt uns hinab nach **Benijo** – ein wunderschönes, aussichtsreiches Wegstück!

53 Chinobre-Runde

2.15 Std.

Wunderschöner Kammhöhenweg durch märchenhaften Nebelurwald

Die Höhenroute zwischen La Ensillada und Cabezo del Tejo zählt zu den eindrucksvollsten Touren nicht nur des Anaga-Gebirges, sondern der gesamten Insel: Kaum anderswo auf Teneriffa findet sich ein vergleichbar schöner Nebelwald und kaum ein Aussichtspunkt des Anaga-Gebirges kann sich mit dem Cabezo del Tejo messen – wenn dann noch Nebelschwaden über den Kamm jagen, dann fühlt man sich endgültig ins Reich der Märchen und Dämonen versetzt.

Ausgangspunkt: La Ensillada, 807 m (Haltestelle der Buslinie 247), ehemaliger Zelt- und Picknickplatz bei Km 4,8 der Anaga-Höhenstraße TF-123 El Bailadero – Chamorga.
Höhenunterschied: Knapp 300 m.
Anforderungen: Leichte Wanderung auf durchwegs schönem, bei Nässe jedoch glitschigem Camino.
Einkehr: Unterwegs keine. Bar-Restaurants in Chamorga und in El Bailadero.
Varianten: Vom Cabezo del Tejo nach Chamorga (35 Min.): Am Ende des Miradors setzt sich rechts der Camino fort – er führt hinab zu einer Wegkreuzung (gut 5 Min.), hier rechts und ¼ Std. später an der Gabelung links durch das Tal hinab in den Ort (Endstation der Buslinie 247).

Von La Ensillada nach El Bailadero (1 Std.): Auf der Anaga-Höhenstraße gut 5 Min. nach Westen, bis in einer scharfen Linkskurve rechts ein deutlicher Weg abzweigt. Nach 25 Min. zweigen mehrere Pfade ab (links Aufstiegsmöglichkeit zum Pijaral), man verbleibt aber stets auf dem Hauptweg, der halb rechts zur Straße hinabführt, der man nach rechts bis El Bailadero folgt.
Hinweis: Offiziell muss ein Permit für den Wanderweg La Ensillada – Chinobre – Cabezo del Tejo beantragt werden, ebenso für die Variante La Ensillada – Pijaral – El Bailadero (siehe »Besucherbeschränkungen« S. 127).
Kombinationsmöglichkeit: mit den Touren 54–57.

Vom Parkplatz **La Ensillada** gehen wir den Fahrweg hinauf, der parallel zur Straße in Richtung Chamorga verläuft und nach wenigen Minuten in einen wunderschönen Camino übergeht. Er erreicht nach einer Viertelstunde eine Kuppe, auf der links ein Pfad zum Gipfel des **Chinobre**, 910 m, abzweigt – der

3-minütige Anstieg wird mit einem schönen Ausblick nach Westen belohnt. Nach dem Abstecher kehren wir wieder zum Kammhöhenweg zurück, der sich in der Folge absenkt (nach 1 Min. nicht rechts abzweigen; unser späterer Rückweg) und in leichtem Auf und Ab durch den eindrucksvollen Nebelwald verläuft. Die Bäume und Sträucher sind stark bemoost, bis zu mannshohe Farnwedel säumen den Weg. Nach einer Viertelstunde passieren wir einen großen Felsblock mit Anambro-Blick, eine Viertelstunde später passieren wir den mächtigen, wie ein Finger aus dem Kamm ragenden **Roque de Anambro** – ein Guanchenheiligtum. Gut 10 Minuten später mündet der Camino neben der Aussichtsplattform des **Cabezo del Tejo**, 750 m, in einen Fahrweg. Tief unter uns sehen wir die Küste zwischen El Draguillo und Almáciga.

Der Kammhöhenweg.
Linke Seite: Roque de Anambro.

Wir folgen nun dem bei Nässe unangenehm rutschigen Fahrweg nach rechts zur Anaga-Höhenstraße TF-123 (¾ Std.) und biegen 10 m nach der Schranke rechts ab auf den ansteigenden Camino. Er führt in knapp 10 Minuten hinauf zum Kammweg, der uns links in gut 10 Minuten zum Parkplatz **La Ensillada** zurückbringt. (Wer will kann auch auf der Anaga-Höhenstraße zurückkehren, 20 Min.).

54　*Montaña Tafada, 606 m*

2.20 Std.

Beschauliche Höhenwanderung mit sportlichen Einlagen

Die Umgebung des malerisch gelegenen Dorfes Chamorga ist ein Paradies für Wanderer. Wunderschöne alte Wege und Pfade durchziehen die Nebelwälder und geben doch immer wieder grandiose Blicke auf die Küste frei – so auch auf dieser zwar wenig spektakulären, aber dennoch kurzweiligen Wanderung. Wer die Tour erweitern will, dem sei empfohlen, von der Montaña Tafada einen Abstecher zum Leuchtturm zu unternehmen – auf diesem Wegstück kann man im Frühsommer prächtig blühende Taginasten entdecken.

Ausgangspunkt: Chamorga, 480 m, am Ende der Anaga-Höhenstraße (Haltestelle der Buslinie 247).
Höhenunterschied: Gut 300 m.
Anforderungen: Meist gute Wege und Pfade, teilweise jedoch etwas luftig.

Einkehr: In Chamorga Bar.
Variante: Abstieg zum **Faro de Anaga, 240 m** (¾ Std. einfach): Vom Haus an der Montaña Tafada mit *PR TF 6.1* (*weiß-gelb*) auf prächtigem Weg durch den Nordhang der Montaña Tafada hinab, bald mit schönem Blick auf die Küste und zum Leuchtturm. Der Pfad hält hinüber zu einem Rücken, der steil zum Faro de Anaga hinabführt (5 Min. vor dem Leuchtturm mündet von links *PR TF 6* von El Draguillo ein).
Kombinationsmöglichkeit: Touren 53 und 55.

Gegenüber der Kirche von **Chamorga** folgen wir dem scharf links abzweigenden Wanderweg *PR TF 6* (*weiß-gelb*, Tafel »El Draguillo«), der durch ein idyllisches Tälchen ansteigt. An einer Verzweigung nach gut 5 Minuten ver-

Tiefblick vom Kammweg auf Las Palmas und den Roque de Dentro..

bleiben wir links auf dem Hauptweg, 5 Minuten später dann rechts (von links mündet PR TF 5 von La Cumbrilla ein). Der Weg führt nun wieder zurück in den Talgrund, überquert den Bach und steigt auf der rechten Talseite weiter an zu einer Wegkreuzung (658 m) auf dem Anaga-Hauptkamm (insgesamt ½ Std.). Hier halten wir uns rechts. Der Weg steigt zunächst steil an, immer wieder mit atemberaubenden Tiefblicken auf die Küste zwischen El Draguillo und Almáciga. Nach einigen Minuten wendet sich der Weg dem Hang rechts der Kammhöhe zu. Am markanten Felsfinger des **Roque Icoso** kehrt er wieder zur Kammhöhe zurück – tief unter uns erblicken wir den Weiler Las Palmas und die Roques de Anaga. In der Folge ergeben sich auch schöne Ausblicke auf Chamorga. 20 Minuten nach dem Roque Icoso erreichen wir einen Sattel, 597 m, mit einem verlassenen Anwesen – etwa 75 m vor dem Haus treffen wir auf den von scharf rechts von Chamorga kommenden Wanderweg *PR TF 6.1* (*weiß-gelb*), unser späterer Rückweg.

Vor dem Haus gabelt sich der Weg: Der Hauptweg führt rechts über den Kamm weiter (nach 2 Min. ignorieren wir den links zum Faro abzweigenden PR TF 6.1, →Variante) zur letzten, steil nach Osten hin abstürzenden Erhebung der **Montaña Tafada**, 593 m (10 Min.). Von hier ergibt sich ein fantastischer Tiefblick auf die Roques de Anaga, zum Roque Bermejo und zum Faro de Anaga.

Wir gehen nun wieder zurück bis zu dem Anwesen im Sattel vor der Montaña Tafada und folgen 75 m danach an der Gabelung dem linken, schwächer ansteigenden Wanderweg *PR TF 6.1* (*weiß-gelb*). Nach 20 Minuten führt der schöne Höhenweg sachte zu einem Sattel neben einer Felsnase hinauf, dann scharf rechts, teils über Felsen, hinab. An der »Casa Álvaro« (Bar) mündet der Weg in die Dorfstraße von **Chamorga**, auf der wir rechts zurück zum Ausgangspunkt gelangen.

55 Große Faro-de-Anaga-Runde

5.20 Std.

Grandiose Rundwanderung im äußersten Nordosten Teneriffas

Die Wanderung um die Nordostspitze Teneriffas mit ihren abgeschiedenen, noch weitgehend ursprünglichen Dörfern und den vorgelagerten Inseln – ehemaligen Vulkankegeln – zählt zu den großartigsten Touren Teneriffas. Aufgrund ihrer Länge und der nicht zu unterschätzenden Höhenunterschiede kann sie allerdings nur ausdauernden Bergwanderern empfohlen werden. Man kann die Tour auch in Roque de las Bodegas beginnen – dann verlängert sie sich auf gut 7 Stunden!

Ausgangspunkt: Chamorga, 480 m, am Ende der Anaga-Höhenstraße (Haltestelle der Buslinie 247).
Höhenunterschied: 1100 m.
Anforderungen: Anstrengende Rundwanderung auf teils etwas abschüssigen Wegen, stetes Auf und Ab.
Einkehr: Bar in Chamorga.
Variante: Von Roque de las Bodegas (Playa de San Roque) nach El Draguillo (*PR TF 6.2, weiß-gelb*; 1¼ Std.): Von der Playa de San Roque (Haltestelle der Buslinie 246) folgt man der Küstenstraße in östlicher Richtung. Nach einigen Minuten zweigt rechts die Dorfstraße von Almáciga ab, ¼ Std. später kommt man an der Playa de Benijo vorbei (kleiner Sandstrand mit zwei Strandbuden, gefährliche Strömungen). Wenn es die Brandung zulässt, kann man von hier aus direkt an der Küste entlang weiterwandern (bis El Draguillo) – ansonsten verbleibt man auf der Asphaltstraße, die nun nach Benijo ansteigt (½ Std.; Bar-Restaurant). 100 m nach dem Ortsschild biegt links eine Fahrstraße ab, die vorbei am Restaurant El Frontón den kleinen Ort verlässt. Sie führt hoch über der Küste, teils steil ansteigend, in einer guten halben Stunde nach El Draguillo.
Kombinationsmöglichkeit: mit den Touren 49–54.

Gegenüber der Kirche von **Chamorga** folgen wir dem scharf links abzweigenden Wanderweg *PR TF 6* (*weiß-gelb*, Tafel »El Draguillo«), der durch ein idyllisches Tälchen ansteigt. An einer Verzweigung nach gut 5 Minuten verbleiben wir links auf dem Hauptweg, 5 Minuten später dann rechts (von links mündet PR TF 5 von La Cumbrilla ein). Der Weg führt nun wieder zurück in den Talgrund, überquert den Bach und steigt auf der rechten Talseite weiter an zu einer Wegkreuzung (658 m) auf dem Anaga-Hauptkamm (insgesamt ½ Std.).

Links könnte man einen kurzen, jedoch schweißtreibenden Abstecher zum

Blick vom Cabezo del Tejo nach Westen – rechts im Bild Almáciga.

Cabezo del Tejo, 750 m, unternehmen, einen der großartigsten Panoramaplätze der Insel (gut 10 Min. einfach). Wir aber gehen vom Sattel geradeaus weiter und steigen auf der anderen Kammseite bergab. In steilen Serpentinen geht es hinab, nach 20 Minuten lichtet sich der Lorbeerwald (von links mündet ein Weg von Benijo ein) – unter uns sehen wir bereits den schön gelegenen Weiler **El Draguillo**, 170 m. Zwischen anfangs verwilderten, dann

In Las Palmas – Blick zum Roque de Dentro.

bewirtschafteten Terrassenfeldern steigen wir hinab in den Ort und gelangen vorbei an einem Drachenbaum auf einen Fahrweg (dieser führt links in gut 1 Std. nach Almáciga, PR TF 6.2).

Vor der Einmündung in den Fahrweg zweigt rechts unser Wanderweg *PR TF 6* ab (*weiß-gelb*). Er durchschreitet sogleich eine Barrancorinne und verläuft ansteigend durch den Hang oberhalb der Küste. Schon bald quert er kurz nacheinander zwei steil zum Meer hin abfallende Geröllfelder – dann haben wir auch schon das nächste Ziel der Wanderung vor Augen, den abgeschiedenen, auf einer grünen Landzunge vor den Roques de Anaga gelegenen Weiler Las Palmas. Der Küstenweg steigt zunächst aber noch weiter bis auf knapp 300 m Höhe an. Erst kurz vor **Las Palmas**, 150 m, geht es in steilen Serpentinen in einen ausgewaschenen Barranco hinab und vorbei an übermannshohen Feigenkakteen (Opuntien) zum ersten Haus des wildromantischen, nahezu verlassenen Ortes.

Wer will, kann rechts einen Abstecher in den Weiler mit seinen verwilderten Gärten unternehmen, wir verbleiben aber auf dem Küstenweg und erreichen am Ortsende eine Verzweigung – gegenüber erhebt sich der mächtige, 178 Meter hohe Roque de Dentro aus dem Meer. Unser Weg setzt sich geradeaus fort, durchquert einen Barranco und steigt nun beständig an. Nach 20 Minuten kommen wir an einem riesigen, kuriosen Felsblock mit hineingebauten Steinhäusern und einer Weinpresse vorbei (Las Orobales). Noch ein kurzes Stück geht es steil bergan, dann verläuft der Weg in leichtem Auf und Ab durch den Hang. Eine knappe halbe Stunde später kommen wir an der Fuente del Junquillo am Fuß einer wuchtigen Felswand vorbei (in die Wand ist ein kleiner Heiligenschrein eingelassen). Nun sind es nur mehr 20 Minuten zum **Faro de Anaga**, 240 m (5 Min. vorher gesellt sich von rechts der Wanderweg *PR TF 6.1* hinzu, der von der Montaña Tafada herabkommt, eine schöne Rückkehrvariante, →Tour 54).

Vom Leuchtturm steigen wir weiter auf dem breiten Weg hinab in Richtung Roque Bermejo (Tafel) und gelangen nach 20 Minuten an eine große beschilderte Wegkreuzung. Rechts setzt sich unser Weiterweg nach Chamorga fort, doch zunächst sollte man einen Abstecher (geradeaus) nach **Roque Bermejo** unternehmen – der Weg führt an den Häusern und der Kapelle des Weilers vorbei hinab zu einem schmalen Sandstrand mit einigen Fischerhäusern und einer einfachen Bar. In der nördlich anschließenden Bucht befinden sich der Hafen und der Roque Bermejo.

Wieder zurück an der Wegkreuzung, folgen wir dem Wanderweg *PR TF 6* in Richtung Chamorga. Er steigt zwischen Gärten, dann über einen Bergrücken zu einem allein stehenden, verfallenen Anwesen an und führt entlang einer Telefonleitung am Rand des eindrucksvollen, tief eingeschnittenen Barranco de Roque Bermejo weiter bergan. Nach einer guten Dreiviertelstunde kommen wir um eine Felsnase (362 m) herum, einige Minuten später passieren wir ein erstes Haus. Zwischen Gärten (rechts oberhalb entdecken wir einen kleinen Drachenbaumhain) geht der Camino in einen Schotterweg über. Dieser bringt uns vorbei an der Bar »Casa Álvaro Chamorga« zurück zur Kirche von **Chamorga**.

Das Fischerdorf Roque Bermejo, dahinter der gleichnamige Felsturm.

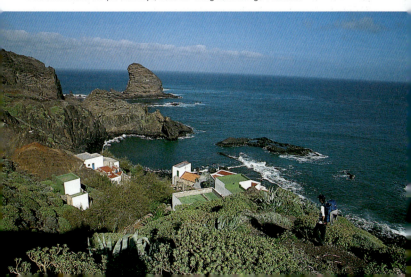

Von Lomo de Las Bodegas zur Playa de Anosma

4.30 Std.

Stille, wenig spektakuläre Wanderung zur Ostspitze Teneriffas

Wenn Sie beim Wandern die Einsamkeit suchen, dann sind Sie mit dem Abstieg von Lomo de Las Bodegas zur kleinen, steinigen Playa de Anosma gut beraten – der kleine, steinige Strand ist nur bei absolut ruhiger See zum Baden geeignet, außerdem ist der Wanderweg wenig bekannt, so dass sich nur wenige Wanderer hierher verirren.

Ausgangspunkt: Lomo de Las Bodegas, 520 m. Von der Anaga-Höhenstraße El Bailadero – Chamorga (TF-123) zweigt bei Km 9,9 eine Stichstraße in den Ort ab, Parkplatz am Straßenende nach 500 m. Haltestelle der Buslinie 247 am Ortsbeginn.

Höhenunterschied: 650 m.
Anforderungen: Mittelschwere Wanderung, manche Wegabschnitte sind etwas abschüssig. Nur bei sicherem Wetter und nicht nach Regenfällen!
Hinweis: Offiziell muss für die Tour ein Permit beantragt werden (siehe S. 127).

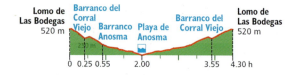

Vom Parkplatz am Straßenende in **Lomo de Las Bodegas** gehen wir 25 m auf der Straße zurück und biegen neben Haus Nr. 1 rechts auf den Treppenweg ab. Wir folgen diesem links etwa höhehaltend durch den Hang auf die andere Talseite (hier an zwei kurz aufeinander folgenden Gabelungen jeweils rechts leicht bergab), um zwischen Terrassenfeldern abzusteigen. Der Weg lässt schon bald die letzten Terrassen hinter sich und führt nach 10 Minuten links durch den Hang hinab in den **Barranco del Corral Viejo**. Wir gehen nun ein paar Schritte im Barrancogrund hinab, bis sich der Weg der rechten Talseite zuwendet und zu einem Tal-Querriegel ansteigt. Von diesem geht es rechts haltend durch den Hang hinab (gut auf den Weg achten!), nach knapp 10 Minuten über eine kleine Felsterrasse vor ersten Kandelaberkakteen. 5 Minuten später gelangen wir auf einen

Bergrücken (direkt gegenüber auf der anderen Talseite ein mächtiger Felskopf), über den der Weg nun hinabführt. Er kreuzt nach gut 5 Minuten das Bachbett des **Barranco de Anosma** und führt am Rand des felsigen, canyonartig eingeschnittenen Barrancos talabwärts, sogleich vorbei an einem riesigen Felsblock. Nach einigen Minuten wendet sich der Weg wieder der rechten Talseite zu, um knapp 10 Minuten später eine winzige Scharte zu überschreiten (auf der linken Talseite ein auffälliger Felsen, eine Miniaturausgabe des »Fingers Gottes«). In der Folge wechselt der Weg zweimal die Talseite (Steinmännchen beachten!), nach gut 10 Minuten verläuft er dann direkt im Barrancogrund. 2 Minuten später wendet er sich wieder der linken Talseite zu und verläuft sogleich

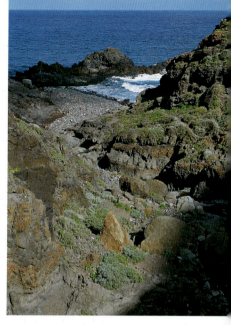

Die kleine, steinige Playa de Anosma.

geradeaus auf der teilweise sehr schmalen, abschüssigen Trasse eines ehemaligen Wasserkanals (wer nicht schwindelfrei ist, kann auch rechts ins Barrancobett absteigen und durch dieses weitergehen, mühsamer). Bald darauf taucht vor uns das Meer auf – der Weg kehrt nun allmählich zum Barrancogrund zurück und führt vorbei an einer Klamm (nochmals kurz unangenehm abschüssig) vollends hinab zur **Playa de Anosma**.

57 Von Igueste nach Las Casillas

4.30 Std.

Aufstieg über dem Barranco de Igueste zu einem verlassenen Bergdorf

Ziel dieser Wanderung ist das wildromantische Felsennest Las Casillas auf der Kammhöhe zwischen den Barrancos de Igueste und Ijuana. Der Weiler ist fast verlassen, nur ein Drachenbaum und zwei Zedern erinnern noch an bessere Zeiten.

Ausgangspunkt: Abzweig der Straße in den Barranco de Igueste in Igueste de San Andrés, 30 m (Haltestelle der Buslinie 245). Mit dem Mietwagen kann man bis Lomo Bermejo hinauffahren.
Höhenunterschied: 750 m.
Anforderungen: Teils steiler An- und Abstieg; bei schlechter Sicht evtl. Orientierungsprobleme.
Einkehr: Am Ortseingang von Igueste Bar-Restaurant, von dort führt ein Weg zum schönen Strand hinab.
Variante: Weiterweg von der Anaga-Höhenstraße nach Chamorga (*PR TF 5*): Der weiß-gelb markierte Wanderweg folgt rechts der Straße zum Friedhof und biegt 20 m danach links auf einen Camino ab, der durch Buschwald hinabführt zu einer Pflasterstraße. Auf dieser kann man links nach Las Bodegas. Beim Parkplatz (30 m rechts) setzt sich links, oberhalb der Kapelle vorbei, der Wanderweg fort. Er führt hinauf nach La Cumbrilla, wo er links über den Kamm verläuft, um sich bei den letzten Häusern der rechten Kammseite zuzuwenden. Der Camino tritt ein in Nebelwald und gabelt sich nach wenigen Minuten. Hier entweder rechts hinab zur Straße (¼ Std. nach Chamorga) oder halb links höhehaltend weiter und nach 15 Min. an der Gabelung rechts hinab nach Chamorga (insgesamt 1 bzw. 1¼ Std.).
Kombinationsmöglichkeit: Tour 58.

176

Die Häuser von Las Casillas liegen auf einem aussichtsreichen Bergkamm.

Wir biegen in **Igueste** in der scharfen Hauptstraßenkurve zwischen den beiden Ortsteilen ab auf die Straße, die im Barranco de Igueste hinaufzieht (*PR TF 5, weiß-gelb*). Für eine Weile begleiten uns Plantagen, später kommen wir unter den Häusern des Weilers **Lomo Bermejo** vorbei. Nach einer halben Stunde zweigt rechts eine Betonstraße ab, von der nach 100 m links der weiß-gelb markierte Wanderweg abzweigt. Der schöne Camino führt zwi-

Über diesen Rücken geht es hinauf zum Kamm mit den Häusern von Las Casillas.

schen Terrassenfeldern, einen Seitenbarranco kreuzend, zu einem Bergrücken hinüber und steigt auf diesem an. Etwa 20 Minuten ab der Straße gelangen wir in einen kleinen Sattel neben einem kleinen Felsturm. Der Pfad umgeht nun einige Felsen auf der Kammhöhe nach rechts, kommt aber bald schon wieder auf die Kammhöhe zurück, um sich dort zu verzweigen – hier links weiter steil bergan. Wir wandern nun stetig auf den vor uns liegenden Höhenzug zu, von dem unser Bergrücken herabkommt. Knapp unter der Kammhöhe sehen wir eine Stromleitung – etwa 50 m unterhalb gabelt sich der Weg, auch hier gehen wir links weiter (rechts Abstiegsmöglichkeit zur Playa de Antequera, →Tour 58). Der Weg führt nun zur Kammhöhe des Höhenzuges hinauf (er erreicht diese genau an der Stelle, wo sich die Stromleitung von der Kammhöhe abwendet). Hier halten wir uns links und erreichen nach 20 Minuten die Häuser von **Las Casillas**, 619 m.

Zwischen den Häusern setzt sich der Kammweg fort (an Gabelung kurz nach dem letzten Haus auf dem weiß-gelb markierten Kammweg bleiben), der sich alsbald dem Tal rechts der Kammhöhe zuwendet. Auf der anderen Seite geht es wieder aus dem Tal heraus, bald vorbei an einem in einen Felsüberhang hineingebauten Haus. Ein weiterer Taleinschnitt wird durchquert, dann hält der Weg kurz und steil hinauf zur **Anaga-Höhenstraße**, 645 m (Einmündung unmittelbar am Abzweig einer Stichstraße zum Friedhof von Las Bodegas, Tafel »*Igueste*«; Haltestelle der Buslinie 247 an der Hauptstraße; PR TF 5 führt weiter nach Chamorga, 3,4 km, →Variante).

5.30 Std.

Von Igueste zur Playa de Antequera 58

Abwechslungsreiche Küstenwanderung zum einsamen Antequera-Strand

Diese Wanderung erfordert stellenweise ein wenig Geduld bei der Pfadsuche und auch Schwindelfreiheit während des teilweise etwas luftigen Quergangs oberhalb der Küste zum Antequera-Strand. Dafür belohnt sie mit einem ordentlichen Schuss Abenteuerromantik und mit einem schönen Sandstrand.

Ausgangspunkt: Ende der Hauptstraße in Igueste de San Andrés, 30 m (Endstation der Buslinie 245).
Höhenunterschied: 950 m.
Anforderungen: Mittelschwere Tour, die aber etwas Trittsicherheit, Schwindelfreiheit und Orientierungsvermögen erfordert. Bei Nässe/Sturm sollte man auf die Wanderung verzichten.
Einkehr: Unterwegs keine; Bar-Restaurant in Igueste.
Kombinationsmöglichkeit: Tour 57.

Wir folgen dem Fußweg, der vom Ende der Hauptstraße in **Igueste** weiter in den Ort hineinführt *(weiß-gelb)*. An einer Gabelung nach der Kirche nehmen

Rückblick vom Aufstiegsweg nach Igueste.

wir den oberen Weg, kommen alsbald zwischen zwei kleinen Funkmasten vorbei und halten uns weiter geradeaus in Richtung Meer. Nach insgesamt gut 5 Minuten zweigt unmittelbar vor einem Geländer links ein Camino ab (Pfeil auf dem Fußweg; geradeaus geht es zum Friedhof), der in steilen Serpentinen bergauf führt. Eine Viertelstunde später kommt der Weg an einer Felsnase vorbei (kleines Aussichtsplateau). 20 Minuten danach gelangen wir auf die Meerseite des Bergrückens. Jetzt heißt es aufgepasst: Nach etwa 15 m auf der Meerseite zweigt links ein deutlicher Felsenpfad ab, der in einer Hangquerung landeinwärts zur Kammhöhe des Höhenzuges ansteigt (geradeaus lohnt ein Abstecher zum aussichtsreich gelegenen Semáforo, gut 10 Min., weiß-gelb). Er ist etwas abschüssig, aber dennoch gut begehbar. Nach einer Gehzeit von knapp einer Stunde erreichen wir dann an einem Steinmann die Kammhöhe, auf der wir nun links haltend weiter ansteigen zum **Atalaya de los Ingleses**, 429 m, mit einem alten, kapellenähnlichen Steinhaus.

Rechts am Haus vorbei setzt sich der Pfad fort – der Einstieg in den nachfolgenden Hang findet sich rechts abseits der Kammhöhe unseres Bergrückens und ist durch große Steinmänner deutlich gekennzeichnet. Der Pfad steigt zunächst in einer 15-minütigen Hangquerung unterhalb der Felsen ab, dann biegen wir an einem Steinmännchen rechts auf einen teils etwas undeutlichen Pfad ab, der in das Tal hinabführt. Nach gut 10 Minuten wechselt der durch Steinmännchen markierte Pfad auf die rechte Seite des Barrancos, 10 Minuten später wieder auf die linke Seite. 3 Minuten danach gabelt sich der Weg – hier links in leichtem Auf und Ab durch den Hang weiter. Knapp 10 Minuten später passieren wir einen Felsüberhang (Rastplatz). Nach weiteren 5 Minuten, kurz vor einer Rinne, gehen wir an einer Gabelung links weiter (rechts Abstiegsmöglichkeit zum winzigen Zapata-Strand) und queren kurz darauf die Rinne. 5 Minuten nach der Rinne führt der schmale, abschüssige Pfad unterhalb eines Felsturms vorbei, dann folgt der unangenehmste Abschnitt der Tour, der gut viertelstündige Quergang zur Antequera-Bucht: Er verläuft hoch über dem Meer und ist manchmal etwas exponiert. Sobald wir an den Rand des Barranco de Antequera herankommen, geht es über den Rücken, dann rechts davon durch den Hang hinab zum

Heiß ersehntes Ziel während des luftigen Quergangs – der Antequera-Strand.

lang gezogenen **Antequera-Strand**, den wir gleich neben der Barrancomündung erreichen.

Wer nicht auf demselben Weg nach Igueste zurückkehren will, dem sei der Rückweg durch den Barranco de Antequera empfohlen: Kurz vor dem Ende des Strandes links den Weg hinauf, der an ein paar Häusern vorbeiführt. (Direkt links vom ersten Haus lohnt ein Pfadabstecher zum Bergsattel über dem Haus, von dem man einen großartigen Blick auf die wilde Ostküste des Anaga genießt – und auf einen kleinen Sandstrand direkt unterhalb, →Foto unten.) Beim zweiten, kleinen Gebäude zweigt rechts ein Camino ab. Der nicht immer eindeutige Weg verläuft zunächst rechts im Hang hoch über dem Barranco, später dann immer im **Barranco de Antequera**, mehrmals die Talseite wechselnd, und kommt nach gut 1¼ Stunden auf der linken Talseite unterhalb einer hellen, lang gestreckten Felswand vorbei. Einige Minuten später erreichen wir den Kamm (**Degollada Pasito del Corcho**). Der Weg verläuft nun einige Meter auf der Kammhöhe und wendet sich dann der linken Kammseite zu, um sich nach 50 m zu gabeln. Hier halb links dem leicht abwärts führenden Weg folgen und an der nächsten Gabelung unter einer Stromleitung rechts über Felsstufen hinauf, hinüber zum nächsten Bergrücken, auf dem wir auf einen Camino treffen (rechts nach Las Casillas, →Tour 57). Auf diesem links in 40 Minuten hinab zur Straße im Barranco de Igueste und auf dieser in einer halben Stunde zurück nach **Igueste**.

Die Cañadas del Teide

Weite Sandebenen, bizarre Felsen und ein weißer Zuckerhut

Der Nationalpark »Parque Nacional de las Cañadas del Teide« ist die Hauptattraktion der Insel und lockt alljährlich Millionen Besucher an: Ein meist wolkenloser Himmel – ein gewichtiges Argument für Urlauber im Norden der Insel, die nur recht selten von den Passatwolken verschont bleiben – und die vegetationsarme, von bizarren Felsgruppen und Vulkankegeln geprägte Sand- und Lavalandschaft am Südfuß des Teide garantieren bleibende Erlebnisse. Im Frühsommer (Mai/Juni) ist die Vulkanlandschaft der Cañadas von einem einzigartigen Blütenmeer überzogen. Der weiß blühende Teide-Ginster, goldgelb leuchtende Besenrauken und andere Ginsterarten hüllen dann die Landschaft in ihren betörenden Duft, außerdem buhlen die bis zu zwei Meter hohen Blütenkerzen des Teide-Natternkopfes (Taginaste) und zahlreiche andere nur in der Caldera vorkommende Pflanzen um die Gunst der Bienen. Die Blütezeit dauert bei manchen Pflanzen nur wenige Stunden oder Tage, danach umgibt sich die Landschaft wieder mit ihrem wüstenartigen, an eine Mondlandschaft erinnernden Gepräge.

Teide und Montaña Blanca, gesehen vom Guajara. Links im Hintergrund La Palma.

Die Caldera entstand vor etwa 300 000 Jahren durch den Einsturz eines mächtigen Vulkankegels, aus dessen Grund sich bei späteren Eruptionen der Pico del Teide, der Pico Viejo und zahlreiche weitere Vulkanberge erhoben. Die »Zuckerhut« (Pan de Azucár oder Pitón) genannte weiße Spitze des Teide oberhalb der Rambleta mit der Bergstation der Teide-Seilbahn ist noch jüngeren vulkanischen Ursprungs, hier treten nach wie vor Schwefelschwaden aus dem Inneren des Berges.

Ausgangspunkte für Wanderungen

El Portillo, 2050 m

Straßenkreuzung bei Km 32 der Cañadas-Straße, am Nordostrand der Cañadas. Bar-Restaurant und Nationalpark-Besucherzentrum (Centro de Visitantes – Ausstellung zur Entstehung der Cañadas, Informationen über Wanderwege). Wanderwege zur Fortaleza, zur Montaña Blanca und zum südlichen Kraterrand.

Teleférico del Teide, 2356 m

Talstation der Teide-Seilbahn, bei Km 42,5 der Cañadas-Straße. Ausgangspunkt für die Teide-Besteigung (eigentlicher Ausgangspunkt 3 km östlich).

Parador Nacional de las Cañadas, 2150 m

Staatliches Hotel und Nationalpark-Besucherzentrum bei Km 46,5 der Cañadas-Straße. Idealer Stützpunkt für jegliche Touren in den Cañadas (Übernachtungsmöglichkeit) und Ausgangspunkt u.a. für Wanderungen zu den Roques de García und zum Guajara.

Boca Tauce, 2055 m

Straßenkreuzung bei Km 53 der Cañadas-Straße am Südwestrand der Cañadas. Ausgangspunkt für Touren zum Kraterrand der Caldera und zum Pico Viejo.

59 Fortaleza, 2159 m

2.30 Std.

Einstimmungstour zur Felsenfestung

Wer sich erste Eindrücke vom grandiosen Wanderrevier der Cañadas verschaffen will, der wird in der Fortaleza (»Festung«) eine ideale Einstimmungstour vorfinden. Zunächst lohnt ein Besuch des Centro de Visitantes (Besucherzentrum), in dessen Räumen eine kleine, informative Ausstellung zur Geologie, Flora und Fauna des Teide-Nationalparks untergebracht ist. Die Wanderung führt durch die sanfthügelige Lava- und Sandlandschaft am Nordrand der Cañadas, die durch die eingesprenkelten Besenrauken und den im Frühsommer weiß blühenden Teide-Ginster aufgelockert wird. Am Ziel der Wanderung erwarten uns das rotbraune Felsmassiv der Fortaleza und beim Cruz de Fregel schöne Rastplätzchen.

Ausgangspunkt: Centro de Visitantes (Nationalpark-Besucherzentrum) in El Portillo, 2050 m, 250 m nach der Straßenkreuzung am Bar-Restaurant El Portillo (Haltestelle der Buslinien 342 und 348).
Höhenunterschied: 300 m.

Anforderungen: Durchwegs leichte, bequeme Wanderung, nur der direkte Fortaleza-Aufstieg ist anspruchsvoller.
Einkehr: Bar-Restaurant El Portillo.
Variante: Abstieg vom Cruz de Fregel zum Mirador La Corona (→Tour 14).

Tourenbeschreibung Unmittelbar links neben dem **Centro de Visitantes** beginnt der Wanderweg (*N° 1*). Er führt unterhalb eines kleinen Aussichtspunktes vorbei, leitet durch ein Zaungatter und hält in stetem Auf und Ab direkt auf den Teide zu. Der Wanderweg ist meist von Steinen eingefasst, hin und wieder laden Steinbänke zu einer Rast. Nach einer Viertelstunde, in einer kleinen Ebene, gabelt sich der Weg – hier geradeaus weiter. 5 Minuten später, etwa unterhalb des **Roque del Peral**, ignorieren wir einen links abzweigenden Weg. Der Weg führt um die Felsengruppe herum und hält in leichtem Auf und Ab auf den Felskamm der Fortaleza zu. Nahe dem Fuß des Cabezón führt der Weg hinab (unterwegs ignorieren wir den links abzweigenden Weg 22) in eine lang gezogene, beigefarbene Sandebene, die **Cañada de los Guancheros**, die wir in westlicher Richtung durchqueren.

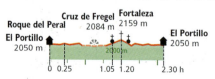

Gleich zu Beginn zweigt rechts unser Aufstiegsweg (*N° 29*) zum Cruz de Fregel ab. Vorher aber sollte man mit *Weg 1* die Ebene durchwandern (10 Min.) und auf dem geraden Weg

Die Fortaleza, rechts davon der Sattel der Degollada del Cedro.

noch 10 Minuten weitergehen bis zum Geländeabbruch mit Prachtblick auf die Nordwestküste (hier zweigt links Weg 33 ab; erfahrene, trittsichere Bergwanderer können von hier direkt zur Fortaleza aufsteigen: noch wenige Minuten den Wanderweg hinab, bis bei ersten Kiefern rechts ein Pfad durch eine steile, gerölllige Rinne ansteigt, dann rechts über die Hochfläche; Steinmännchen). Zurück am Beginn der Ebene (20 Min.), steigen wir mit Weg 29 hinauf zum **Cruz de Fregel** (kleine Kapelle) in der Degollada del Cedro (»Zedernsattel«, bis auf zwei Zedern wurden leider alle abgeholzt).

Wir folgen nun links dem sanft ansteigenden Fahrweg. Er passiert einen Heiligenschrein, kurz darauf endet er. Hier links auf schönem, von Steinreihen eingefasstem Weg hinauf zum höchsten Punkt der **Fortaleza** – der Ausblick reicht vom Teide bis zum tief bewaldeten Orotava-Tal. Wer noch eine kleine Runde anhängen will folgt dem Weg weiter – er führt bis zu einem Aussichtspunkt und kehrt dann zum Fahrweg zurück.

60 Cañadas-Höhenweg – Von El Portillo zum Parador Nacional

6.35 Std.

Höhenwanderung am Calderarand – nur für Konditionsstarke

Der Höhenweg von El Portillo zum Gipfel des Pasajirón zählt beileibe nicht zu den großen Routen der Insel – der schönste Abschnitt erwartet den Wanderer erst gegen Schluss, am Pasajirón. Im Frühsommer zur Blütezeit ist er allerdings sehr zu empfehlen, am Weg befinden sich unzählige Taginasten. Der Weg verläuft weitgehend auf Fahrwegen, bietet aber häufig grandiose Ausblicke auf die Cañadas und den Teide, bei guter Sicht auch auf weite Teile der Südostküste.

Ausgangspunkt: Centro de Visitantes in El Portillo, 2050 m, 250 m nach der Kreuzung (Haltestelle der Buslinien 342 und 348).
Endpunkt: Parador Nacional, 2150 m (Haltestelle der Buslinien 342 und 348).
Höhenunterschied: 800 m im Aufstieg und 700 m im Abstieg.
Anforderungen: Bis auf den Auf- und Abstieg zur Montaña Pasajirón durchwegs leichte, aber anstrengende Wanderung.
Einkehr: Am Ausgangspunkt das Bar-Restaurant El Portillo, am Endpunkt das Hotel Parador Nacional de las Cañadas.
Kombinationsmöglichkeit: Touren 61 und 63.

Gegenüber dem **Centro de Visitantes** (Nationalpark-Besucherzentrum) beginnt eine Forststraße (Schranke), die sich bereits nach 5 Minuten gabelt. Wir folgen dem linken, gemütlich ansteigenden Forstweg (*N° 2*). Nach gut 5 Minuten wendet sich der Wanderweg bei einer Kettensperre vom Forstweg ab. Eine gute halbe

Stunde später gelangten wir in den weiten Sattel, 2295 m, zwischen der Montaña de las Arenas Negras und der Montaña del Cerrillal (insgesamt 1 Std.). Nun haben wir den Teide und den Guajara im Blickfeld. Wir verbleiben auf dem sanft bergab führenden Hangweg und erreichen 5 Minuten später einen Pfosten und eine große Sandebene zur Linken (Llano de Maja). Der von Steinreihen eingefasste Hauptweg N° 2 knickt hier rechts ab, geradeaus zweigt ein Pfad ab, der die lang gezogene Ebene der Länge nach durchquert und nach 25 Minuten an ihrem Ende hinter einem Sandwall auf eine Forststraße trifft (N° 8). Auf dieser rechts weiter zum schwach ausgeprägten Sattel der **Degollada de Abreo**, 2314 m (Holzkreuz; gut 20 Min.). Immer geradeaus weiter, erreichen wir eine Stunde danach einen schwach ausgeprägten Sattel nahe der Caldera-Abbruchkante – hier geradeaus weiter. Der Fahrweg entfernt sich nun etwas von der Kammhöhe (nun auch schöner Blick zur Südküste) und gelangt nach einer knappen halben Stunde in einen Sattel mit Blick auf die Cañadas und den Teide. 20 Minuten später kommen wir in einen weiteren Sattel. In der Folge steigt der nun holpriger werdende Fahrweg in ein paar Kehren an, dann setzt er sich wieder als gemütliche Hang-

wanderung fort. Nach einer Dreiviertelstunde wird der breite Weg auf einen Schlag verwachsener – hier zweigt halb rechts entlang einer Steinreihe ein deutlicher Pfad ab (N° 8), der gemütlich, meist leicht ansteigend durch den Hang verläuft. Er vereint sich nach 5 Minuten mit dem Wanderweg *PR TF 86* (*weiß-gelb*), der von Arico heraufkommt und leitet hinüber zum Sattel vor dem Pasajirón. Über den Kamm, vorbei an ein paar Felswänden, geht es weiter hinauf zur Gipfelhochfläche, wo wir 30 m abseits vom höchsten Punkt der **Montaña Pasajirón**, 2529 m (½ Std. ab Pfadabzweig), vorbeikommen. Kurz danach senkt sich der Weg hinab zum **Guajara-Pass**, 2372 m. Von dort steigen wir etwa 3 Minuten im Kammverlauf an, bis an einer großen Tafel rechts Weg 5 (*weiß-rot-gelb*) zum Cañadas-Fahrweg hinabführt (20 Min.). Auf diesem links (N° 4, *weiß-rot-gelb*), passieren wir nach einer knappen Dreiviertelstunde, zuletzt vorbei an der Felsenstadt der **Cañada del Capricho** (Piedras Amarillas), eine Schranke. Kurz darauf zweigt rechts ein deutlicher Weg (N° 4) zum nahen **Parador** ab.

61 Siete Cañadas – Vom Parador Nacional nach El Portillo

4.30 Std.

Leichte Wanderung am Fuß der Calderawände

Dieser bequeme Wanderweg verläuft am Rand der Cañadas zwischen den riesigen Lavafeldern und den beeindruckenden Wänden des Calderarandes – eine beschauliche Spazierwanderung.

Ausgangspunkt: Parador Nacional, 2150 m (Haltestelle der Buslinien 342 und 348).
Endpunkt: El Portillo, 2050 m (Haltestelle der Buslinien 342 und 348).
Höhenunterschied: Nur geringe Anstiege (200 m) und Abstiege (300 m).
Anforderungen: Leichte, aber lange Wanderung auf stets breitem Fahrweg.
Einkehr: Hotel-Restaurant Parador und Bar-Restaurant El Portillo.
Varianten: Wem die Wanderung zu lang ist, der kann nach knapp 1 Std. links auf den Fahrweg zur Teide-Seilbahn (N° 16) abbiegen: Er führt vorbei am Sanatorio (20 Min.) zur Cañadas-Straße (1 Std.), von dort 15 Min. zur Talstation oder mit Weg 19 zurück zum Parador (knapp 1 Std.).
Kombinationsmöglichkeit: Tour 60.

Vom Straßenrondell direkt neben dem **Parador Nacional** (Busstation) folgen wir dem weiß-rot-gelb markierten Pfad (*GR 131/N° 4*), der in östlicher Richtung auf den Guajara zuführt. Er trifft nach einer Viertelstunde auf einen Fahrweg, in den unser Wanderweg links einbiegt. Er passiert sogleich eine kleine Nationalpark-Steinhütte und umwandert die bizarre Felsenstadt der **Cañada**

del Capricho (Piedras Amarillas). Wenig später passieren wir eine weitere Felsengruppe. Nach einer knappen Dreiviertelstunde biegt links Weg 16 zur Teide-Seilbahn ab, einige Minuten später zweigt rechts Weg 5 zum Guajara-Pass ab. Wir verbleiben auf dem nunmehr weiß-rot markierten Fahrweg (*N° 4*), der in der Folge unterhalb der Montaña Pasajirón vorbeiführt. Wir passieren eine schöne Felsengruppe, dann geht es am Fuß des Roque de la Grieta sanft hinab in einen Graben, der links von einem gewaltigen Lavawall begrenzt wird – zahlreiche Taginasten besiedeln die sonnenverwöhnten Hänge. Am Fuß des Topo de la Grieta senkt sich der Fahrweg weiter ab zu einer größeren Schwemmebene, der **Cañada de la Grieta**. In der Folge wird das Landschaftsbild eintöniger. Nach einer Dreiviertelstunde gelangen wir in eine lang gezogene Ebene, die **Cañada de las Pilas**, an deren Ende (gut ½ Std.) wir zwischen Felsblöcken und an einem Felsturm vorbeikommen. In der nächsten Ebene faszinieren die farbenprächtigen Schichtungen und Formationen in den Felswänden. An ihrem Ende (knapp ½ Std.) macht der Fahrweg einen Knick. Etwa 25 Minuten später folgt eine kleine Ebene, in der von rechts Weg 2 einmündet. Wir folgen weiter dem Fahrweg, passieren nach 15 Minuten eine Schranke und erreichen kurz darauf das Centro de Visitantes in **El Portillo** an der Hauptstraße.

Teide-Blick vom ehemaligen Sanatorium, das einen kleinen Abstecher wert ist.

62 Roques de García

1.15 Std.

Unvergessliche Runde um die bizarrste Felsengruppe der Cañadas

Die Roques de García im Herzen der Cañadas am Fuß des Teide sind das bedeutendste Naturmonument der Insel. Insbesondere der Roque Cinchado, der so genannte »Finger Gottes«, lockt Scharen von Touristen an. Schon nach wenigen Minuten aber umfängt den Wanderer die Stille der Cañadas, sodass er fast unbehelligt die fantastischen Naturwunder rund um das bizarre, vielförmige Felsmassiv entdecken kann.

Ausgangspunkt: Parador Nacional de las Cañadas, 2150 m (Haltestelle der Buslinien 342 und 348), bzw. der Parkplatz am Mirador de la Ruleta, am Fuß der Roques de García.
Höhenunterschied: 200 m.
Anforderungen: Leichte Wanderung.
Einkehr: Im Hotel Parador Nacional.
Kombinationsmöglichkeit: Tour 63.

Vom Straßenrondell am **Mirador de la Ruleta** wandern wir mit Weg N° 3 rechts an der Absperrung entlang, unterhalb des Roque Cinchado vorbei. Schon nach wenigen Minuten erreichen wir am Ende der Absperrung einen kleinen Sattel. Etwa 10 Minuten später rückt von rechts ein Lavafeld bis nahe an die Felsen heran. Etwa 10 Minuten danach gelangen wir an den letzten, allein stehenden Felsturm der Roques de García, die Roques Blancos (kurz vorher zweigt rechts Weg N° 23 zum Pico Viejo ab). Wir wandern noch rechts an diesem vorbei und erreichen ein kleines **Aussichtsplateau** an der Abbruchkante zur Ebene des Llano de Ucanca (schöner Rastplatz).

Um die nachfolgende kleine Felsengruppe herum steigen wir nun links haltend in Richtung Ucanca-Ebene ab. – Wer will, kann nach dem Kurzabstieg noch rechts am Lavawall entlang weiter ansteigen, wir aber wandern im Tälchen links von diesem Wall hinab. Nach etwa 20 Minuten befinden wir uns am Fuß eines mächtigen, vielspit-

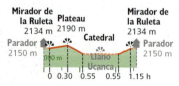

Die Roques de García – ein viel besuchter Felsengarten..

zigen Felsgebildes. An seinem Fuß geht es weiter hinab zur Ucanca-Ebene, direkt auf die **Catedral** zu (oben am Kamm taucht wieder der »Finger Gottes« auf). Die etwa 100 m hohe Felsbastion weist mehrere markante Türme auf und sieht einer Kathedrale nicht unähnlich – hin und wieder kann man Kletterer in den steilen Felsen beobachten.

100 m vor der Catedral gabelt sich der Weg. Hier kehren wir links an der Catedral vorbei auf dem steilen *Weg 3* zum **Mirador de la Ruleta** zurück (20 Min., auf halber Strecke rechts Abstecher zur Abbruchkante zur Ucanca-Ebene). – Wer die Wanderung ausdehnen will, kann rechts an der Catedral vorbei mit *Weg 26* einen Ausflug zum Mirador Llano de Ucanca unternehmen (½ Std.): Man passiert noch ein stark durchlöchertes Felsgebilde und 5 Minuten später einen Vulkanschlot zur Rechten. 5 Minuten danach knickt der markierte Weg kurz vor dem Rand der Ebene nach rechts (geradeaus führt ein Pfad vorbei an den Azulejos zur Hauptstraße hinauf) und zieht durch die Ucanca-Ebene hinüber zum Mirador an der Hauptstraße (gut 10 Min.).

Beliebt bei Kletterern – die Catedral.

63 Vom Parador Nacional auf den Guajara, 2718 m

Parade-Aussichtsberg mit rassigen Routen

Der breitschultrige Guajara ist nicht nur die höchste, sondern auch die markanteste Berggestalt im weiten Rund der Calderarand-Erhebungen. Er vermittelt uns neben einem schönen Bergerlebnis vor allem einen grandiosen Ausblick auf den Teide, die Cañadas und auf die Nachbarinseln Gran Canaria, El Hierro, La Gomera und La Palma. Außerdem wachsen an seinen sonnenverwöhnten Hängen zahllose Taginasten, die im Frühsommer ihre verschwenderische Blütenpracht entfalten. Vom Parador Nacional führen zwei Routen auf den Gipfel: Unser Aufstieg folgt dem für jedermann zu bewältigenden Normalweg, der Abstieg erfolgt auf dem breiten, manchmal etwas luftigen Felsband, das (vom Parador gesehen) unter dem Gipfel zum Ucanca-Pass hinabzieht – wem dieser anspruchsvolle Weg nicht ganz geheuer ist, der sollte wieder auf dem Aufstiegsweg zum Ausgangspunkt zurückkehren (2 Std.). Erfahrenen Bergwanderern hingegen sei empfohlen, die Wanderung in umgekehrter Richtung über die Degollada de Ucanca durchzuführen (→Tour 65).

Ausgangspunkt: Parador Nacional de las Cañadas, 2150 m (Haltestelle der Buslinien 342 und 348).
Höhenunterschied: 650 m.
Anforderungen: Der Aufstieg ist leicht, der Abstieg ist teilweise leicht ausgesetzt (bei Schnee/Eis und bei Sturm meiden!), bei schlechter Sicht eventuell Orientierungsprobleme.
Einkehr: Im Hotel Parador Nacional.
Kombinationsmöglichkeit: Touren 64 und 65.

Vom Straßenrondell direkt neben dem **Parador Nacional** (Busstation) folgen wir dem Pfad (Weg Nº 4, weiß-rot-gelb), der in östlicher Richtung auf den Guajara zuführt. Er trifft nach einer Viertelstunde auf einen Fahrweg, in den wir links einbiegen (gegenüber setzt sich Weg 31 zur Degollada de Ucanca fort). Der Fahrweg passiert sogleich eine kleine Nationalpark-Steinhütte und umwandert die **Cañada del Capricho** (Piedras Amarillas) – hin und wieder kann man an den bizarren Felswänden dieser grandiosen Felsenstadt Klet-

Der Guajara mit dem Parador. Gut zu erkennen ist die Abstiegsroute, die unterhalb der Gipfelwand über das Felsband rechts zum Ucanca-Pass zieht.

terer beobachten. Später passieren wir eine weitere, nicht ganz so spektakulär ausgeformte Felsengruppe. In der nachfolgenden Linkskurve zweigt rechts ein Abkürzungspfad ab, der kurz darauf wieder auf den Fahrweg trifft. Wir befinden uns nun bereits am Fuß des mächtigen Guajara. Eine knappe halbe Stunde ab der Nationalpark-Steinhütte ignorieren wir einen links zur Teide-Seilbahn abzweigenden Weg (N° 16), dann kommen wir an den Rand einer lang gezogenen Ebene. Hier zweigt rechts der ausgeschilderte Aufstiegsweg zum Guajara-Pass ab (*N° 5/GR 131/PR TF 86*). Steinmännchen weisen uns nun den Weg, der sich zwischen Ginsterbüschen hinaufschlängelt (stets auf dem Hauptweg bleiben). Nach einer knappen halben Stunde ignorieren wir einen rechts abzweigenden Pfad. Knapp 5 Minuten später ist die **Degollada de Guajara**, 2372 m, erreicht.

Der weiß-gelb markierte Wanderweg PR TF 86 verabschiedet sich hier nach links – wir folgen dem Weg 15 und dem weiß-rot markierten GR 131 nach rechts. Er knickt nach 25 m nach links (geradeaus zweigt ein zwar schönerer, aber gerölliger und steilerer Pfad ab) und führt bald unter einer schönen Bimswand vorbei. Nach einem kurzen Anstieg, nach knapp 10 Minuten, zweigt an einer Eisenstange rechts

Gipfelrast mit Teide-Blick.

der Aufstiegsweg zum Guajara ab (*N° 15*; geradeaus Abstiegsmöglichkeit zur Paisaje Lunar, →Tour 65). Der Weg führt meist etwas links haltend durch den Hang bergan, bald über einen schwach ausgeprägten Rücken. Nach 25 Minuten quert der Weg eine abschüssige Erosionsrinne und steigt in direkter Linie an. Eine Viertelstunde später ist der höchste Punkt auf dem weiten Gipfelplateau des **Guajara** erreicht – Steinmauern bieten uns windgeschützte Rastplätze.

Wer trittsicher und schwindelfrei ist, folgt für den Abstieg dem Weg, der sich unmittelbar rechts der großen rechteckigen Steinmauer am höchsten Punkt in Richtung Teide (nach Norden) absenkt. Er leitet stets etwas rechts haltend am Rand eines Steilabbruchs, teils über Felsblöcke, hinab zu einem kleinen Plateau neben einem vorgelagerten Felsgipfel mit Vermessungsstein (gut 5 Min.) und von dort scharf links hinüber an den Fuß des Gipfelnordwand (in der Folge gut auf die grüne Markierung achten!). Nach kurzer Kraxelei führt der Pfad direkt an den Wandfuß heran (knapp 10 Min.), an dem es weiter steil, stellenweise etwas abschüssig, aber nie wirklich ausgesetzt, in westlicher Richtung hinab geht. Während des Abstiegs über das breite Geröll- und Felsband genießen wir einen herrlichen Blick auf die Ucanca-Ebene mit den Roques de García. Nach 10 Minuten verschmälert sich das Felsband – hier am Wandfuß blüht gleich büschelweise das Kanarische Edelweiß. Der Pfad quert nun hinüber zu einem talwärts ziehenden Kammausläufer, zuletzt durch eine Geröllrinne, und hält weiter auf dem Kammrücken hinab. Eine Dreiviertelstunde ab dem Gipfel erreichen wir eine kleine Kieferngruppe – der Pfad führt zwischen den Kiefern links weiter am Bergrücken hinab zur **Degollada de Ucanca**, 2413 m (knapp 10 Min.).

Von der Passhöhe steigen wir etwa 100 m in westlicher Richtung an, bis rechts ein deutlicher Weg abgeht (*N° 31*, Steinmännchen). Er führt kurz in westliche Richtung, knickt dann nach rechts (Osten) um und hält unmittelbar am Fuß einer kleinen, lang gezogenen Felswand entlang. Über den nächsten zu Tal ziehenden Bergrücken geht es dann in engen Serpentinen hinab in einen hellen Bimssattel (½ Std.), von dem wir rechts hinabsteigen zum Fahrweg bei der **Cañada del Capricho** (Piedras Amarillas). Gegenüber auf *Weg 4* zurück zum **Parador Nacional**.

4.20 Std.

Paisaje Lunar **64**

Zu den märchenhaften Minaretten und Türmen der Mondlandschaft

Die Mondlandschaft zählt zu den größten Naturwundern der Insel: Minaretten gleich wachsen die seltsam anmutenden, hellbeigen Bimssteinsäulen aus dem Hang beiderseits des Barranco de las Arenas, leuchtend grüne Kiefern bilden dazu einen herrlichen Kontrast – eine richtige Märchenlandschaft!

Ausgangspunkt: Kirchplatz von Vilaflor, 1420 m (Haltestelle der Buslinien 342, 474, 482). – Alternativ kann man die Tour auch am Abzweig der Pista Madre del Agua von der TF-21 Vilaflor – Cañadas (bei Km 66) starten. Nach 3,7 km (gut ¾ Std.), wenige Minuten nach dem Barranco de las Mesas, kreuzt der Wanderweg die Pistenstraße.
Höhenunterschied: Gut 750 m.
Anforderungen: Leichte Wanderung.
Einkehr: Bar-Restaurants in Vilaflor.
Kombinationsmöglichkeit: Touren 63 und 65.

Ausgangspunkt der Wanderung ist das untere Ende der großen, geneigten Plaza an der Iglesia de San Pedro in **Vilaflor**. Wir gehen die Dorfstraße hinab mit *GR 131/ PR TF 72* (*weiß-rot-gelb*) und biegen auf die zweite Straße links ab. An den beiden folgenden Gabelungen hal-

195

Ein Traumziel für Wanderer – die Mondlandschaft am Südfuß des Guajara.

ten wir uns links, 25 m danach zweigt rechts der ausgeschilderte Camino ab. Er führt in den **Barranco del Chorrillo** hinab, kreuzt einen Fahrweg und mündet kurz darauf nach einem runden Wasserreservoir in eine Piste. Dieser folgen wir 50 m nach links, bis scharf rechts ein breiter, von Steinmäuerchen eingefasster Pflasterweg abzweigt. Er führt recht zielstrebig durch lichten Kiefernwald bergan und kommt nach einer guten halben Stunde an einem großen Gehöft mit Trockenfeldterrassen und einem Mandelhain vorbei (**Casa Galindo**). 5 Minuten später gabelt sich der Weg – hier halb rechts auf dem Camino hinab in den **Barranco de las Mesas** (Taginasten!) und auf der anderen Talseite hinauf zur **Pista Madre del Agua** (10 Min.; 3,7 km zur TF-21). Wir kreuzen die Pistenstraße und steigen auf dem Camino weiter über einen Bergrücken an und halten uns an der Gabelung nach 3 Minuten geradeaus (rechts unser späterer Rückweg). Er kreuzt nach einer knappen halben Stunde einen Fahrweg (zur Linken einige Terrassenfelder) und 2 Minuten später eine Piste – hier geradeaus auf dem abgeschrankten Fahrweg weiter bergan. Wenige Minuten später kommen wir an einem verfallenen Gehöft vorbei (Casa Marrubial). Nach 5 Minuten wendet sich der Weg rechts dem Hang zu, um nach weiteren 5 Minuten durch eine Miniatur-Mondlandschaft zum nächsten Rücken anzusteigen, auf dem wir ein paar 1–2 m durchmessende »Huevos« (Lavakugeln) passieren. Eine knappe Viertelstun-

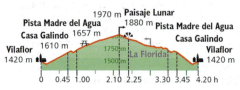

de später gabelt sich der Weg – geradeaus geht es ins Valle de Ucanca (→Tour 65), wir wenden uns mit dem weiß-rot-gelb markierten Weg nach rechts. Er kreuzt nach 100 m einen kleinen alten Wasserkanal und gabelt sich nach 5 Minuten abermals (Tafel). Hier zweigen wir mit *PR TF 72* (*weiß-gelb*) rechts abwärts zur Paisaje Lunar ab (geradeaus Abstecher möglich zur Schwarzen Mondlandschaft: nach 10 Min. im Grund des Barranco de las Arenas links bergan). Der Pfad passiert nach einigen Minuten einen kleinen Aussichtsplatz (30 m links des Weges), 5 Minuten später erreichen wir einen weiteren Aussichtsplatz mit Blick zur **Paisaje Lunar** (Info-Tafel) – der Weiterweg dorthin ist leider aus Naturschutzgründen nicht mehr gestattet.

Der Wanderweg wendet sich nun nach rechts. Er verläuft zunächst in leichtem Auf und Ab, nach 10 Minuten dann leicht absteigend durch den Kiefernwald und ist nicht zu verfehlen. Nach einer guten halben Stunde erreichen wir eine Wegkreuzung (Wegtafeln: scharf links zum Madre del Agua, 2 km, von links mündet PR TF 83 ein, hier 5 Min. zum Parkplatz La Florida an der Pista Madre del Agua), an der wir geradeaus weitergehen, sogleich entlang einer Steinmauer. Der Weg verläuft immer parallel zur Piste, rechts von ihr, und berührt sie in der Folge dreimal (nach 15 Min. rechts vorbei am Steinhaus). Nach einer knappen halben Stunde treffen wir so wieder auf unseren Aufstiegsweg, auf dem wir links nach **Vilaflor** zurückkehren.

65 Von Vilaflor auf den Guajara, 2718 m

7.30 Std.

Lange Gipfeltour auf alten Verbindungswegen

Von den Terrassenfeldern Vilaflors, dem höchstgelegenen Dorf Teneriffas, führt ein schöner alter Camino durch prächtige Kiefernwälder hinauf zur Cumbre, der uns eine tagesfüllende Rundtour auf den Guajara eröffnet – eine der Königstouren der Insel, an der ambitionierte Bergwanderer nicht vorbeikommen. Wer damit nicht ausgelastet ist, kann noch einen Abstecher zur Paisaje Lunar »mitnehmen«!

Ausgangspunkt: Kirchplatz von Vilaflor, 1420 m (Haltestelle der Buslinien 342, 474, 482).
Höhenunterschied: 1500 m.
Anforderungen: Gute Kondition, Trittsicherheit und Schwindelfreiheit erforderlich. Der Weg Ucanca-Pass – Gipfel ist bei Schnee/Sturm heikel (in diesem Fall umkehren!). Bei schlechter Sicht evtl. Orientierungsprobleme.
Einkehr: Bar-Restaurants in Vilaflor.
Kombinationsmöglichkeit: Touren 63 und 64.

Wir folgen →Tour 64 bis zur Weggabelung nach gut 2 Std. (siehe dort). Hier zweigen wir geradeaus ab auf den *grün* markierten Wanderweg in das Valle de Ucanca (»x« auf Fels-

block). Er kommt nach einer knappen Viertelstunde rechts von einem großen Felsblock vorbei (geradeaus bergan) – rechter Hand erhebt sich die Montaña de las Arenas, auf der anderen Talseite der Roque del Encaje. 20 Minuten später baut sich rechts über uns der Guajara mit seiner mächtigen Westwand auf. Der Weg hält nun links hinab zu einem ehemaligen Wasserkanal und verläuft parallel zu diesem weiter talaufwärts, um ihn nach wenigen Minuten wieder nach rechts zu überqueren. Gut 5 Minuten später führt der Weg unmittelbar an einem Wasserhäuschen vorbei. Die Kiefern werden nun spärlicher, dafür zeigen sich am Wegrand zahlreiche Taginasten. Etwa 25 Minuten ab dem Wasserhäuschen wechselt der Pfad auf die linke Talseite und steigt vollends zur nahen **Degollada de Ucanca**, 2413 m, an. Von hier könnte man mit →Tour 63 zum Parador absteigen und mit dem Bus nach Vilaflor zurückkehren.

Wir folgen nun der *grünen Punktmarkierung* rechts steil hinauf zu einem Rücken, der zur Gipfelwand des Guajara hinaufzieht. Nach ein paar Minuten auf dem Rücken wendet sich der Pfad links dem Geröllfeld zu, quert anschließend ein Blockfeld und steigt weiter über ein teilweise etwas schmales, luftiges Band am Fuß der Gipfelwand entlang an. Etwa eine Dreiviertelstunde ab dem Ucanca-Pass erreichen wir ein Plateau – hier rechts über Blöcke hinauf zum Gipfel des **Guajara**.

Die Degollada de Ucanca mit dem Guajara (rechts)..

199

Bequemes Wegstück – der Sandrücken beim Abstieg.
Unten: Schwarze Mondlandschaft.

Auf der Rückseite der Steinmauern am höchsten Punkt führt ein deutlicher, mit Steinmännchen markierter Pfad in südöstlicher Richtung hinab, meist diagonal durch den Hang (*N° 15*). Er mündet nach einer knappen halben Stunde am Rand des Barranco del Río, neben einer Eisenstange, in den quer führenden Wanderweg *GR 131* (*weiß-rot*) – diesem folgen wir nach rechts (links zur Degollada de Guajara). Der deutliche Pfad führt leicht ansteigend auf einen Höhenrücken hinauf und quert anschließend rechts hinüber zum benachbarten Barranco – auch hier zweigt rechts ein Pfad zum Gipfel des Guajara ab. Wir gehen geradeaus weiter und queren den kleinen Barranco – an seinem Rand geht es weiter bergab, dann hält der Pfad weiter nach rechts, auf den schwarzbraun schimmernden Schlackeberg der Montaña de las Arenas zu. Es geht nun in Schleifen auf einem Bergrücken hinab zu einer breiten, sanft abfallenden Sandlandschaft – nach einer halben Stunde (ab Eisenstange) ist der Sandrücken erreicht, auf dem wir geradewegs entlang der Steinreihe hinabwandern, mit großartigem Blick zur Südküste und rechts auf die Schwarze Mondlandschaft. Kurz vor dem Ende des Sandhanges, noch vor den ersten Kiefern, gabelt sich der Weg – hier rechts durch den Barranco de las Arenas (im Barrancobett lohnt rechts ein kurzer Abstecher zur Schwarzen Mondlandschaft) zum nächsten großen Bergrücken. Von dort senkt sich der Weg in einer Hangquerung sanft

ab und erreicht nach wenigen Minuten ein kleines Felsplateau, von dem man bereits einen ersten Blick auf die Mondlandschaft werfen kann. 5 Minuten später eine Wegkreuzung – hier geradeaus weiter in Richtung Valle de Ucanca (links zweigt PR TF 72 zur Paisaje Lunar ab, eine schöne Variante für den Rückweg, →Tour 64). Eine Minute danach erreichen wir die Gabelung vom Hinweg, auf dem wir nun nach **Vilaflor** zurückkehren.

2.30 Std.

Sombrero de Chasna, 2405 m 66

Kurze, aussichtsreiche Route auf den felsigen »Hut« über Vilaflor

Der Sombrero de Chasna ist einer der markantesten Gipfel der Caldera-Umrahmung. Wie ein Hut erhebt sich seine steile Felswand aus den von lichtem Kiefernwald überzogenen Flanken der Caldera. Entsprechend aussichtsreich gestaltet sich auch die Wanderung auf das weitläufige Gipfelplateau, die zuletzt auch eine kleine Kraxelei beinhaltet.

Talort: Vilaflor, 1420 m (Haltestelle der Buslinien 342, 474, 482).
Ausgangspunkt: Wandertafel bei zwei verfallenen Steinhäusern, 2040 m, an einer Linkskurve der Hauptstraße TF-21 Vilaflor – Cañadas, bei Km 59,7 (8,5 km von Vilaflor bzw. 1,2 km unterhalb des Picknickplatzes Las Lajas; an der Buslinie 342).
Höhenunterschied: 500 m.
Anforderungen: Deutlicher Pfad in teils etwas unübersichtlichem Gelände. Der Gipfelaufstieg erfordert kurze Kraxelei (I).
Einkehr: Bar-Restaurants in Vilaflor.
Variante: V**om Sombrero de Chasna zum Parador Nacional** (2½ Std.): Vom Sattel am Fuß des Gipfels (großer Steinmann) führt in nordöstlicher Richtung ein

deutlicher Weg zum Wanderweg N° 31 auf der Kammhöhe am Calderarand. Der Pfad verläuft immer in leichtem Auf und Ab über die Kammhöhe bzw. etwas abseits davon, mit herrlichem Blick auf Teide und Cañadas, und erreicht nach gut 1½ Std. den Ucanca-Pass. Von hier mit →Tour 63 links hinab zum Parador.

Der Sombrero de Chasna – von Vilaflor aus macht er seinem Namen alle Ehre.

Von der Wandertafel steigt rechts, vorbei am unteren Steinhaus, ein deutlicher, mit Steinmännchen und *weißen Pfeilen* markierter Pfad an. Er führt etwa höhehaltend durch den Hang und steigt dann in Serpentinen an, um sich nach knapp 10 Minuten zu gabeln – hier links weiter hinauf (*weiße Pfeile* beachten). Wenige Minuten später gelangen wir auf die Höhe eines Bergrückens, auf dem wir nun weiter ansteigen. Bald geht es in Serpentinen gemütlich hinauf, der spärliche Kiefernwald erlaubt uns nun einen fast uneingeschränkten Ausblick zur Südküste. Nach einer Gehzeit von einer halben Stunde sehen wir vor uns bereits den Sombrero de Chasna. Der *weiß* markierte Pfad verläuft weiter auf dem Bergrücken – rechts begleitet vom Barranco de la Magdalena, der zwischen uns und dem Gipfel liegt. Bald kommen wir rechts an einer weit ausladenden Kiefer vorbei, die von einer Steinmauer umgeben ist. Wenige Minuten später stoßen wir auf den Nationalpark-Wanderweg *N° 31*, der von der Hauptstraße nahe dem Picknickplatz Las Lajas

Rückblick zum Sombrero de Chasna vom Abstiegsweg.

heraufkommt. Der Nationalpark-Weg steigt weiter über den Rücken an, unser *weiß* markierter Wanderweg aber knickt nach 40 m nach rechts und führt in einem Quergang hinüber zum **Barranco de la Magdalena**, wo er sich gabelt (rechts unser späterer Rückweg). Hier links weiter talaufwärts, nach einigen Minuten links vorbei an einem auffälligen, skurril ausgeformten Felsblock, der fast wie eine Miniaturausgabe des »Fingers Gottes« aussieht. Einige Minuten später gabelt sich der Weg im Sattel neben dem Sombrero de Chasna – hier geradeaus weiter (links kann man zum Calderarand mit Teide-Blick hinaufsteigen). Wenige Minuten später steigt der Weg über Felsstufen zur Gipfelhochfläche des **Sombrero de Chasna** an (leichte Kraxelei, Einstieg am Plateau für den späteren Abstieg merken!). Sie sollten es nicht versäumen, mit der *weißen Punktmarkierung* an den Südrand des Gipfelplateaus zu wandern – der Blick zur Südküste und auf Vilaflor ist wunderschön, in der Ferne sehen wir Gran Canaria, El Hierro und La Gomera.

Wir gehen nun wieder zurück bis zur Gabelung im **Barranco de la Magdalena** und gehen hier geradeaus weiter abwärts. Der Weg wendet sich in der Folge in einem Quergang nach rechts, steigt aber allmählich wieder bis nahe an den Grund des Barrancos ab. Dann entfernt er sich endgültig vom Tal: In einer Hangquerung wandern wir rechts haltend, meist leicht absteigend, hinüber zu einem Höhenrücken (im Zweifelsfall bei Verzweigungen rechts halten) und erreichen nach einem weiteren 5-minütigen Quergang wieder den Aufstiegsweg, auf dem wir in wenigen Minuten zurück zur Straße gelangen.

67 Huevos del Teide und Montaña Blanca, 2748 m

5.30 Std.

Zu den gewaltigen Lavakugeln am Fuß des Teide

Die Entstehung der »Teide-Eier«, riesige Lavakugeln mit einem Durchmesser von bis zu fünf Metern, ist noch immer nicht ganz geklärt. Wahrscheinlich haben sie sich aus der flüssigen Lavamasse gelöst und im Abrollen zu Kugeln geformt. Wie von Riesenhand hierher gewürfelt, liegen die schwarz glänzenden Huevos über den hellen Bimshang verstreut.

Ausgangspunkt: Centro de Visitantes (Nationalpark-Besucherzentrum) in El Portillo, 2050 m, 250 m nach der Straßenkreuzung am Bar-Restaurant El Portillo (Haltestelle der Buslinien 342 und 348).
Höhenunterschied: 800 m.
Anforderungen: Leichte, jedoch anstrengende Wanderung.
Variante: Abstieg auf dem Teide-Fahrweg zur Cañadas-Straße, Km 40,5 (gut 1 Std. ab Montaña Blanca; Haltestelle der Buslinien 342 und 348).
Kombinationsmöglichkeit: Touren 59 und 68.

Unmittelbar links neben dem **Centro de Visitantes** beginnt der Wanderweg (*N° 1*). Er führt unterhalb eines kleinen Aussichtspunktes vorbei, leitet durch ein Zaungatter und hält in stetem Auf und Ab direkt auf den Teide zu (immer geradeaus). Nach einer guten Viertelstunde ignorieren wir einen rechts abzweigenden Weg, eine Minute später biegen wir links auf *Weg 6* ab. Er steigt gemütlich über hellbeige Bimssandflächen an, kreuzt

Ein seltsamer Kontrast – die pechschwarzen Huevos und der beige Bims.

nach 5 Minuten neben einer Steinbank einen quer führenden Weg (N° 24) und führt weiter in direkter Linie in Richtung Teide bergan. Nach einer halben Stunde passieren wir einen auffälligen, rechts des Weges liegenden dunklen Lavasandhügel, die **Montaña de los Tomillos**. Eine knappe Viertelstunde später steigt der Weg etwas steiler durch einen kleinen Taleinschnitt an, der bald rechter Hand von Felsen flankiert wird. An einem kleinen Sattel (¼ Std.) verflacht sich der Weg wieder und gabelt sich (links zweigt Weg 27 ab). *Weg 6* führt leicht rechts haltend auf den Sattel zwischen Teide und Montaña Blanca zu und steigt nach einer guten Viertelstunde wieder steiler durch Bimshänge an. Nach 10 Minuten Anstieg kreuzt eine deutliche Pfadspur den Weg (30 m danach zweigt rechts unsere spätere Abstiegsroute ab, N° 22), einige Minuten später mündet unser Weg bei zwei Metallpfosten in den Teide-Fahrweg ein, der links von der Cañadas-Straße heraufkommt (»*Sendero 7*«). In weiten Schleifen geht es nun auf dem Fahrweg bergan, vorbei an den **Huevos del Teide** – am Wegrand kann man die äußerst seltenen Teide-Veilchen und die blauen Taginasten entdecken. Nach einer halben Stunde

zweigt rechts der beschilderte Aufstiegsweg zum Teide-Gipfel ab. Wir verbleiben jedoch links auf dem Pfad, der vorbei an einem haushohen Huevo zur Gipfelhochfläche der **Montaña Blanca** hinaufführt (10 Min.). Von dort genießen wir einen umfassenden Ausblick auf die Cañadas und den Teide-Aufstiegsweg. Wir gehen nun eine gute halbe Stunde auf dem Aufstiegsweg zurück, bis links *Weg 22* zur Cañada de los Guancheros abzweigt (knapp 5 Min. ab Teide-Fahrweg). Er hält direkt auf die Fortaleza zu und führt nach 150 m unmittelbar links von zwei Teide-Eiern vorbei. Einige Minuten später verläuft der Pfad links haltend durch ein paar Felsen und senkt sich sofort danach

Abstieg in Richtung Fortaleza.

rechts hinab in ein Tal, in dem er weiter abwärts führt. Nach einer Dreiviertelstunde ignorieren wir den links abzweigenden Weg 33, gut 10 Minuten später gabelt sich der Pfad kurz vor der **Cañada de los Guancheros** – hier rechts mit *Weg 22* weiter. Der Pfad führt hinüber an den Rand der Ebene und steigt 3 Minuten danach rechts an zu einer Hochfläche (gut 5 Min.). Auf dieser hält er sich links und mündet nach gut 10 Minuten in einen quer führenden Weg (*N° 1*). Links könnte man einen Abstecher zur Fortaleza unternehmen (½ Std., →Tour 59), wir aber kehren rechts, nach einer knappen halben Stunde vorbei am **Roque del Peral** (danach an Gabelung links), nach **El Portillo** zurück (→Tour 14).

Teide-Veilchen am Wegrand.

7.00 Std.

Pico del Teide, 3718 m 68

Aufstieg auf den höchsten Berg Spaniens

Der hell leuchtende, im Winter mitunter schneebedeckte Pan de Azúcar (»Zuckerhut«), das Erlebnis eines noch nicht zur Ruhe gekommenen, von Schwefeldämpfen umwallten Vulkans und nicht zuletzt die Tatsache, auf dem höchsten Berg der Kanaren, ja ganz Spaniens zu stehen, all das mag die Faszination dieses grandiosen Gipfels ausmachen – vor allem aber eines: der nahezu unbegrenzte Ausblick über Teneriffa, bei sehr guter Sicht sogar über den ganzen Kanarischen Archipel hinweg bis nach Afrika. So ist es kein Wunder, daß die Besteigung des Teide ein Wunschtraum vieler Teneriffa-Urlauber ist.

Wegen des nachhaltigeren Erlebnisses sei dem Gipfelaspiranten empfohlen, die 4-stündige Teide-Besteigung auf zwei Tage zu verteilen: Am ersten Tag (nachmittags) erfolgt der anstrengende Aufstieg zur Altavista-Hütte. Am nächsten Tag stolpert man noch im Dunklen los, damit man rechtzeitig zum Sonnenaufgang auf dem Gipfel ist – ein unvergessliches Naturschauspiel: Binnen weniger Minuten, nach und nach, taucht die Sonne die ganze Insel in ein tiefrotes Licht; zuerst den Teide, später die Calderarand-Berge, schließlich auch die Cañadas und das Anaga-Gebirge – der Teide-Schatten reicht zu dieser Zeit bis zur etwa 50 km entfernten Nachbarinsel La Gomera. Gigantisch!

Ausgangspunkt: Cañadas-Straße TF-21 bei Km 40,5, 2350 m (zwischen El Portillo, 8 km, und Teleférico, 2,5 km), am Abzweig des Fahrweges Richtung Teide (Tafel). Halt der Buslinien 342, 348.

Höhenunterschied: 1400 m (bis Refugio de Altavista gut 900 m).

Anforderungen: Bis Montaña Blanca gemütlicher Fahrweg, dann häufig steiler, geröliger Wanderweg. Der letzte Gipfelanstieg sollte bei Sturm unbedingt gemieden werden (teils sehr abschüssig). In den Wintermonaten muss man mit Schnee, häufig auch mit pickelhart gefrorenen Eisplatten rechnen, die den Aufstieg wesentlich erschweren bzw. nur mit entsprechender Ausrüstung (Steigeisen, Pickel) möglich machen. Bei ungünstigen Wetterverhältnissen (Nebel, Schnee, Eis, Sturm) ist unbedingt von einer Besteigung des Teide abzuraten. Nicht zu spaßen ist mit der Höhenkrankheit: Wenn während des Anstieges Kopfschmerzen, Übelkeit und Schwindel auftreten, sollte man eine Pause einlegen – wenn keine Besserung eintritt, kehrt man besser um.

Einkehr und Unterkunft: Refugio de Altavista, 3260 m. Die 1893 gegründete Schutzhütte ist ganzjährig bewartet, nur im Winter bei Schnee/Eis geschlossen (Tel. 922 010 440 oder 922 533 720, 60 Betten, Bettwäsche/Wolldecken vorhanden, Kochgelegenheit, Geschirr, Getränke- und Kaffeautomat, mitunter kein Wasser, Notlager im Nebengebäude ganzjährig offen). Reservierung dringend empfohlen, sonst muss man am Boden oder im Freien schlafen (besonders Juni bis November großer Andrang).

Seilbahn: Der Betrieb der Teide-Seilbahn (erste Bergfahrt 9 Uhr, letzte Talfahrt 17 Uhr) wird bei Sturm und bei Schnee/Eis am Gipfel eingestellt – erkundigen Sie sich also vor Beginn der Tour, ob die Seilbahn in Betrieb ist, falls Sie beabsichtigen, mit dieser abzufahren (Tel. 922 010 445 oder 922 533 720).

Wichtige Hinweise: Der Weg von der Seilbahn-Bergstation zum Gipfel (Telesforo Bravo) ist aus Naturschutzgründen gesperrt. Wer nicht auf den Gipfel verzichten will, der muss eine Sondergenehmigung beantragen (bis spätestens 14 Uhr am Vortag) unter www.reservasparquesnacionales.es oder im Oficina del Parque Nacional, C/ Sixto Perera González nº 25, 38300 El Mayorazgo / La Orotava (Mo–Fr 9–14 Uhr; Pass-Kopien mitbringen), per Fax 922 244 788 oder teide.maot@gobiernodecanarias.org; bei Schnee/Eis unter Tel. 922 29 01 29/83 vorher nachfragen! Bei Übernachtung auf der Altavista-Hütte ist kein Permit nötig, allerdings muss man den Gipfelweg bis 9 Uhr morgens verlassen haben. Warme Kleidung, Wind-/Regenschutz, Handschuhe und Mütze (auch im Sommer) und ein guter Sonnenschutz werden dringend empfohlen. Ausreichend Verpflegung und reichlich Getränke müssen mitgenommen werden, da das Refugio de Altavista nicht bewirtschaftet ist. Für den frühmorgendlichen Aufstieg von der Hütte zum Gipfel ist eine Taschen- oder Stirnlampe erforderlich.

Kombinationsmöglichkeit: Touren 67 und 69.

Schlechte Wetteraussichten: Teide-Gipfel mit Wolkenhaube.
Unten: Rückblick von der Estancia de los Ingleses zur Montaña Blanca.

An der Cañadas-Straße, bei Km 40,5 (Parkmöglichkeiten, keine Wertsachen im Wagen zurücklassen!), beginnt der ausgeschilderte Fahrweg Richtung Teide (*N° 7*; nach 100 m Schranke). Er führt gemütlich durch hellbeige Bimssandhänge bergan. Nach einer Viertelstunde ignorieren wir einen rechts abzweigenden Fahrweg (N° 27), 25 Minuten später mündet bei zwei Metallpfosten von scharf rechts Weg 6 von El Portillo ein (→Tour 67). Der Fahrweg zieht nun in weiten Schleifen durch die hellen Bimshänge der Montaña Blanca hinauf, schon nach wenigen Kehren kommen wir an den **Huevos del Teide** (»Teide-Eier«) vorbei. Nach insgesamt 1¼ Stunden zweigt dann in gut 2700 m Höhe unweit vom Gipfel der **Montaña Blanca** (10 Min. vom Ab-

zweig) rechts der ausgeschilderte Pfad (*N° 7*) zum Refugio de Altavista ab. Er steigt steil in Serpentinen über einen ockerfarbenen Geröllhang an. Nach etwa einer halben Stunde haben wir die steilste Hangpartie hinter uns und gelangen auf eine kleine Hangverflachung mit riesigen, runden Felsblöcken, die Estancia de los Ingleses (»Aufenthalt der Engländer«) – und wenige Minuten später auf eine weitere, die Estancia de los Alemanes (»Aufenthalt der Deutschen«). Der Weg führt in der Folge durch ein lang gestrecktes Ginsterfeld, das wir nach einer Viertelstunde nach links verlassen. Nun geht es in Serpentinen, dann wieder etwas steiler hinauf zum **Refugio de Altavista**, 3260 m (½ Std.), das erst zuletzt vor uns auftaucht (nur eine Metallstange bei der Hütte zeigt sich schon vorher).

Links der Hütte setzt sich der breite, teils gepflasterte Weg zum Gipfel fort. Er steigt gelegentlich steil an und führt durch einen Lavastrom. Nach etwa 20 Minuten zweigt unmittelbar nach einer scharfen Linkskurve rechts ein Pfad durch Lavabrocken zur nahen **Cueva del Hielo** ab (1 Min.) – der Zugang ist abgesperrt, eine Eisenleiter führt hinab in die »Eishöhle«, in der Eiszapfen von den Wänden herabhängen und nahezu ganzjährig Schnee liegt. Die Gänge der ausgedehnten Lavastromhöhle sind wenigstens 50 m lang.

Tiefblick auf die Cañadas – in der Mitte die Roques de García.

Am Gipfel – Blick zu den Nachbarinseln La Gomera, El Hierro und La Palma.

Wieder zurück von der Cueva del Hielo, steigen wir weiter auf dem Hauptweg an. Der Pan de Azúcar, die hell leuchtende Gipfelhaube des Teide, kommt nun in Sicht. Nach einer knappen halben Stunde erreichen wir eine Hangverflachung, die Rambleta, und treffen dort auf den quer führenden Panoramaweg (N° 11). 50 m rechts befindet sich der **Mirador de la Fortaleza**, der einen wunderschönen Blick auf den Osten der Insel, insbesondere auf das Orotava-Tal, offeriert. In der Gegenrichtung gelangt man zur **Bergstation** der Teide-Seilbahn, 3555 m (gut ¼ Std.), und weiter zum Mirador de Pico Viejo (N° 12, ¼ Std.).

Der Schlussanstieg zum Gipfel.

50 m vor der Bergstation zweigt rechts der steile Weg (N° 10) zum Gipfel ab. Er ist ebenfalls teils gepflastert, im obersten Abschnitt ist er kurz etwas luftig. Am Rand des hellen, von Schwefeldämpfen erfüllten Kraters rechts haltend, gelangen wir zum Gipfel des **Pico del Teide** und genießen von dort den beinahe unendlichen Ausblick auf Teneriffa und die Inselwelt der Kanaren.

69 Von der Teide-Seilbahn über den Pico Viejo, 3135 m, zum Parador

4.00 Std.

Langer Abstieg über geröllige Lavaströme und butterweiche Bimspfade

Der Pico Viejo, der westliche Trabant des Teide und mit 3135 m der zweithöchste Gipfel der Insel, kann als einer der großartigsten Berge Teneriffas bezeichnet werden. Sein mächtiger Krater ist mit 800 m Durchmesser nicht nur der mit Abstand größte der Insel – hier finden wir auch eine einzigartige vulkanische Farbenpracht: Vom tiefsten Schwarz über Rot und Ocker bis hin zu Türkis reicht die Farbpalette im Inneren. Unser Abstieg führt im oberen Abschnitt durch felsig-gerölliges Lavagelände, ab dem Pico Viejo erwartet uns dann ein wunderschöner Bimssandweg, der meist gemütlich zu den Roques de García hinabzieht. Wegen der Steigerung des Erlebnisses empfiehlt sich unbedingt eine Kombination dieser Bergtour mit dem Teide-Aufstieg (Tour 68), bei Nächtigung im Refugio de Altavista.

Ausgangspunkt: Bergstation der Teide-Seilbahn, 3555 m (Teleférico-Talstation, 2356 m, bei Km 42,5 der Cañadas-Straße; erste Bergfahrt 9 Uhr, letzte Talfahrt 17 Uhr, Wartezeiten einkalkulieren!). Bei Sturm und bei Schnee/Eis am Gipfel wird die Seilbahn eingestellt – erkundigen Sie sich also vorher, ob die Seilbahn in Betrieb ist (Tel. 922 010 445 oder 922 533 720).
Endpunkt: Parador Nacional de las Cañadas, 2150 m (Haltestelle der Buslinien 342 und 348).
Höhenunterschied: Von der Bergstation der Teide-Seilbahn etwa 1500 m im Abstieg, nur geringe Gegenanstiege.
Anforderungen: Bis zum Pico Viejo anspruchsvolle Wanderung auf teilweise undeutlichem Pfad über Lava- und Geröllfelder. Der Pfad verlangt absolute Trittsicherheit, bei schlechter Sicht auch eine gute Orientierungsgabe. Ab Pico Viejo überwiegend bequemer Wanderweg. In den Wintermonaten muss man mit Schnee/Eis rechnen, was den Abstieg wesentlich erschwert. Bei ungünstigen Wetterverhältnissen (Nebel, Schnee, Sturm) ist unbedingt von dieser Bergtour abzuraten.
Einkehr und Unterkunft: Unterwegs keine Einkehr- und Unterkunftsmöglichkeit – bei Kombination mit dem Teide-Aufstieg (2-Tages-Tour) Übernachtung im Refugio de Altavista, 3260 m (→Tour 68).
Wichtige Hinweise: Warme Kleidung, Wind-/Regenschutz, Handschuhe und Mütze (auch im Sommer) und ein guter Sonnenschutz werden empfohlen. Ausreichend Verpflegung und reichlich Getränke mitnehmen, insbesondere bei Übernachtung auf dem Refugio de Altavista.
Tipp: Wer mit dem Mietwagen anfährt, stellt diesen am besten am Parador Nacional (hier auch gute Übernachtungsmöglichkeit) ab und fährt mit dem Bus 342 weiter zur Teide-Seilbahn bzw. zum Abzweig des Teide-Anstiegsweges (bei Kombination mit Tour 68).
Kombinationsmöglichkeit: Touren 68 und 70.

Von der **Bergstation** der Teide-Seilbahn folgen wir dem linken (westlichen) Zweig des gepflasterten Rambleta-Wanderweges (*N° 12*) und gelangen nach 15 Minuten zum **Mirador de Pico Viejo**. Hier endet der Wanderweg, links setzt sich ein durch die Lavafelder absteigender, anfangs deutlicher Pfad fort (*N° 9*, Steinmännchen). Er hält sich zunächst an einen Lavawall und führt dann nach 20 Minuten rechts hinab in ein Lavatal. In der Folge geht es weiter über einen Lavawall hinab. Eine gute Viertelstunde später wendet sich der Pfad wieder rechts abwärts, eine gute halbe Stunde danach treffen wir auf einen sanft abfallenden Bimshang, auf dem wir nun gemütlich hinabwandern. Nach 10 Minuten gelangen wir in den Sattel zwischen Pico Viejo und Teide – hier lohnt rechts ein (fast) wegloser Abstecher auf den Hauptgipfel des **Pico Viejo**, 3135 m (¼ Std., großartiger Blick auf den Krater und den Teide). 5 Minuten später erreichen wir am Fuß des Pico Viejo eine deutliche

Wegverzweigung mit Steinreihen auf einer Bimsfläche. Hier kann man rechts mit Weg 9 einen Abstecher zum Kraterrand des **Pico Viejo** unternehmen (10 Min.; der Weg verläuft links durch den dunklen Lavageröllhang, nach einigen Minuten an der Gabelung rechts hinauf).
An der Wegverzweigung setzen wir unseren Abstieg mit dem halb links abzweigenden *Weg 23* fort. Er führt bequem durch den von Felsen durchsetzten Bimshang in ein ginsterbewachsenes Tälchen hinab und ist teilweise von Steinreihen eingefasst. Nach gut 10 Minuten überschreitet er einen Lavawall nach links und senkt sich im Nachbartälchen über Bimssand und durch Ginstergassen hinab. 5 Minuten später wird ein felsiges Lavafeld nach links überschritten, direkt auf eine haushohe Lavabombe zu, die rechts passiert wird (Achtung: an der Gabelung kurz vor der Lavabombe links, nicht geradeaus am braunen Lavawall entlang). Gleich danach werden ein Bimstälchen und ein Lavawall überquert, hinter dem es wieder rechts abwärts geht, nach 25 m links durch ein Tälchen, das direkt in Richtung Roques de García hinabführt. Dieses Schema wird auch in der Folge beibehalten: Der Wanderweg überquert immer wieder einen Lavarücken nach links, um ein Stück durch das nachfolgende Tälchen hinabzuführen – immer etwas links haltend auf die Roques de García zu, zuletzt verläuft der Weg über herrliche Lavaformationen. Nach insgesamt etwa 2 Stunden mündet unser Weg in den Roques-de-García-Rundweg (*N° 3*; 50 m rechts die Roques Blancos). Auf diesem links entlang der großartigen Felsenstadt zum **Mirador de la Ruleta** (gut 20 Min.) und über die Straße zum **Parador Nacional** (gut 5 Min.). Wer zurück zum Fahrzeug muss: Entlang der Hauptstraße sind es 4 km bis zur Seilbahn-Talstation bzw. 6,5 km zum Abzweig des Teide-Fahrweges (N° 7).

Der gewaltige Krater des Pico Viejo, im Hintergrund der Teide.

5.40 Std.

Vom Mirador de Chío auf den Pico Viejo, 3135 m — 70

Großartige, aber etwas anspruchsvolle Route auf den Teide-Nachbar

Was tun, wenn der Teide-Aufstieg durch Schnee und Eis verwehrt wird? Die Route über die Westflanke auf den 600 m niedrigeren Trabanten ist schnell aper und hat auch sonst das Zeug zum Klassiker, nicht zuletzt wegen der grandiosen Aussicht über die gewaltigen Lavaströme hinweg auf das Teno-Gebirge! Beim Abstieg berührt der Wanderweg außerdem die Narices del Teide (»Teide-Nüstern«), gewaltige Sekundärvulkane am Südhang des Pico Viejo.

Ausgangspunkt: Mirador de Chío (Narices del Teide), 2090 m, bei Km 3,3 der Straße Boca Tauce – Chío (TF-38; keine Busverbindung, nächste Haltestelle der Buslinie 342 an der Boca Tauce, 2055 m, bei Km 53 der Cañadas-Straße, 35 Min.).
Höhenunterschied: Etwa 1100 m.
Anforderungen: Lange, anstrengende Wanderung, die Trittsicherheit und etwas Orientierungsvermögen erfordert (Wegverlauf im Gipfelbereich nicht immer ganz eindeutig). Nur bei guter Sicht und ruhigem Wetter zu empfehlen.
Variante: Von den Narices del Teide zur Boca Tauce (2 Std.): An den Narices (s.u.) links hinüber zur Kreuzung mit Weg 28. Mit diesem rechts hinab zum Kraterrand, von dem nach 30 m links ein deutlicher Pfad abzweigt. Er verläuft zunächst links durch den Hang und senkt sich dann steiler durch den Geröllhang hinab, nach 10 Min. einen von den Narices kommenden Querweg kreuzend. Der Pfad führt weiter in ziemlich direkter Linie bergab – nach 10 Min. sieht man rechter Hand im benachbarten Einschnitt gewaltige Vulkanbomben (einzelne auch am Weg) – und mündet gut ½ Std. ab dem Narices-Krater in einen Fahrweg (ca. 2300 m), den man bereits von weiter oben ausmachen kann. Er führt gemütlich hinab – an einer Verzweigung nach gut 15 Min. rechts, knapp 10 Min. später kann man kurz nacheinander zwei Schleifen des Fahrweges abkürzen, 20 Min. danach kommt von scharf links ein Fahrweg hinzu – dann, nach insgesamt 1¼ Stunden, mündet der Fahrweg in die Cañadas-Straße von Chío. Links sind es 5 Min. zur Kreuzung an der Boca Tauce, rechts sind es 2,7 km (½ Std.) zum Mirador de Chío.
Kombinationsmöglichkeit: Tour 69.

Am **Mirador de Chío** beginnt ein teilweise von Steinen eingefasster Wanderweg (*N° 9*), der parallel zur Straße in Richtung Chío verläuft. Er überschreitet nach 20 Minuten ein letztes Lavafeld, dann vereint er sich mit einem von links kommenden Fahrweg (5 Min. ab km 4,8 der TF-38) und tritt in lichten Kiefernwald ein. 3 Minuten danach, fast am Rand des Wäldchens, zweigt rechts ein deutlicher Weg (N° 9) in Richtung Pico Viejo ab. Er führt bequem durch Lavasand bergan und quert nach 10 Minuten links haltend eine Hochfläche mit Steinmauern. Anschließend steigt er durch einen Taleinschnitt zwischen zwei Lavarücken an (rechts oberhalb Lavahöhle) und verlässt diesen nach gut 15 Minuten nach links, um zum nächsten kleinen Einschnitt hinüberzuqueren. Kurz darauf gelangen wir in eine weite, flache Tallandschaft, die bis zum Fuß des Pico Viejo hinaufzieht, rechts können wir deutlich die Narices del Teide ausmachen. Der Weg führt links haltend in den Talkerben bergan und passiert nach etwa 20 Minuten einen kleinen Krater zur Linken. Direkt danach gabelt sich der Weg: Rechts zweigt Weg 9 ab – eine Variante für Wanderer, die auf den Gipfel verzichten und die Tour abkürzen wollen. Wir aber verbleiben auf dem geraden Weg. Er kommt an einigen kleinen Vulkanschloten vorbei, hält links zu einem Rücken hinauf, den **Lomo de Chío**, und passiert einen weiteren, tiefen **Krater** (2520 m; nicht zu nahe an die Kante herantreten!). Unser Weg steigt jetzt steiler in direkter Linie über den Geröllrücken an und kommt nach einer Viertelstunde etwas rechts von einem beigen Felskopf vorbei. Achten Sie im folgenden, etwas unübersichtlichen Gelände gut auf den Weg (Steinmännchen)! Nach einer halben Stunde erreichen wir leicht rechts haltend neben Ginsterbüschen einen beigen Sand-Geröll-Rücken. Der Wegverlauf ist nun wieder eindeutig: erst in direkter Linie, dann leicht rechts haltend bergan, rechts von einem Vulkanschlot vorbei, gut 5 Minuten später an einem kleinen, rötlich-ockerfarbenen Vulkanschlot vorbei, anschließend links haltend steil über Sand und Geröll aufwärts zu einer auffälligen, hellbeigen **Felsrippe** in knapp 3000 m Höhe. Von hier steigen wir links durch das kleine Ginsterfeld, dann durch Geröll hinauf zum westlichen Kraterrand des **Pico Viejo**, 3018 m (10 Min., atemberaubender Blick über den gewaltigen Krater und den Hauptgipfel des Pico Viejo hinweg zum Teide, →Foto oben).

Zurück bei der hellbeigen Felsrippe, wenden wir uns in östlicher Richtung dem Hang zu und steigen in einem anhaltenden Quergang hinauf zum Kraterrand und weiter zur Gipfelhochfläche beim **Pico Sur**, 3106 m (½ Std., zuletzt leichte Kraxelei; Steinmann am höchsten Punkt). Am Westende des Plateaus erwartet uns ein hinreißender Ausblick: Unter uns sehen wir den tiefs-

ten Punkt des an dieser Stelle 200 m senkrecht abfallenden Pico-Viejo-Kraters. Auf der anderen Seite blicken wir auf die farbenprächtigen Narices del Teide. Nahezu der gesamte Westen der Insel liegt uns hier zu Füßen – im Westen das Teno-Gebirge, außerdem weite Teile der Südwestküste und die von äußerst plastisch erscheinenden Lavaströmen durchzogenen Cañadas bis hin zu den Roques de García. Ein großartiger Aussichtsplatz!

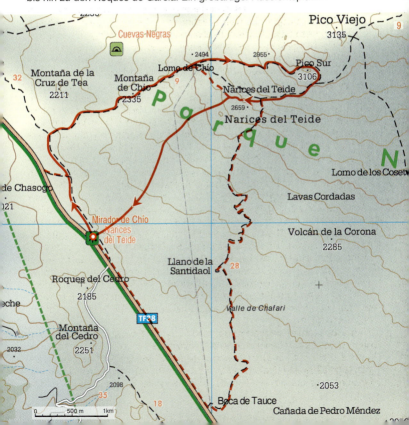

Vom Gipfel-Steinmann gehen wir noch 30 m weiter und biegen rechts zwischen zwei großen Steinmännern mit einem deutlichen, durch Steinmännchen (teilweise auch grün) markierten Pfad ab, der leicht rechts haltend im Lavageröllhang hinabführt, immer direkt auf die Narices del Teide zu. Er verläuft schon bald etwa am linken Rand eines lang gestreckten Ginsterfeldes, dann rechts durch dieses hindurch. Dann geht es weiter über Lavageröll und Sand hinab. Oberhalb dem obersten, größten Krater der **Narices del Teide** (etwa 100 m durchmesser) treffen wir auf den *Weg 9*. Wir folgen diesem nach rechts und verlassen mit ihm sogleich den Kraterrand (links gelangt man zu einer Wegkreuzung mit Weg 28, →Variante). Nach 15 Minuten gabelt sich der Pfad. Hier verlassen wir Weg 9 (rechts) und steigen links durch den

Eindeutige Größenverhältnisse: Pico-Viejo-Hauptgipfel (links) und Teide, vom Pico Sur..

Hang des schwarzen Vulkankegels hinab. Nach gut 10 Minuten wendet sich der mit Steinmännchen markierte Pfad dem breiten Tal neben dem Geröllrücken zu, er kehrt aber bald darauf wieder zur Geröllflanke zurück. Wenige Minuten später endet die Geröllabfahrt. Der Pfad führt nun rechts an einer Felsengruppe vorbei talabwärts und hält direkt auf den Mirador de Chío zu. Nach gut 10 Minuten erreichen wir den Rand eines pechschwarzen Lavastroms. Wir gehen 20 m an seinem Rand hinab, dann zweigt links zwischen zwei großen Steinmännchen unser Pfad ab, der den Lavastrom quert und anschließend in einem kleinen Taleinschnitt zwischen zwei Lavaströmen weiter abwärts führt. Nach 20 Minuten passiert der nun nicht mehr so deutliche Pfad einen 5-Meter-Kreis – der nahe **Mirador de Chío** ist nun nicht mehr zu verfehlen (10 Min.).

Stichwortverzeichnis

A

Acantilado de los Gigantes 68
Acantilado de Los Gigantes 106
Adeje 108· 110
Afur 151· 153
Aguamansa 24· 26· 28· 30· 32· 36· 38· 41
Almáciga 162· 164
Amarillo Golf 122
Anaga 126
Arafo 44
Arguayo 96
Arona 110· 114· 116
Atalaya de los Ingleses 180
Aula de Naturaleza Barranco de la Arena 58

B

Bajamar 128
Baracán 81
Barranco de Anosma 175
Barranco de Antequera 181
Barranco de Cuevas Negras 72
Barranco de Dios 130
Barranco de Igueste 176· 181
Barranco de Ijuana 176
Barranco de la Goleta 128
Barranco de la Magdalena 203
Barranco de las Arenas 200
Barranco de las Cuevas 85
Barranco de las Mesas 196
Barranco de la Torre 82
Barranco del Chorrillo 196
Barranco del Infierno 26· 109
Barranco del Monte 82
Barranco del Re 112
Barranco del Rey 114· 116
Barranco del Río 135· 141· 200
Barranco del Tomadero 140
Barranco de Masca 89
Barranco de Ruíz 21· 59
Barranco de Santiago 104

Barranco de Taborno 148
Barranco de Tahodío 144
Barranco de Tamadite 151
Barranco Madre del Agua 29· 30
Barranco Seco 90· 102· 105· 133
Barrio de la Alegría 142
Batán de Abajo 134· 141
Bejía 133
Benijo 164· 170
Boca del Paso 113
Boca Tauce 183· 215
Buenavista del Norte 76· 82

C

Cabeza del Viento 143
Cabezo del Tejo 167
Café Vista Paraíso 20
Camino de Candelaria 35· 37· 42
Camino de la Costa 18· 21
Camino de los Guanches 38
Camino Suárez 114
Campamento Barranco de Fuente Pedro 58
Cañada de la Grieta 189
Cañada de las Pilas 189
Cañada del Capricho 187· 188· 192
Cañada de los Guancheros 55· 184· 206
Cañadas del Teide 182
Casa Carlos · 145· 127
Casa de Suárez 115
Casa Forestal de Anaga · 156· 158· 127
Casa Fuset 130
Casa Galindo 196
Casa Santiago 142
Casas de Araza 86
Casas de la Cumbre · 142· 127
Caserío Las Casas 85
Catalanes 142
Catedral 191
Chamorga 166· 168· 170· 176

Chanajiga 52· 53
Chinamada 138· 140
Chinobre 166
Chinyero 64
Choza Almadi 26
Choza Bermeja 37
Choza Chimoche 37· 40· 43
Choza El Topo 29· 34
Choza Enrique Talg 52
Choza Inge Jua 26· 29
Choza Pedro Gil 28· 30· 33· 37· 43
Choza Pérez Ventoso 25· 26· 29
Choza Piedra de los Pastores 54
Choza Viera y Clavijo 54
Conde 117
Costa del Silencio 121
Cruz de Fregel 55· 185
Cruz de Gala 75· 78
Cruz de Hilda 79· 94
Cruz de las Lajitas 27
Cruz del Carmen · 127
Cruz de Misioneros 99
Cuesta de la Villa 20
Cueva del Hielo 210
Cueva del Lino 141
Cueva del Viento 11
Cumbre de Bolico 78· 94
Cumbre del Carrizal 78· 94
Cumbre Dorsal 16· 43

D

Degollada de Abreo 187
Degollada de Cherfé 86
Degollada de Guajara 187· 193· 200
Degollada de la Mesa 75· 93
Degollada de las Hijas 142
Degollada del Cedro 55
Degollada de los Frailitos 114
Degollada de Mesa de Tejina 130
Degollada de Tejera 99
Degollada de Ucanca 194· 199

Degollada Pasito del Corcho 181

E

El Bailadero 161·162·127
El Draguillo 164·171
El Frontón 150
El Lagar 58
El Majimial 159
El Médano 124
El Molledo 97·100
El Palmar ·77
El Pelotón 159
El Portillo 53·55·183·184·186·188·204
El Refugio 112·115
El Rincón 20
El Socorro 49
Erjos 72·74
Estancia de los Ingleses 210

F

Faro de Anaga 168·172
Faro de Punta Rasca 120
Finca de Guergues 88
Fortaleza 55·185
Fuente del Til 51
Fuente Pedro 54

G

Galería Chimoche 36
Galería de la Junquera 102·105
Galería de la Puente 42
Galería Vergara Alta 58
Garachico 62
Golf del Sur 122
GR 131 114·195·200
Guajara 194·199
Guaza 119
Guergues-Steig 86
Güimar-Tal 16

H

Huevos del Teide 205·209

I

Icod el Alto 53·56·59
Ifonche 112
Igueste de San Andrés 176·179

L

La Caldera 28·30·32·36·38
La Cumbrecilla 155·157

La Cumbrilla 169·176
La Ensillada 166
La Florida 25
La Guancha 56
La Montañeta 64
La Orilla 130
La Orotava 24
La Rambla 21·61
Las Aguas 61
Las Américas 69
Las Arenas Negras 64
Las Bodegas 176
Las Carboneras 136·140·148
Las Casillas 178·181
Las Cuevas 24·26
Las Cuevas Negras 73
Las Escaleras 138·140
Las Galletas 119·121
Las Lagunetas 78
Las Moradas 71
Las Palmas 172
Las Portelas 70·78
La Tahona 58
La Vica 79·94
Llano de Maja 187
Lomo Bermejo 176
Lomo de la Resbala 34
Lomo de Las Bodegas 174·176
Lomo de los Dragos 139
Lomo de Tablada 88
Loro Parque 21
Los Abrigos 121
Los Azulejos 191
Los Cristianos 69·119
Los Gigantes 69·107
Los Órganos 28·33
Los Silos 70

M

Masca 76·86·89·92
Mesa de Tejina 128
Mirador de Chío 215
Mirador de La Crucita 43·47
Mirador de la Fortaleza 211
Mirador de la Paz 19
Mirador de la Ruleta 190·214
Mirador de Masca 86
Mirador de Pico Viejo 213

Mirador de San Pedro 23
Mirador El Asomadero 52
Mirador El Lance 53·56
Mirador El Mazapé 60
Mirador La Corona 54·56
Mirador Pico del Inglés · 142·127
Montaña Amarilla 122
Montaña Blanca 206·209
Montaña de Guama 99
Montaña de Guaza 119
Montaña de la Botija 67
Montaña de la Crucita 43·47
Montaña del Ángel 95
Montaña de las Arenas 46
Montaña del Limón 40
Montaña de los Tomillos 205
Montaña de Malpasito 123
Montaña Grande 49
Montaña Pasajirón 187
Montaña Pelada 124
Montaña Reventada 67
Montaña Roja 125
Montaña Samara 67
Montaña Tafada 169
Moquinal 130
Morra del Corcho 49
Morro de la Galera 76

N

Narices del Teide 218

O

Órganos-Höhenweg 34
Orotava-Tal 16

P

Paisaje Lunar 197
Palm-Mar 120
Palo Blanco 51
Parador Nacional 183·186·188·190·192·199·201·213
Parque Nacional de las Cañadas del Teide 182
Pico de Izoque 130
Pico del Inglés · 142·127
Pico del Teide 211
Pico Verde 75·93
Pico Viejo 213·214·216
Piedras Amarillas 187·189·192

221

Pijaral 166
Pino Alto 27
Pinoleris 25
Pista de las Hiedras 141
Pista de los Dragos 141
Playa Colmenares 122
Playa de Anosma 175
Playa de Antequera 181
Playa de Barranco Seco 103
Playa de Benijo 170
Playa de la Entrada 49
Playa de La Fajana 22
Playa del Ancón 20
Playa de la Tejita 125
Playa del Bollullo 20
Playa de Los Guios 107
Playa del Socorro 21
Playa de Martiánez 18
Playa de Masca 91
Playa de San Blas 122
Playa de San Roque 156·
   163·170
Playa de Tamadite 152·154
PR TF 02 143·145·148
PR TF 03 158
PR TF 04 162
PR TF 04.1 162
PR TF 05 176·177
PR TF 06 165·168·170
PR TF 06.1 168·169·172
PR TF 06.2 164·170
PR TF 06.3 165
PR TF 08 151·153·156·163
PR TF 09 148·150
PR TF 10 136·139
PR TF 10.1 138
PR TF 11 133·141
PR TF 12 128
PR TF 12.1 130
PR TF 35 33·36·38
PR TF 35.2 30
PR TF 40 50
PR TF 40.1 50
PR TF 43 63·65
PR TF 43.1 64
PR TF 51 75·81·94
PR TF 52 70·72
PR TF 52.2 77
PR TF 53 72

PR TF 53.1 73
PR TF 54 70
PR TF 56 78·93
PR TF 57 80
PR TF 58 82
PR TF 59 78·94
PR TF 65 97·98·99·107
PR TF 65.1 97
PR TF 65.2 98
PR TF 65.3 97·101
PR TF 72 195
PR TF 86 187
Puertito de Güímar 48
Puerto de Erjos 75
Puerto de la Cruz 18·21·24
Puerto de Santiago 69
Punta Brava 21
Punta del Hidalgo 132·136
Punta de Teno 85
R
Realejo Alto 50
Refugio de Altavista 208·210
Refugio de Las Arenas 45
Risco Blanco 97
Risco Miguel 52
Risco-Steig 82
Roque Bermejo 173
Roque Chiñaco 85
Roque de Anambro 167
Roque de Enmedio 162
Roque de la Fortaleza 142
Roque de las Ánimas 162
Roque de las Bodegas 156·
   163·170
Roque de los Brezos 112·
   115
Roque del Peral 55·184·206
Roque de Masca 76
Roque de Taborno 149
Roque El Toscón 83
Roque Icoso 169
Roque Imoque 112
Roques de Anaga 172
S
San Blas Reserva Ambiental
   121
San Juan de La Rambla
   21·61
San Juan del Reparo 63

San Miguel Marina 122
Santa Cruz 142·145
Santiago del Teide 86·92·97
Sombrero de Chasna 203
T
Taborno 145·148·150
Taganana ·157·154
Tahodío 144
Tamaimo 95·98·104
Taucho 113
Tegueste 128
Teide 182·211
Teleférico del Teide 183·188·
   208·211·213
Teno 68
Teno Alto 81·83·84
Teno Bajo 85
Til de Los Pavos 51
V
Valle Brosque 159
Valle de La Orotava 16
Valleseco 145
Vento 116
Vilaflor 195·198·201
Volcán Garachico 65
Vueltas de Taganana 156

Für die beschriebenen Touren empfehlen wir
die Auto- und Freizeitkarte (Maßstab 1:50.000)

AK 0523 **Teneriffa**

von **freytag & berndt**

erhältlich in jeder Buchhandlung!

Umschlagbild:
Roques de García – der Roque Cinchado mit dem Teide im Hintergrund.
Schmutztitel (Seite 1):
Lavagrus-Abfahrt zur Paisaje Lunar – eine der Paraderouten der Insel.

Sämtliche Fotos von den Autoren.

Kartografie:
Wanderkärtchen im Maßstab 1:50.000 / 1:75.000 und Übersichtskarten
im Maßstab 1:400.000 © Freytag & Berndt, Wien.

Die Ausarbeitung aller in diesem Führer beschriebenen Wanderungen
erfolgte nach bestem Wissen und Gewissen der Autoren.
Die Benützung dieses Führers geschieht auf eigenes Risiko.
Soweit gesetzlich zulässig, wird eine Haftung für etwaige Unfälle
und Schäden jeder Art aus keinem Rechtsgrund übernommen.

11., vollständig aktualisierte Auflage 2012
© Bergverlag Rother GmbH, München

ISBN 978-3-7633-4016-3

Wir freuen uns über jeden Korrekturhinweis zu diesem Wanderführer!
BERGVERLAG ROTHER · München
D-82041 Oberhaching · Keltenring 17 · Tel. (089) 608669-0
Internet www.rother.de · E-Mail leserzuschrift@rother.de